Veyne
Die griechisch-römische Religion

Paul Veyne

Die griechisch-römische Religion

Kult, Frömmigkeit und Moral

Aus dem Französischen übersetzt
von Ursula Blank-Sangmeister
unter Mitarbeit von Anna Raupach

Mit einem Geleitwort
von Christian Meier

Philipp Reclam jun. Stuttgart

Titel der französischen Originalausgabe:
Paul Veyne: Culte, piété et morale dans le paganisme gréco-romain.
In: P. V.: L'Empire gréco-romain. Paris: Éditions du Seuil, 2005. S. 419–543.
Ouvrage publié avec l'aide du Ministère Français chargé de la Culture.
Centre National du Livre.

Der vorliegende Band erscheint mit freundlicher Unterstützung des
französischen Kulturministeriums – Centre National du Livre.

Für Francesca Mareschal

Inhalt

Geleitwort

von Christian Meier

Was hatte es mit den antiken Göttern auf sich? Diesen merkwürdigen Wesen, zu denen man betete, denen man Opfer darbrachte und denen Homer und andere dann auch wieder alles mögliche nachsagten, was der Verehrung eher abträglich zu sein scheint: Betrug, Ehebruch, Eigen- und Eifersucht und ein gerüttelt Maß an gnadenloser Willkür. Freilich konnte gerade dies zugleich ein Grund sein, sich mit ihnen gutzustellen.

Konnten sie den Einzelnen, konnten sie einer Stadt in Not und Bedrängnis beistehen? Und wenn ja, warum? Manches deutet darauf, daß es nicht viel mehr als eine Laune war, wenn sie sich einem Menschen, einem Helden besonders zuwandten. Gewiß, gelegentlich mochten sie sich besorgt zeigen. Wie Menschen auch konnten sie, was immer sie als einzelne anstellten, gemeinsam empört sein, wenn etwas ganz aus dem Ruder zu laufen drohte. Aber letztlich hatten sie nur sich selbst im Kopf, wiederum wie Menschen auch. Nur waren sie eben unsterblich, so daß alles, was sie taten, für sie selbst so gut wie folgenlos blieb. Beim Ausbruch des Vesuvs glaubten die Bewohner Pompejis, das Ende der Welt sei gekommen; sie verfielen dem Tod, die Götter aber, meinten sie, hätten die Erde schon verlassen. Die Existenz der Götter für möglich zu halten, fiel den meisten leicht; ob sie sich um die Menschen kümmerten, war eine andere Frage.

Kein Gedanke an die Liebe (eines) Gottes. Aber dann können sich die verzweifelten Hoffnungen Notleidender aufbäumen, können dem obersten Gott Zeus inbrünstig ansinnen, daß er für Gerechtigkeit sorge. Und was immer einzelne Götter meinen und zu tun geneigt sind, die Götter insgesamt scheinen für eine rechte Ordnung zu stehen. Eine Ordnung, die jeder zu respektieren hat.

Das hinwiederum läuft, so jedenfalls für den Gemeinverstand, darauf hinaus, daß die Guten, die Gerechten belohnt, die Ungerechten bestraft werden müssen. Vieles kann man so interpretieren, doch der Rest, der bleibt, ist unter Umständen gewaltig groß. Und das führt dazu, daß einige anspruchsvolle Geister meinen, entweder seien sie gerecht oder es gebe sie nicht. Wenn es schlimm kommt, kann man aber auch aus Wut über ihr Regiment Tempel zerstören. Andererseits kommt ihnen stets die ewige Angst zugute, die sich in der Redewendung »man kann nie wissen« niederschlägt. Und man verehrt sie trotz allem; oder auch deswegen.

Wie also hatten's Griechen und Römer mit den Göttern? Und wie hatten die, die sie als Gottheiten glaubten, es mit ihnen? Fragen dieser Art (und andere, die sich daran anschließen) sind es, die Paul Veyne in seinem Essay *Die griechisch-römische Religion. Kult, Frömmigkeit und Moral* aufwirft. Unendlich vieles, was uns in Religionsgeschichten begegnet, läßt er beiseite. Einzelheiten von Riten und Opfern, von Fest und Kalender, Vorzeichen und Mysterienglauben sowie die vielerlei Vorstellungen, die sich mit den einzelnen Göttern verbinden. So auch die Priesterschaften und die unterschiedlichen Formen, in denen der Zugang zu den Göttern etwa bei den Römern politisch im Sinne von Herrschaft in Anspruch genommen wurde, während bei den Griechen keiner dazu willens und in der Lage war.

Aber eben dadurch wird der Essay so beweglich. So zielstrebig. Und so faszinierend. Es geht um die ganze Vielfalt des Sich-Verhaltens gegenüber den Göttern; glaubend oder nur Riten vollziehend; um ein Leben mit den Göttern, wo jede Volksversammlung mit Gebeten beginnt, wo man vor jeder Kriegshandlung die Götter befragt, wo jedes Schlachten ein Opfern ist und sportlicher Wettkampf sowie Chorgesang und Tragödien zu Ehren der Götter auf religiösen Festen veranstaltet werden. Und wo sich dann die Philosophen und Gebildeten von den simplen und so selten aufgehenden Rechnungen mit göttlichem Lohn und göttlicher Strafe lossagen und ein neues Bild der Gottheit erdenken. Es läuft auf einen, wie Veyne sagt, latenten Monotheismus hinaus, einen, der seines Namens würdig sei; die monotheistischen Religionen läßt er dahinter zurücktreten.

* * *

Paul Veyne, 1976 zum Professor am Collège de France berufen, ist ein bedeutender Gelehrter. Nicht nur die Wissenschaft von der Alten Geschichte, die des Altertums insgesamt verdankt ihm sehr viele wichtige Einsichten, vielmehr haben seine Arbeiten weit darüber hinaus das Denken angeregt und befruchtet; Soziologie, Politikwissenschaft, Anthropologie, ja die Geisteswissenschaften insgesamt und ein breites Publikum darüber hinaus.

Er kennt die Überlieferung des Altertums wie wenige sonst. Aber er stammt, wie er in seiner berühmten Antrittsvorlesung am Collège gleich zu Anfang beteuert, aus dem Seminar für historische Soziologie. War Schüler des großen Soziologen Raimond Aron. Und über alle Gelehrsamkeit hinaus ist er ein Künstler; der lebhaften, plastischen Darstellung, der Gedankenfügung, des Reichtums der Perspektiven. Und er hat sich nicht nur auf viele Weisen mit Dichtung und bildender Kunst der Antike beschäftigt, sondern auch mit der Dichtung seiner Zeit, als Freund und Interpret René Chars etwa, auch als Herausgeber von dessen nachgelassenen Schriften. Und eine große Rolle hat für ihn die Freundschaft und enge Zusammenarbeit mit Michel Foucault gespielt.

1930 ist er geboren, nach dem Krieg kam er auf die Universität. Was man gerade erlebt hatte, kam nicht so leicht zur Ruhe. Es galt, die Konsequenzen daraus zu ziehen. Vieles war zerstört, gerade auch an selbstverständlichen Voraussetzungen der Wissenschaft. In Frankreich wurde das schneller bewußt als in dem zunächst einmal so betäubten, in Krankenvorsicht befangenen Deutschland. In den neu aufgerissenen Horizonten voller

Möglichkeiten hatten sich gleichsam große Leerräume aufgetan. Unendlich vieles in den Wissenschaften verlor seinen festen Platz und Zusammenhang und geriet ins Schwimmen. Überall drängten sich Zweifel in den Vordergrund. Wenn man es ernst nahm.

In dieser Lage hat Paul Veyne seine Wissenschaft gründlich und umfassend studiert. Aber er hat sich zugleich veranlaßt gesehen, nach den Grundlagen seiner Wissenschaft zu fragen und Folgerungen daraus zu ziehen.

Was ist Geschichte? Gibt es sie überhaupt? Wie kann man sie schreiben? Es ist ihm klar, daß die Römer – wie die Griechen – uns sehr fern, sehr fremd sind. Wie ein Ethnologe muß man sich ihnen nähern. Unsere Worte, unsere Vorstellungen von den Dingen taugen nicht dazu, für die Vergangenheit Wesentliches auch nur auszudrücken. Herkömmliche Annahmen, die weithin noch gehegt werden, ja die Hegungen überhaupt, in denen die eigene Wissenschaft weithin noch befangen ist, aber auch die Ideologien, insbesondere der Marxismus, sind nicht geeignet, um die fernen Zeiten zu erschließen. Mag sein, daß dabei gelegentlich das Kind mit dem Bade ausgeschüttet wird. Aber auf dem so bereiteten Boden läßt sich eine erstaunliche Offenheit für viele neue, verblüffende, irritierende Einsichten gewinnen.

Auf das erste Buch, *Comment on écrit l'histoire*, 1971 (deutsch: *Geschichtsschreibung. Und was sie nicht ist*, Frankfurt a. M. 1990) folgt 1976 die große These: *Brot und Spiele* (deutsch: Frankfurt a. M. / New York / Paris 1988). Eine umfassende (und wie stets bei Veyne theoretisch umsichtig begründete, immer wieder auch über die Ränder des Themas hinausgreifende) Darstellung und Untersuchung jenes eigentümlichen ›Euergetismus‹, des Wohltätertums, das den Wohlhabenden teils abverlangt, teils zur Gewohnheit wurde. Warum stifteten sie Bauten aller Art und unterhielten die Bürger ihrer Städte mit Spielen, Gladiatorenkämpfen und öffentlichen Festgelagen? Alle naheliegenden Erwägungen führen in die Irre. Veyne grenzt das Phäno-

men der Schenkungen an die Allgemeinheit ab gegen christliche
Barmherzigkeit und moderne Wirtschafts- und Sozialpolitik:
Universelle Motive des Schenkens, des Mäzenatentums nahmen
unter den besonderen damaligen Umständen eigenartige Formen und Richtungen an.

Lange Reihen weiterer Studien schließen sich an. Zu immer
neuen Themen türmen sich die Notizen aus Quellen und wis-
senschaftlicher Literatur. Zu immer neuen Expeditionen in unbekannte oder zwar bekannte, aber, wie sich zeigt, bis dato doch
nicht recht wahrgenommene Gefilde bricht er auf. Aufs beste
gerüstet, aber mit zum Teil offenen Flanken. *Kannten die Griechen die Demokratie?* (deutsch unter diesem Titel, zusammen
mit Chr. Meier, Berlin 1988). *Glaubten die Griechen an ihre
Mythen?* (Frankfurt a. M. 1987). *Warum weigerte sich Sokrates,
sich der Hinrichtung durch Flucht zu entziehen?* (in neuer Fas-
sung 2005 erschienen, noch nicht auf deutsch).

Vor allem aber sind es die Römer, die ihn beschäftigen. Berühmt ist die Skizze über Trimalchio, den Helden aus Petrons
satirischer Dichtung, einen Freigelassenen, der dank höchst er-
folgreicher Geschäfte zu unendlichem Reichtum gelangt; Gut
fügt sich an Gut, so daß er über Hunderte von Meilen reisen
kann, ohne seinen Fuß je auf Boden zu setzen, der ihm nicht gehört. Und doch ist er nur ein Freigelassener mit allen gewichti-
gen Einschränkungen, die das mit sich bringt (deutsch in: P. V.,
Die Originalität des Unbekannten, Frankfurt a. M. 1988). Veyne
schreibt die Geschichte des privaten Lebens im heidnischen
Rom, eine klassische Darstellung wesentlicher Aspekte der damaligen Gesellschaft (deutsch: Frankfurt a. M. 1989).

Was er dort ausbreitet, ist teilweise vorbereitet, teilweise wird
es weitergetrieben in Studien etwa über Liebe und Familie oder
über die Eigenart sozialer Kontrollen; über das ständige Kritteln
also – aber auch die für uns so erstaunliche Tatsache, daß Ver-
storbene auf ihrem Grabstein die Passanten wissen ließen, ihr
Arzt habe sie getötet. Oder daß man einen Kaiser öffentlich da-

für lobt, daß er sich nicht wie sein Vorgänger den Gästen rülp-
send und mit vollem Bauch gezeigt habe (in: P. V., *Die römische
Gesellschaft*, München 1995).

Weisheit und Altruismus ist die Einführung in die Philosophie
Senecas überschrieben (deutsch: Frankfurt a. M. 1993). Doch
könnte man auch auf Veynes Aufsatz über Machiavelli (»Zyni-
ker, Techniker oder Literat«) verweisen oder auf »Ideologie
nach Marx und Ideologie nach Nietzsche« (beide in P. V., *Aus
der Geschichte*, Berlin 1986). Und sehr vieles andere mehr. Es ist
jedenfalls ein imponierendes Werk, das er uns vorgelegt hat –
und ohne das man das Altertum nicht mehr angemessen zu stu-
dieren vermag; auch wenn man manches anders sieht.

Die Übersetzungen sind meist längst vergriffen. Um so dank-
barer begrüßt man es, daß der Reclam Verlag hier ein neues
Stück aus der Werkstatt dieses großen französischen Gelehrten,
dieses unruhigen Geistes, dieses Außenseiters, der mitten in seiner Wissenschaft steht, nach Deutschland bringt.

Europa ist ungeheuer reich, gerade auch durch die Vielfalt seiner Wissenschaftskulturen. Gewiß, die Wissenschaft ist diesseits
und jenseits des Rheins dieselbe. Aber die Fragen, die Zugänge
zu ihr sind sehr unterschiedlich. Gerade Paul Veynes Werk
macht dies ganz deutlich. Man muß es allerdings zur Kenntnis
nehmen.

Einleitung[1]

»Alle Religion«, schreibt Kant »[...] besteht [darin], daß wir Gott für alle unsere Pflichten als den allgemein zu verehrenden Gesetzgeber ansehen«. Das ist für ihn »die Religion in den Grenzen der bloßen Vernunft«. Gibt es also eine enge Verbindung zwischen Religion und Moral? Ja, aber diese Verbindung gilt nur für eine Heilsreligion wie das Christentum, die einzige Form der Religion, an die Kant dachte. Seit zwei Jahrhunderten sind wir mit Georg Simmel der Auffassung, daß die Beziehung zwischen Religion und Moral nicht geklärt werden kann, wenn man die Frage prinzipiell statt historisch behandelt. Es gibt keine Essenz der Religionen außerhalb ihrer Geschichte. Zwar ist die Welt von anbetungswürdigen und mächtigen personalen Wesen bevölkert, von denen man Gutes und Böses erwarten kann – was für einen Status als Gott hinreicht –, doch sie sind nicht notwendigerweise ohne Fehl und Tadel. »Die Moral und die Religionen«, schreibt Bergson,[2] haben »sich unabhängig voneinander entwickelt und [...] die Menschen [haben] ihre Götter immer aus der Überlieferung empfangen [...], ohne von ihnen zu verlangen, daß sie ein Sittenzeugnis vorlegten.« Im Falle des Heidentums ist, laut Nilsson, für uns »das Fehlen einer echten Beziehung zwischen den griechischen Göttern und der Gerechtigkeit ein großes Problem«. Zwar ist Zeus seit Homer und Hesiod der Schirmherr der Gerechtigkeit, aber »die Gerechtigkeit gehört, anders als bei Jahwe, nicht zu seinem ureigensten Wesen.«[3]

Die heidnische Religion kümmerte sich nur sporadisch und auch nur indirekt um moralische Fragen. Religion und Moral waren teilweise miteinander verbunden, insofern als man von den Göttern erwartete, daß sie die Guten begünstigten und die Bösen bestraften und dies auch tatsächlich hin und wieder taten. Außerdem waren sich Götter und Menschen in der Beurteilung der Guten und der Bösen durchaus einig, da sie dieselben Moralvorstellungen teilten und in ein und derselben Welt zu Hause waren. Die Götter hatten die Kontrolle über jedes Ereignis, dessen Ausgang nicht ausschließlich vom Tun des Menschen abhängig war. Später wird man mit Hilfe der Philosophie, der Kultur, der *paideía*, die Gottheit zum Fundament des Guten machen, und dieser Glaube an eine Transzendenz wird *grosso modo* bis ins 18. oder 19. Jahrhundert fortbestehen.

Dies ist also unsere Ausgangsbasis für einen Überblick über den griechisch-römischen Paganismus, der sich von der ethnozentrischen Vorstellung, die man sich nach dem Vorbild des Christentums zuweilen von den Religionen macht, deutlich unterscheidet. Dabei werden wir uns mit den zwischen Griechenland und Rom bestehenden Gemeinsamkeiten befassen und die Originalität Roms, das schon sehr früh hellenisiert wurde, nicht besonders hervorheben.[4] Manche dieser Übereinstimmungen haben einen Zeitraum von mehr als 1000 Jahren überdauert: Sie bilden das volkstümliche Sediment des Heidentums; andere haben durch die *paideía* in den gebildeten Schichten eine Metamorphose erfahren.

Die antike Vorstellung von den Göttern

Um uns ein klareres Bild machen zu können, müssen wir zunächst der Frage nachgehen, was einen heidnischen Gott auszeichnete. Dieser hatte mit dem gigantischen, die Welt überragenden Wesen, dem Gott des Christentums, nur den Namen gemeinsam. Die antiken Götter leben in derselben Welt wie wir, sie sind wie wir Geschöpfe der Natur, körperliche Lebewesen[5] und bilden eine der drei die Natur bevölkernden geschlechtlichen Spezies (jede Gottheit ist entweder männlich oder weiblich, *sive deus, sive dea*): Nach antiker Auffassung gibt es die Tiere – sie sind weder unsterblich noch vernunftbegabt –, die Menschen – sie sind vernunftbegabt und sterblich – und die sowohl vernunftbegabten wie auch unsterblichen Götter.[6] Innerhalb der Welt, der alle diese Geschöpfe gleichberechtigt angehören, führen die Götter und die Menschen, obwohl sie verschieden sind, ein ganz ähnliches Dasein. In vielen Religionen sind die Götter nicht besser, sondern nur mächtiger als die Menschen. Als die Götter dann im Zuge der Reformbestrebungen einiger Philosophen zu metaphysischen Wesen und damit zu Modellen der Tugend wurden, kam dies einer Revolution in der Religion der griechischen Eliten gleich.

Die Götter bilden ebenso wie die Menschen eine lebendige Spezies, eine Rasse, ein *genus*. Sie sind eine Art außerirdischer Lebewesen, mächtige Fremdlinge mit einem eigenen und auf sich selbst konzentrierten Leben, unabhängig von den Menschen, die ihrerseits ein eigenständiges Dasein führen. Dennoch nehmen sie an der Menschheit mehr oder weniger Anteil, können auf gewisse Aspekte ihres Schicksals Einfluß nehmen, haben jedoch zu ihr (oder einem erwählten Volk) nicht diese essentielle und leidenschaftliche Beziehung, die den jüdischen oder christlichen Gott auszeichnet. Sie interessieren sich für die Menschen nur in dem Maße und aus den gleichen sehr unterschiedlichen Gründen und Anlässen, aus denen die Menschen sich für ihresgleichen interessieren. In erster Linie sind sie an sich selbst interessiert und ihre Hauptsorge kreist nicht um das Wohl der Menschheit.[7] Käme es zu einer kosmischen Katastrophe, wären sie nur darauf bedacht, die Flucht zu ergreifen und sich in Sicherheit zu bringen. Beim Vesuvausbruch im Jahre 79 glaubten die Bewohner Pompejis, daß das Ende der Welt gekommen sei und die Götter die Erde bereits verlassen hätten.[8] Um so weniger selbstverständlich erscheint es da, daß die Götter auf den Gedanken kommen sollten, der Gerechtigkeit zum Sieg zu verhelfen oder die Tugend zu lehren.

Diese anthropomorphen Götter sind keine das Absolute oder das Unendliche verkörpernde Wesen, sondern, wie gesagt, eine Rasse, eine lebendige Spezies. Man glaubt, daß sie wie wir der konkreten Welt angehören, einer Welt, in der es ein *Mehr* und ein *Weniger* gibt, und an dieser Überzeugung wird man bis ins Jahrhundert des Sokrates und der Sophisten festhalten. Die Götter sind, wie man angefangen bei den Tragikern bis hin zu Libanios hier und da lesen kann, »die Wesen, die den Menschen überlegen sind«, *hoi tōn anthrōpōn kreittous*. Der Schritt von den Menschen zu den Göttern ist ein quantitativer, führt aber nicht zum Unendlichen. Deshalb konnten die hellenistischen Könige und römischen Kaiser auch fiktiv vergöttlicht werden. Das war eine hyperbolische, aber keine absurde Ausdrucksweise: Wenn man von den Menschen zu den Göttern aufstieg, überschritt man keine kategorielle Grenze. Eine gewisse förmliche Vertrautheit mit den Göttern war durchaus vorstellbar. In den Theoxenien der griechischen Poleis und in den Lectisternien der römischen Städte wurden diese edlen Fremden diplomatisch empfangen und zum Gastmahl geladen. Doch vermutlich konnten auch einfache Leute die Götter bewirten.[9]

Die Götter sind, wie gesagt, mächtig und üben ihre Macht auf der Erde der Menschen aus, aber sehen wir uns vor: In dem Entwicklungsstadium des religiösen Denkens, mit dem wir uns gerade befassen, sind sie nicht allmächtig und lenken auch nicht den Kosmos; sie haben diesen weder geschaffen noch ihm seine Ordnung gegeben. Sie sind im Prinzip die Herren der Welt, aber in der Praxis betreffen ihre Verfügungen nur die Spanne, die zwischen den menschlichen Akten oder zufälligen Ereignissen und ihrem guten oder schlechten Ausgang liegt: Eine Schlacht wird gewonnen oder verloren, ein Kranker wird genesen oder sterben, die Ernten sind gut oder schlecht; wenn ein Krieger oder Jäger einen Pfeil abschießt, spricht er vorsichtshalber ein Gebet, weil er niemals sicher sein kann, sein Ziel auch zu treffen. Die göttlichen Interventionen beziehen sich auf diesen kleinen Bereich des Unvorhersehbaren, der dem entspricht, was wir gemeinhin als »Glück« bezeichnen. Mit etwas Glück werden wir, wenn die Götter es wollen, *syn theoís, cum dis volentibus,*

bei unseren Unternehmungen Erfolg haben. Die »primitiven«
Menschen sind genauso realistisch wie wir. Wenn sie sehen, daß
sich die Gräser im Wind wiegen, eine Welle Kieselsteine heran-
rollt oder der menschliche Fuß Staub aufwirbelt, denken sie nur
an eine mechanische Kausalität.[10] Die Götter kommen erst dann
ins Spiel, wenn etwas auf einen Zufall zurückzuführen ist, der
sich auf das menschliche Leben auswirkt, oder wenn sich etwas
nicht ausschließlich mit der Natur oder der Technik erklären
läßt, sondern wenn eine gewisse Unsicherheit verbleibt: Wird
die richtige Seite die bevorstehende Schlacht gewinnen? Wird jener Verbrecher eines Tages für seine Missetaten büßen?

Die Rolle, die die Göttlichkeit bei Ereignissen mit ungewis-
sem Ausgang spielt, erklärt die Existenz personifizierter und di-
vinisierter Abstraktionen als Gottheiten. Der Zufall, das Glück
(*Agathḗ Týchē*), der gute Erfolg (*Bonus Eventus*) sind Götter.
Nach der endgültigen Beilegung eines Konfliktes zwischen den
Patriziern und Plebejern wurde für die Eintracht in Rom ein
Tempel errichtet, und nach dem Krieg gegen Sparta erhielt 371
in Athen der Frieden einen Altar. Das Fieber und die Seuche
hatten fast überall in Italien Heiligtümer und Exvotos. Da es in-
tellektuell schwierig ist, das Unkörperliche vom Körperlichen
zu unterscheiden, verschmilzt ein Ereignis namens Seuche mit
einem Wesen, der Seuche, das die Epidemie verursacht hat und
folglich eine Gottheit ist.

Im übrigen fragt man sich nicht, wie es die Götter oder die vergöttlichten Abstraktionen konkret anstellen, um eine Seuche zu
verbreiten, oder ob sie den Soldaten den Arm führen, um ihnen
in einer Schlacht zum Sieg zu verhelfen; man beschränkt sich darauf, die Auswirkungen dessen festzustellen, was die christlichen
Theologen als »besondere Vorsehung« bezeichnen werden, ohne
die sekundären Ursachen, die von ihr beschrittenen Wege, zu
hinterfragen. Der Raum des Ungewissen läßt dennoch erkennen,
ob diese Vorsehung existiert, ob die Götter, die wie wir ein moralisches Empfinden haben, sich genügend für die Menschheit in-

teressieren, um einer immanenten Gerechtigkeit zum Sieg zu verhelfen, anstatt sich nur für sich selbst und die ihnen geschuldete
kultische Verehrung zu interessieren. Hier ergibt sich ein mögli-
cher Anknüpfungspunkt zwischen Religion und Moral.

Da die Götter anthropomorph sind und den Menschen ähneln, haben sie wie diese ein moralisches Empfinden, auch wenn
ihr Betragen nicht immer einwandfrei ist; die Moral prägt mehr
oder weniger das Miteinander der homerischen Götter, die diese
Moral, ebenso wie die Menschen, respektieren, selbst wenn sie,
wie die Menschen auch, bisweilen gegen sie verstoßen. Götter
und Menschen teilen als Bewohner derselben Welt dieselbe Moral; sie ist selbstverständlich und existiert so wie die Erde oder
das Licht per se; die Menschen und die Götter nehmen sie sozu-
sagen mit der Atemluft in sich auf. Was ist die Gerechtigkeit? Sie
ist die Schwester der Jahreszeiten;[11] die Moral ist eigenständig,
sie ist ebenso natürlich wie die Abfolge der Jahreszeiten. In dem
historischen bzw. vielmehr logischen Stadium, in dem wir uns
gerade befinden, war die Gottheit noch nicht die Begründerin
der Gerechtigkeit, ja, sie legte sie den Sterblichen nicht einmal als
ständige Verpflichtung auf. Hinsichtlich der Moral befanden sich
Götter und Menschen auf derselben Stufe. Aischylos konnte
eine Szene erfinden, in der einige Götter, die sich nicht einigen
konnten, welches Schicksal sie dem Muttermörder Orest zuweisen sollten, ihre Sache vor ein menschliches Gericht, den Areo-
pag in Athen, brachten und dort verhandelten.

Die Beziehungen zwischen Göttern und Menschen

Die Beziehungen zwischen den Menschen und den Göttern sind
die zwischen zwei unabhängigen, aber ungleichen Spezies (die
römischen Priester sprachen von der *gens deorum*), und die
Frömmigkeit besteht darin, die Überlegenheit der Götter in

Wort und Tat anzuerkennen.[12] Diese wechselseitigen Beziehungen sind diskontinuierlich und abhängig von den Umständen; allerdings erwarten die Götter, daß die Menschen ihnen aufgrund ihrer Überlegenheit und Macht Ehren (*tīmaí, honores*) erweisen, und es wäre unklug, diese Ehrenerweisung jemals auszusetzen, da die Götter früher oder später die Gottlosen bestrafen und sich auf diese Weise Gerechtigkeit widerfahren lassen. Die Römer sind stolz darauf, die kultischen Vorschriften peinlich genau einzuhalten, leben deswegen im Frieden mit den Göttern und sind sich ihres Wohlwollens gewiß (*pax et venia deum*).[13]

Die Griechen begegnen den Göttern mit demütiger und von Liebe getragener Frömmigkeit, legen aber Wert darauf, eine gewisse Würde zu wahren und einen diplomatischen Abstand zu den fremden Wesen, von denen sie nicht geschaffen wurden, einzuhalten. Ihr Verhältnis zu den Göttern ist weder von einem kindlichen und naiven Vertrauen geprägt noch von untertäniger Unterwerfung. Sie wissen, daß die Götter die Stärkeren sind, sie respektieren und verehren sie, so wie es sich geziemt, aber damit hat es dann sein Bewenden. Der Stolz verbietet es ihnen, sich als Sklaven eines Gottes zu bezeichnen, wie es in den Religionen Syriens und Arabiens üblich ist. Nach ihrer Überzeugung muß man den Göttern gegenüber immer die Unabhängigkeit, Selbstsicherheit und Ungezwungenheit beweisen, die ein freier Mensch gegenüber seinen Vorgesetzten an den Tag legt. Andernfalls würde man, wenn man vor einem Gott zitterte, »die Götter fürchten«, was gleichbedeutend wäre mit *deisidaimonía* – ›Aberglaube‹ ist hierfür übrigens nur eine unzureichende Übersetzung.

In der menschlichen Gesellschaft sind die Großen und Mächtigen allesamt Respektspersonen und verdienen Verehrung, aber jeder einzelne sucht sich unter ihnen auf Dauer oder für bestimmte Gelegenheiten einen Schutzherrn. Auch die Götter erwarten, daß man sie verehrt und ihnen einen Kult widmet. In der Praxis jedoch wählt sich jede Privatperson und jede Gruppe, abgesehen von ihren Hausgöttern, noch eine spezifische Gottheit, die ihre Stadt schützen oder sie von einer Krankheit heilen soll. Die Götter führen, wie schon gesagt, ihr eigenes Dasein, sie verlangen zwar Respekt, drängen sich aber den Menschen nicht auf. Jede Gemeinde, jede Familie, jeder einzelne pflegte somit eine individuelle Form der Frömmigkeit. Mit den Worten von John Scheid: »Ein wesentliches Prinzip der antiken Religionen ist ihre Bindung an eine bestimmte Örtlichkeit.«[14] So bildeten die verschiedenen Jupiter- oder Merkur-Tempel auch keine einem Papst unterstehende Jupiter- oder Merkur-Kirche. Jeder konnte für die Gottheit seiner Wahl ein privates Heiligtum eröffnen und wie ein Ladeninhaber auf Kunden warten.[15]

Die Götter haben ein offenes Ohr für die Anliegen der Menschen, und beim Ausbruch einer Seuche wird an ihr Mitleid appelliert.[16] Jedermann kann, wann immer er möchte, mit ihnen eine dauerhafte oder gelegentliche Verbindung herstellen, ein Gebet an sie richten und sie – gegen das Versprechen eines Geschenks – um Hilfe bitten. Man opfert den Göttern, schreibt Theophrast, um sie zu ehren, um ihnen für eine Gunst zu danken oder aber um sie um einen Gefallen zu bitten. Eine solche Bitte wird in Griechenland ebenso wie in Rom als »Gelübde« (*euchế, votum*) bezeichnet, das, wenn man erhört wurde, eingelöst werden muß (zwar wird derjenige, der dieser Pflicht nicht nachkommt, von keinem menschlichen Gericht verurteilt, kann aber von den Göttern bestraft werden[17]). Der Mann, dessen Frau vor der Entbindung steht, der Reisende, der einen Schiffbruch befürchtet,[18] der Bauer, der sein Ochsengespann verloren hat, der Sklave, der auf eine spätere Freilassung hofft[19] – sie alle richten ihr Gebet oder ihr Vertragsangebot an die Gottheit ihrer Wahl. Wenn diese das Gebet erhört und die Gunst gewährt, erhält sie eine Opfergabe mit einem erklärenden Exvoto. Der Fromme, der durch die Gottheit von einer Krankheit geheilt wurde, dankt ihr dafür, »daß er ihr vertrauen konnte und daß er wieder gesund geworden ist«.[20] Die Beziehung zur Gottheit ist die eines Käufers zu einem mehr oder weniger verläßlichen Lieferanten. Doch

es handelt sich zugleich auch um einen frommen und dankbaren
Austausch, denn, wie wir noch sehen werden, entbehrt der Kontakt mit einer Gottheit durchaus nicht der Herzlichkeit.

Dennoch leben die Griechen und Römer nicht in Abhängig-
keit von ihren Göttern und nehmen nicht alles, sei es gut oder
schlecht, von ihnen entgegen. Sie danken ihnen für jede einzelne
ihrer etwaigen Wohltaten: »Jemand ist zum Volkstribunen ge-
wählt worden, er steigt hinauf zum Kapitol und bringt dort ein
Opfer dar.«[21] Wie Ramsay MacCullen schreibt, erwartete man
vom Himmel manch unterschiedlichen Gefallen: Auskunft über
die Zukunft, Rettung aus Gefahr, gute Ernten oder die Erhaltung
der Gesundheit. Aber man zog daraus nicht den Schluß, daß man
deswegen jederzeit die persönliche Verpflichtung hatte, sich der
Gottheit unterzuordnen. Daß der Kult eigennützigen Zwecken
diente, bereitete ebenfalls nicht das geringste Unbehagen.[22]

Allerdings müssen sich die Götter in dieser ungleichen, aber
freien und auf den eigenen Vorteil bedachten Beziehung loyal
verhalten und »den Menschen die gebührende Achtung erweisen«,[23] was sie jedoch nicht immer tun. Allzuoft hat man Grund,
ihnen Undankbarkeit vorzuwerfen: Obwohl er ihnen manches
Opfer dargebracht hat,[24] überlassen sie einen frommen Mann
seinem Unglück, der daraufhin aus seiner Enttäuschung auch
niemandem gegenüber einen Hehl macht. Wenn sich der Gott
als ungerecht erweist, zögert man nicht mit Kritik und weigert
sich, ihn weiterhin zu verehren.[25] Beim Tod des Germanicus,
eines sehr beliebten Prinzen, bewarf das römische Volk die Tempel mit Steinen – so wie die Demonstranten bei uns eine auslän-
dische Botschaft – und stürzte die Altäre um.[26] In der ausgehenden Antike weigerte sich der dem traditionellen Heidentum
verpflichtete Kaiser Julian, empört über einen militärischen
Mißerfolg, dem Gott Mars zu opfern.[27]

»Die Götter haben mich nicht verschont, aber auch ich werde
sie nicht verschonen«,[28] kann man in einem Privatbrief lesen. Die
Götter sind launenhaft, wankelmütig,[29] nachtragend,[30] taub oder

ungerecht,[31] sie übertreiben,[32] ihre Pläne sind unverständlich und inkohärent.[33] »Ich nehme es den Göttern übel« war eine gängige Formulierung.[34] Als der Aristokrat Theognis sieht, daß Männer aus kleinen Verhältnissen die Macht übernehmen, wendet er sich mit der gehörigen Festigkeit an den obersten Gott: »Zeus, ich verstehe dich nicht!«[35] Die Götter haben ihre Lieblinge, betreiben sogar Günstlingswirtschaft, *divina suffragatio*, und sie haben durchaus nicht immer recht. Manchmal erröten sie sogar über ihr eigenes Verhalten: Schließlich schämen sie sich dafür, daß sie Hannibal erlaubten, Rom, das sich niemals von ihnen abgewendet hatte, so lange in Angst und Schrecken zu versetzen.[36]

Eine Fabel Aesops, eine Theodizee eigener Art,[37] gibt vielsagend Auskunft darüber, was man von den Göttern hielt. Ein Mann bezeichnete die Götter als ungerecht und erzählte, daß sie, um einen einzigen Gottlosen zu vernichten, bei einem Schiffsunglück unschuldige Menschen haben umkommen lassen (nach einem verbreiteten Aberglauben drohte ein Schiffbruch, wenn ein Gottloser mit an Bord war).[38] Derselbe Mann nun zerstörte einen ganzen Ameisenhaufen, weil er von einer einzigen Ameise gebissen worden war. Nicht anders, so lautet das Fazit des Fabeldichters, tun es die Götter, wenn sie von einem Gottlosen beleidigt werden: Sie verhalten sich genau wie wir und beseitigen, was ihnen lästig ist.

Da die Götter weder uneigennützig sind noch es peinlich genau nehmen, schließt der Respekt diesen mächtigen Wesen gegenüber etwas nicht aus, was auf den ersten Blick überraschen mag: den humorvollen Umgang mit dem Heiligen.[39] Aristophanes so wie vor ihm bereits Homer scherzen über die Götter, schreiben ihnen burleske Verhaltensweisen zu und setzen sie der Lächerlichkeit aus. Das hat nichts mit Ungläubigkeit zu tun. Es handelt sich vielmehr um eine süffisante Revanche an diesen Mächtigen, die so wenig zum Vorbild taugen. Der Spott, den das Publikum am meisten schätzte, war die Darstellung der Götter als Vielfraße, die nach den Opfern der Sterblichen gieren. Ebensowenig schloß der Respekt Mauscheleien zwischen den Göttern als Gläubigern und den Menschen als Schuldnern aus. So weihte man einem Gott z. B. ein Schmuckstück, trug es aber weiterhin selbst, statt es im Tempel niederzulegen (eine Inschrift auf dem Objekt bezeugte, daß es dem Gott gehörte).[40]

Die Qualität des Heiligen

Ganz offenkundig hat der Theologe und Historiker Adolf von Harnack mit seiner Feststellung, das Wort »Gott« habe für die Heiden eine andere Bedeutung als für die Christen, vollkommen recht. Die andere Hälfte der Wahrheit ist, daß ein Gott, gleichgültig, ob heidnisch oder christlich, ein und derselben Intentionalität entstammt, die nur ihm zu eigen ist. Er weckt Gefühle, die lediglich er hervorrufen kann, und er hat mit dem Göttlichen oder Anbetungswürdigen[41] eine »Qualität«, die allein er besitzt und die im Französischen nur unvollkommen mit dem Wort »sacré« bezeichnet wird.[42] Eine »Qualität« liegt dann vor, wenn der Gesprächspartner, dem man sich verständlich machen will, bereits Kenntnis von der Sache, die man bezeichnet, besitzt. Die Qualität läßt sich nicht durch Vorkenntnisse erklären, da es sich um eine erste Erkenntnis handelt. Man ist auf Tautologien oder Paraphrasen angewiesen, wie dann, wenn man zu einem Blinden von der Farbe spricht.[43] Das Göttliche, für das die Menschen in sehr unterschiedlichem Maße empfänglich sind[44] (die Ursache zahlreicher Streitigkeiten), ist, wie Simmel sagt, dennoch »eine primäre Qualität, die sich von nichts anderem ableiten läßt«. Es ist durch seine historischen Wandlungen hindurch genauso irreduzibel wie beispielsweise die Empfindung des Schönen. Trotzdem behaupte ich nicht, daß es sich um die Intuition einer Realität handelt.[45]

Man stellte sich die Götter als überwältigende, anbetungswürdige, den Menschen überlegene Wesen vor, die, von einem übernatürlichen Nimbus umgeben, liebende Bewunderung, Schrecken und Schauder hervorriefen. Wenn man überrascht wird und plötzlich diese von Natur aus unsichtbaren Wesen nahe glaubt, gerät man in *thámbos*, ein tiefes Gefühl von Angst, Faszination und Staunen. In seinem Hymnus an Apoll vermittelt Kallimachos, ein Virtuose des Mimetismus, etwas von dem Gefühl der Heiligkeit: Als der Gott unsichtbar erscheint und sich den Verehrern vor seinem Tempel nähert, verbreitet er eine Welle, die alles in Erschütterung versetzt. Die Heiligkeit der Götter macht die Religion zu etwas sehr Erhabenem, selbst in den Augen vieler Menschen, die für sie wenig empfänglich sind. Wie sollte es möglich sein, daß so heilige Wesen wie die Götter gegenüber der ebenso erhabenen Moral gleichgültig sind?

Aufgrund ihrer Heiligkeit unterschieden sich die antiken Götter von anderen imaginären Wesen, die diese Eigenschaft nicht hatten. In der Kaiserzeit von Plutarch bis Origines, Porphyrios und Augustinus ist die unsichtbare Welt, abgesehen von den Göttern, von einer Vielzahl guter oder böser »Dämonen« bevölkert, die auf zahlreichen Gebieten (bei Orakeln, Krampfanfällen von Säuglingen, Rebellionen ...) ihr heimliches Wesen treiben. Im Unterschied zu den Göttern haben die Dämonen jedoch keine Aura des Heiligen, und wenn man von ihnen spricht, vibriert weder die Seele noch die Stimme. Sie werden nicht kultisch verehrt und erhalten auch keine Votivgaben. Sie gehören in den Bereich des »Aberglaubens« und nicht in den der Religion.

Die Liebe zu den Göttern

Für die Mehrzahl der Menschen, die für das Religiöse empfänglich waren, rief also die Vorstellung von den Göttern starke Gefühlsregungen hervor. Man empfand eine kindliche Liebe zu diesen Schutzmächten, die von einer besonderen Aura umgeben

waren. Wenn man an Heiligtümern oder Götterbildern vorbeikam, versäumte man es nie, ihnen mit den Fingerspitzen einen
Kuß zuzuwerfen.[46] Diese Inbrunst ist auch in den *Homerischen
Hymnen* spürbar: dankbare Anerkennung und Mitgefühl für
Demeter, die Spenderin des Getreides, die überall nach ihrer ver-
mißten Tochter sucht, Bewunderung für Apoll, der die Schlange
tötet, sogar hymnischer Jubel für den Trickster Hermes. Man
kann nicht an die Götter glauben, ohne sie zu lieben. Aristoteles[47] erwähnt mit wenigen Worten diese Liebe (*philía*), die er mit
der der Kinder zu ihren Eltern vergleicht. Er ist fast der einzige
antike Autor, der von der Liebe zu den Göttern schreibt, da man
kein Gefühl erwähnt, das so normal und selbstverständlich ist
und das nicht – wie im Christentum oder der indischen *bhakti* –
um seiner selbst willen gepflegt wurde. Der *bhakta* ist Vishnu so
ergeben »wie eine verliebte Frau ihrem Geliebten«.

Dennoch empfanden Menschen, die religiöser waren als andere, im Umgang mit den Göttern vermutlich eine Erweiterung
ihrer Seele, das Gefühl einer inneren Geborgenheit, die mit der
harten Realität nichts zu tun hatte,[48] und sie erlebten, worauf
mich Lucien Jerphagnon hingewiesen hat, eine Transzendenz,
die die alltäglichsten Geschehnisse mit einem Heiligenschein
versehen konnte – etwa, wenn der Wunsch, ein verlorenes oder
gestohlenes Objekt wiederzubekommen, in Erfüllung ging. Man
hatte gewiß ein Gefühl der inneren Erweiterung, wenn man an
den Gott eine Bitte richtete (ein »Gebet« im antiken Wortsinn),
wenn man ein Opfer darbrachte, ein Heiligtum betrat, ein Götterbild anbetete oder die Statuette seiner Lieblingsgottheit bei
sich trug. Nicht alle aber erlebten diese Erweiterung der Seele.
Für manche war ein Opfer nichts weiter als die Vertragserneue-
rung einer landwirtschaftlichen Versicherung, und eine Statuette
war lediglich ein Amulett, das seinen Träger auf magische Weise
schützte. Die Menschen sprechen nicht von ihrer Liebe zu den
Göttern, und so werden in den antiken Texten diese Gefühle,
außer bei Euripides, auch nicht erwähnt. Wie soll man dieses

wahrhaft fromme Lied einschätzen, diesen reinen Lobgesang auf
die jungfräuliche Göttin, in dem Hippolytos seine Artemis anruft? »So nimm denn diese Blumen, die zum Kranz / Ich dir auf
unberührter Wiese brach ...«[49] Was soll man von diesem Grenz-
fall – und ein solcher ist die Liebe des Hippolytos zu seiner
Lieblingsgottheit – halten? Eine andere Tragödie, *Ion* – der junge Held ist Priester in einem Tempel –, verdankt ihre Poesie der
metempirischen Ruhe, von der bereits die Rede war.

Zwar wurden diese Gefühle selten erwähnt, wurden aber dennoch empfunden, auch wenn man sie kaum zum Ausdruck bringen konnte. Den Menschen der Antike fehlte es zudem an Worten und Vorstellungen oder, besser gesagt, an der gesamten Topik
der Moderne, um ihr Erleben der Natur oder ihre künstlerische
und literarische Sensibilität zu formulieren (oder detailliert zu
beschreiben). Dennoch kannten sie diese Empfindungen ebenso
wie wir (dies beweist ihre Vorliebe für bestimmte Künstler und
Schriftsteller, deren Größe auch von uns noch anerkannt wird).

Die Mythen

So wie das Johannes-Evangelium im Widerspruch steht zu den
»Kindheitsevangelien« oder der *Legenda aurea*, woran sich die
Gläubigen aber kaum gestört zu haben scheinen, so haben alle
diese geliebten antiken Götter, die noch nicht zu philosophischen Entitäten geworden sind, ihre eigenen mythischen Biographien (die sich je nach Tempel und Erzähler unterscheiden),
ihre Leidenschaften und ihr spezifisches äußeres Erscheinungsbild, das von den Künstlern geschaffen und vom Gläubigen,
wenn ihm ein Gott im Traum erscheint, erkannt wird.[50] Sie haben ihre eigene Persönlichkeit (abhängig von den Örtlichkeiten,
Anlässen und den sie verehrenden Menschen). Manche sind für
besondere Aufgabenbereiche zuständig: Sie verkünden Orakel

oder heilen Krankheiten. Die Mythologie war der Nährboden
für eine echte Frömmigkeit, erfreute gleichzeitig die Phantasie[51]
und verlieh jedem Gott einen Charakter, der ihn von den anderen abhob und es den Menschen ermöglichte, eine Wahl zu treffen[52] und sich die Gottheit auszusuchen, die seinen Bedürfnissen oder seiner Vorliebe entsprach. In Rom wie in Griechenland
hatte die Mythologie eine zweifache Funktion. Sie bestand aus
Geschichten, die den Hörer oder Leser erfreuen sollten, die die
Ammen den Kindern erzählten[53] und die den Malern und Bildhauern Themen an die Hand gaben. Und sie war zugleich Teil
der Religion: Die Persönlichkeit Jupiters, des Vaters der Götter
und der Menschen, ist ebenso wie die Persönlichkeit des ge-
schickten, sich ungezwungen gebenden Merkur und der jungfräulichen Diana aus ihren mythischen Biographien abgeleitet.

Zwischen den Menschen und diesen mit einer bestimmten
Persönlichkeit und Biographie ausgestatteten Göttern gibt es
eine unsichtbare Kluft: Die Götter sind weniger reale Wesen als
vielmehr der erzählerischen Phantasie entsprungene fiktive Gestalten. So lebten sie z. B. in einer anderen Zeit als ihre Verehrer.
Nicht daß diese mythische Temporalität ursprünglich und »ar-
chetypisch« gewesen wäre: Sie war nur einfach narrativ, es war
die Zeit, in der die Personen der Märchen und Romane leben.
Die Götter hatten alle ein bestimmtes Alter erreicht, an dem
sich nichts mehr änderte: Sie alterten nicht. Sie hatten Kinder in
die Welt gesetzt, und es wäre undenkbar gewesen, daß noch
weitere hinzugekommen wären, wie ein Gesprächspartner in
Ciceros *De natura deorum* feststellt. Ein Grieche oder ein Römer hätte sich sehr unbehaglich gefühlt, wenn die Neuigkeit des
Tages gelautet hätte, daß Jupiter Vater eines Sohnes geworden
sei. Die Götter besitzen einen Körper und eine Physiognomie,
aber die Dimensionen dieses Körpers sind genauso unbestimmt
wie bei Rabelais' Gargantua.

Neben der Saga von ihren politischen Ursprüngen besaßen
die Römer ihre eigenen religiösen Legenden und Mythen wie

die der Acca Larentia[54] oder der Tarpeia. Anders als bei den
Griechen hatten diese mythischen Erzählungen aber nicht ständig an Zahl zugenommen, um dann zu einer riesigen mündlichen und schriftlichen Literatur anzuwachsen. Die Römer
übernahmen allerdings, so wie die Etrusker, die griechischen
Mythen mitsamt den griechischen Göttern und zeigten ihnen
gegenüber eine identische Einstellung. So berichten der Grieche
Plutarch und der Römer Juvenal, der etwa zur selben Zeit lebte, übereinstimmend, daß eine Frau aus dem Volk, wenn sie an
einer Statue der Diana, der Artemis der Griechen, vorbeikam,
die Göttin darum bat, ihr eine ebenso schöne Tochter zu
schenken.[55] Wenn ein römischer Kaufmann den Zehnten seiner
Gewinne Merkur weihte, war er sich der legendären Schlitzoh-
rigkeit dieses Gottes sehr wohl bewußt. Um ihre politische
Persönlichkeit zu symbolisieren, entschieden sich ein griechischer König oder ein römischer Kaiser aus denselben mythischen Gründen für Zeus, Apollon, Dionysos, Herkules oder
Minerva.[56]

Die Schwächen der Götter

Die Götter, die nun also den Menschen ähneln und wie diese individuelle Züge tragen, teilen auch deren Moralvorstellungen.
Demnach steht zu vermuten, daß sie, nicht anders als die Menschen, die Bösen ablehnen. Ihr großes Beispiel zeigt, daß die
Guten – ein tröstlicher Gedanke – im Recht sind. Ebendiese
Götter sind außerdem die Herren über die Menschen bzw. über
das, was das Schicksal für den einzelnen und für alle an Unvor-
hersehbarem bereithält. Man wünscht sich, daß diese Herren
über das Schicksal die Bösen bestrafen und die Guten belohnen,
ebenso wie man sie bittet, eine Schlacht zu gewinnen oder von
einer Krankheit zu genesen.

Wenn die Götter keine Egoisten sind, wäre es unklug, ihnen durch unser Fehlverhalten zu mißfallen, da sie über unser Schicksal entscheiden. Sind sie aber doch Egoisten? Hier kommt das Verhältnis zwischen der Moral und der griechisch-römischen Religion zum Tragen. Die Götter interessieren sich für die Menschen, *tois theoís mélei ta anthrṓpina*, zumindest für manche, und wer ihre Gunst erfährt, versäumt es nicht, sich damit zu brüsten.[57] Sind sie im allgemeinen aber eher gleichgültige Herren, die nur darauf Wert legen, daß man ihnen Ehren erweist und die geschuldeten Opfer darbringt? Oder ist es doch so, daß sie, tugendhaft wie sie nun einmal sind, die Bösen verabscheuen und die Guten begünstigen?

Die Frage läßt sich nicht ohne weiteres beantworten, denn in dieser irdischen Welt triumphiert manchmal das Gute und manchmal das Böse. Die Bösen werden nicht immer bestraft, die Guten nicht immer belohnt. Die Götter erlauben nicht, daß man unter Mißbrauch ihres Namens einen Meineid schwört oder daß ein Verbrecher ihr Heiligtum durch seine unreine Gegenwart befleckt.[58] Doch wenn sie nicht direkt betroffen sind, ist ihnen der Lebenswandel der Sterblichen gleichgültig. Solange die Götter noch nicht die transzendenten Garanten des Guten sind, unterliegen sie denselben Leidenschaften und Schwächen wie die Menschen, z. B. der Eifersucht. 500 Jahre nach Sokrates, mitten im Zeitalter der Antoninen, führt Pausanias, ein gelehrter traditionsbewußter Grieche, noch immer die militärische Niederlage eines Königs oder einer Stadt nicht auf das Versagen der Kämpfenden, sondern auf die Eifersucht der Götter zurück.[59]

Und ein Letztes: Sind die Götter tugendhaft? Sind sie egoistisch und habgierig? Je nachdem, ob man Glück oder Pech gehabt hatte, und je nach Stimmung glaubten die Menschen mal das eine, mal das andere. Man konnte auch unsicher sein oder nicht den Göttern, sondern dem Schicksal oder der Fortuna die Schuld zuweisen. In den gehobenen Schichten bleiben die bei-

den Konzeptionen bis in die Zeit des Sokrates nebeneinander
bestehen, während das Volk stets an der ersten festhielt.

Beginnen wir mit dieser ersten Vorstellung: Die Götter verlangen vor allem, daß man ihnen gibt, was ihnen zusteht; und trotz
ihres moralischen Bewußtseins haben sie dieselben Schwächen
wie die Menschen. Sie sind empfänglich für Schmeicheleien, und
nichts kann die alte Form der Frömmigkeit besser zum Ausdruck bringen als die Tricks, mit denen man sich ihre Gunst sichern möchte. Man versucht, sie mit Hilfe von Opfern »weich-
zuklopfen« (*fatigare deos*),[60] oder fordert sie im Gebet heraus,
indem man an ihr Selbstwertgefühl appelliert: »O Venus, die du
die Länder und die Meere beherrschst, setze unseren Bürgerkrie-
gen ein Ende«[61] (dabei unausgesprochen: Wenn du es nicht tust,
muß man an deiner Macht zweifeln[62]). Andernorts kann man lesen: »Zeus, hilf mir, andernfalls wird man dich für ein Nichts
halten.«[63] Viele Religionen haben ein Druckmittel erfunden, das
wirkungsvoller ist als der Appell an das göttliche Selbstwertgefühl: Man erlegt sich asketische Entbehrungen auf und fügt sich
sogar Schmerzen zu, um das Mitleid der Götter zu erregen. Hatte man eine Gottheit gelästert oder sich einem Heiligtum im Zustand der Unreinheit genähert, bemühte man sich um Vergebung, indem man sich vor dem Tempel demütig zu Boden warf
(man konnte nicht eintreten, da die Tempel nur in Ausnahmefällen geöffnet waren); man rutschte flehend auf den Knien, schlug
mit dem Kopf gegen die Türpfosten oder küßte die Schwelle
(*dare oscula liminibus*).[64] Eines Tages wird Kaiser Julian einem
Erdbeben, das eine ganze Provinz erschüttert, ein Ende setzen,
indem er sich über viele Stunden einem eiskalten Regen aus-
setzt[65] und sein Leben aufs Spiel setzt, um die Götter zum Ein-
lenken zu bewegen.

»Die Götter lassen sich leicht umstimmen, wenn man sie
durch Opfer und Gelübde betört«, glaubte das einfache Volk.[66]
Die Moral der Gläubigen spielte kaum eine Rolle: Ein Räuber
konnte den Göttern opfern, um nicht den Polizisten in die Hän-

de zu fallen. Solange sie ihren kultischen Pflichten nachkam und auf diese Weise die feindseligen Penaten beschwichtigte (*mollivit adversos Penates*), konnte die Bäuerin Phidyle, die Horaz in einem seiner schönsten Gedichte voller Zuneigung porträtiert, hoffen: »Dann spürt des Weinstocks Fülle des Südens Hauch, / Den giftgen, nicht, des zehrendes Rostes Brand / Nicht deine Saat.«[67] Sind die Götter wirklich so feindselig? Ja, die Götter sind zu den Sterblichen nicht sehr freundlich, so wie auch die Mächtigen das gemeine Volk nur allzu oft schlecht behandeln. Wie Arnobius schreibt, »begegnet man immer wieder einer im Volk weit verbreiteten Vorstellung: Man opfert den Göttern nur, um ihren Zorn und ihre schlechte Laune zu beschwichtigen.«[68] Ähnlich äußerte sich auch Taine über die Frömmigkeit des italienischen Volkes seiner Zeit: »Die himmlischen Mächte sind ebenso wie die bürgerlichen Machthaber furchterregende Persönlichkeiten, deren Zorn man dadurch vermeidet, daß man die Knie beugt und Opfer bringt.«

Die Götter und die Hoffnung

So viel zu der von uns erwähnten ersten Vorstellung von den Göttern. Daneben gab es eine andere, die sich von dieser diametral unterschied und von Frömmigkeit im eigentlichen Sinne geprägt war: Man erwartete von den Göttern Wohltaten und fürchtete nicht ihren Zorn. Laut Aristoteles sind die Götter unsere gütigen Herren, die man wie seine Eltern liebt. Im allgemeinen mögen die kleinen Leute ihre Herren und sind von ihrem guten Charakter überzeugt. Als Phidyle die Statuetten ihrer Penaten, die so leicht in Zorn geraten konnten, mit Rosmarin bekränzte, tat sie dies vermutlich auf sehr liebevolle Weise. Man braucht keine Mißernten zu befürchten, sondern man liebt die Götter, weil sie für gute Erträge sorgen. Phidyle kann darauf

hoffen, daß die Penaten ihre Weinstöcke vor Krankheiten bewahren. Verweilen wir noch ein wenig bei diesem traditionellen Glauben, der bis zum Schluß die Grundlage des Heidentums bildete.
Die Religion der Ungebildeten, schreibt Plutarch sehr klarsich-
tig, besteht aus Festen, Gebeten und Hoffnung.[69] Das große
Wort »Hoffnung« ist gefallen, es betrifft den einzelnen ebenso
wie die Gemeinschaft. Die Hoffnungen beziehen sich natürlich
nicht auf ein Heil im Jenseits, sondern gelten der irdischen Welt.
Die Eumeniden des Aischylos versprechen Athen gute Ernten,
das Gedeihen seiner Herden und Bürger sowie, mit Hilfe Athenes, den Sieg über seine Feinde. Fünf Jahre vor dem Verbot der
heidnischen Kulte verteidigt Libanios mit bewegenden Worten[70]
diese bäuerliche Hoffnung gegen die Intoleranz des Christentums. Diese weltlichen Hoffnungen, die man oft zum Ausdruck
bringt,[71] waren genauso wichtig wie in anderen Religionen das
ewige Heil.

»Der Mensch soll, solange er lebt, die Götter fromm verehren
und voller Hoffnung sein«, sagt der alte Theognis:[72] Frömmigkeit und Hoffnung gehören zusammen. Die Römer sind kein
auserwähltes Volk und verdanken ihre Eroberungen nicht der
Tatsache, daß sich ein besitzergreifender und eifersüchtiger Gott
für sie entschieden hätte. Sie waren frommer als alle anderen
Menschen und wurden deshalb bevorzugt. Solange die alten
Götter verehrt werden, wird Rom – wie die letzten Heiden immer wieder betonten – den Angriffen der Barbaren standhalten.
Das religiöse Leben hatte seinen festen Rhythmus: Bei jeder
Jahresernte, bei jedem Ereignis des öffentlichen Lebens und bei
jedem privaten Anlaß – Krankheit, Reise, Geburt – hoffte man
auf göttlichen Beistand. An dieser Hoffnung wird man auch im
populären Christentum festhalten.[73]

Von den Zeiten Homers bis zum *Carmen saeculare* des Horaz
und dem spätantiken *Pervigilium Veneris* besteht der öffentliche
Kult vor allem aus Opfern, aus den Hymnen und Tänzen der

Chöre. Orgiastische und ekstatische Rituale bleiben marginale und verdächtige Praktiken. Verweilen wir noch ein wenig bei den kleinen Gesten der einfachen Leute. Zur Zeit des Augustus hob die italische Bäuerin, die bei Horaz Phidyle heißt, jeweils bei Neumond ihre Hände betend zum Himmel, spendete den Hausgöttern Weihrauch, bekränzte ihre Statuetten und opferte ein Ferkel. Drei Jahrhunderte zuvor oder noch früher brachte jeden Monat bei Neumond ein legendärer arkadischer Bauer namens Klearchos das traditionelle Opfer dar, ehrte Hermes und Hekate, indem er ihnen Weihrauch und Kuchen spendete, und rieb die Statuetten dieser häuslichen Götter, wie es in Griechenland und Rom Brauch war, mit Öl ein, um sie zum Glänzen zu bringen.[74] Die Hoffnung erfüllte diese Religion, deren Zeremonien als volkstümliche Feste gefeiert wurden und bei der die Opfer stets mit Festessen verbunden waren, mit Fröhlichkeit und ließ sie ihren Anhängern ans Herz wachsen.

Ritualismus und Glaube

Was jedoch die heidnische Religion nicht zu bieten hatte, war die Liebe eines liebenden Gottes. Es gab kein emotionales Verhältnis zwischen den Menschen und diesen mächtigen fremden Wesen, die zuvörderst für sich selbst lebten. Ihre Anhänger führen in ihrem Herzen keine Dialoge mit diesen großen Gestalten und unterhalten mit ihnen nicht die leidenschaftliche und wechselseitige Beziehung, die in den Psalmen zum Ausdruck kommt. Dem Paganismus ist jede sich im Bewußtsein abspielende Verbindung zwischen Göttern und Menschen fremd. In der christlichen Religion werden die Liebe und die Leidenschaft einen sehr viel größeren Raum einnehmen, ihr wird der Erfolg eines Bestsellers[75] beschieden sein, der die Menschen in ihrem Innersten ergreift[76] – durch ihre ethische Wärme ebenso wie durch ihren Gott, der Furcht einflößt, aber ein liebender Gott ist und mit dem sich intime Gespräche führen lassen. Diese Sensibilität ist aber etwas so Einzigartiges, daß dieser Bestseller nicht bei jedermann Gefallen finden kann.

Die heidnische Frömmigkeit war weniger pathetisch und tugendhaft; sie offenbarte sich vor allem, wie John Scheid feststellt, im Opferritus.[77] Xenophon und der »fromme Aeneas« waren zwei zutiefst fromme Heiden. In seiner *Aeneis* »gründet Vergil alle Frömmigkeit auf die Opfer«,[78] schreibt Macrobius. Aeneas ruft die Götter an, indem er ihnen Opfer darbringt. In der dramatischen Situation wie der des Aeneas hätte sich ein Christ unablässig an seinen Gott gewandt, ihn in Gebeten angerufen, hätte ihn inbrünstig angefleht und sich mit dem Gedanken, daß Gott seine Geschöpfe liebe, zu trösten versucht. Xenophons *Anabasis* hingegen, ein Werk, das von einer fast ebenso dramatischen politischen Situation erzählt, enthält kaum fromme Äußerungen. Der Rhythmus des Buches ist durch die Opfer vorgegeben, die vor jeder geplanten militärischen oder diplomatischen Aktion dargebracht werden und über deren Durchführung man nach der Begutachtung der Eingeweide entscheidet. Im Heidentum sind die Götter nicht so eng mit der Menschheit verbunden, daß man sie ohne weiteres ständig stören dürfte. Man informiert sie nicht über die eigenen seelischen Befindlichkeiten. Man kann sie höchstens an die Beziehung, die man vielleicht mit einem von ihnen eingegangen ist, oder auch an die wiederholt dargebrachten Opfer erinnern. Das Gebet ist das Angebot eines Gelübdes in Form eines Vertrages, die inständige Bitte um Unterstützung oder um Nachsicht. Und manchmal fordert man die Götter leise auf, einem Rivalen Unglück zu bringen. Es geht im Gebet nicht darum, ein intimes Gespräch zu führen, innere Einkehr zu halten, sich vor einem Entschluß oder einer Entscheidung zu sammeln, sich seine Überzeugungen zu vergegenwärtigen, seinen Glauben und seine Zuversicht zu stärken oder nur einfach den Text eines bereits vorgegebenen Gebetes zu sprechen.

Dennoch dürfen wir die heidnische Religion nicht mit einem
nüchternen Ritualismus gleichsetzen. Diese Frage des heidnischen Ritualismus ist ein Scheinproblem, die Folge einer falschen Perspektive: Wir betrachten das Heidentum mit christlichen Augen, wir wundern uns, daß die Heiden ihren »Glauben«
niemals laut bekennen, und hegen die Vorstellung, daß sie opfern, ohne sich irgendetwas dabei zu denken.

In Wirklichkeit ist das Christentum, wenn es seinen Glauben
so betont, die Ausnahme, während das Heidentum die Regel
darstellt. Für die heidnische Religion ist es ebenso wie für die
meisten Religionen selbstverständlich, daß man die Götter ehrt
und ihnen opfert, eben weil man an sie glaubt, selbst wenn man
es für überflüssig hält, dies auch verbal zum Ausdruck zu bringen. Wie Scheid sagt: »Das Tun ist der Glaube.«

Natürlich waren die Riten immer der sichtbarste Teil dieser
Religion, weil sie so gut wie keine mündliche oder schriftliche
Überlieferung aufzuweisen hatte.[79] Es gab weder heilige Bücher
noch Predigten während der Zeremonien, es wurden weder
Dogmen verkündet noch Glaubensbekenntnisse abgelegt, und
es gab keine Kirche, die irgendwelche Ansprüche erhob. An
welchen Gott jemand glaubte, gaben seine Taten zu erkennen:
Er weihte diesem Gott einen Kult. Wenn gewisse römische Kaiser die Christen dazu zwingen wollten, die römischen Götter
anzuerkennen, verlangten sie von ihnen nicht, ein heidnisches
Glaubensbekenntnis abzulegen oder ihren Gott zu verfluchen,
sondern die heidnischen Riten durchzuführen. Die Reform der
Religion vollzog sich durch eine Reform der Riten – genau das
wurde von Theophrast angestrebt und von Apollonius von Tyana verwirklicht.

Was ist Religion? Ein Ensemble von Praktiken. Es geht nicht
um bestimmte Überzeugungen oder Vorstellungen, sondern
darum, seine Religion zu praktizieren. Wie es Marc Augé formuliert: »Glaube ist nur für den Ungläubigen Glaube.« Vom
Glauben reden nur die, die nicht glauben: Historiker oder Völ-

kerkundler. Die Gläubigen praktizieren. In diesem Zusammenhang war vom »Glauben an die Götter« keine Rede, da der
Glaube ganz selbstverständlich dazugehörte. Dennoch wurde er
manchmal ausdrücklich in Worte gefaßt. Sokrates wurde angeklagt, Gottheiten, die in Athen unbekannt waren, »für Götter
zu halten« (*theoús nomízein*).[80] Für Kaiser Julian war das Festhalten am Heidentum gleichbedeutend mit »den Göttern weiterhin sein Vertrauen zu schenken«.[81]

Nur für die Christen ist der Glaube keine Selbstverständlichkeit; sie müssen ihre Religion nicht nur praktizieren, sondern
auch bekennen, denn das Christentum ist nicht nur eine Heilsreligion, sondern auch, wie Foucault sagt, eine bekennende Religion, in der man nicht nur glauben, sondern auch verkünden
muß, daß man glaubt.[82] Das ist vermutlich darauf zurückzuführen, daß sich das Christentum gegen eine konkurrierende Religion entwickeln mußte, so daß die Gläubigen verpflichtet waren, offen zu erklären, für welches Lager sie sich entschieden
hatten. »Glauben« bezeichnete eine Zugehörigkeit: Man bekannte seinen Glauben (*fides* ist das zu dem Verb *credo* gehörige
Substantiv), man war der Kirche treu, man glaubte ihrer Lehre;
darüber hinaus bedeutete »glauben« Vertrauen zu Gott haben,
an ihn zu glauben;[83] dies wiederum setzt eine Beziehung von
Person zu Person voraus, die dem Heidentum fremd ist. Ein
weiterer Grund ist die Tatsache, daß das Christentum eine Religion der Innerlichkeit ist: Man muß diese Religion nicht nur
praktizieren, sondern muß auch die natürlichen Gefühle der
Frömmigkeit und Liebe, die ihr zu eigen sind, bewußt kulti-
vieren.

Die frommen Bildnisse der Christen zeigen eine Person der
Trinität, die Jungfrau Maria, einen Heiligen oder ihre Legenden,
aber fast niemals eine Messe (Raffaels *Messe von Bolsena* ist die
Ausnahme, die die Regel bestätigt). Demgegenüber stellen die
heidnischen Flachreliefs ebenfalls eine Gottheit oder ihre Legende dar, aber sehr oft auch eine Opferszene (in der griechischen

Kunst außerdem einen Pilgerzug oder eine dem Opfer vorausgehende Prozession); die griechische Vasenmalerei führt uns verschiedene Akte der Frömmigkeit vor Augen.[84] Denn während der Stunden, in denen man sich ihrem Kult widmete, empfand man für die Götter starke Gefühle. Die Frömmigkeit war nicht die Äußerung eines treuen Glaubens, dem man wie einer kleinen Flamme ständig Nahrung geben mußte.

Die Gemälde oder Skulpturen, die die Augenblicke eines Opfers genau festhielten, waren für die Heiden etwas sehr Bewegendes. Wenn man nicht wüßte, mit welcher Inbrunst sie ihre Riten vollzogen, würde man diese frommen Darstellungen ebensowenig verstehen wie ein asexuelles Wesen ein erotisches Bild. Der Eifer, mit dem man die rituellen Vorschriften peinlich genau einhielt, beweist, wie John Scheid schreibt, daß der Ritualismus »verinnerlicht war und im spirituellen Leben eine genauso große Rolle spielte wie für einen Christen die Betrachtung eines Heilsmysteriums«.[85] In ähnlicher Weise können in unserem täglichen Leben die zurückhaltenden, mit aller Sorgfalt ausgeführten Gesten eines Dieners seine Anhänglichkeit besser unter Beweis stellen als demonstrative Ergebenheitsbekundungen.

Die Götter und der Eid

Verweilen wir noch ein wenig bei dieser Religion, die mit der Moral nichts zu schaffen hat, in der sich die Götter nur um sich selbst kümmern, und werfen wir einen genaueren Blick auf einige ihrer Manifestationen. Die Götter achten darauf, daß man ihre Person, ihren Namen und Tempel respektiert – die Moral spielt dabei keine Rolle. Apollon läßt die Armee der Achäer an einer Seuche erkranken, weil Agamemnon den Gott in der Person seines Priesters beleidigt hatte. Nach den am Eingang des Tempels angeschlagenen heiligen Gesetzen ist es, wie wir noch sehen werden, verboten, aus Respekt vor dem Sakralen das Heiligtum zu betreten, wenn man nicht rituell rein, frommen Herzens und moralisch untadelig ist. Wenn die Götter denjenigen bestrafen, der, bei den Göttern schwörend, einen Meineid geleistet hat, dann deswegen, weil er ihren Namen mißbraucht hat. Ja, juristisch gesehen bestrafen sie den Meineidigen, aber sie tun es nur, um für die Verletzung ihrer eigenen Würde Rache zu nehmen. Sie werfen sich bloß zum Richter auf, um sich selbst Gerechtigkeit zu verschaffen. Einstweilen deutet nichts darauf hin, daß sich die Menschen für ihre in anderen Bereichen begangenen Fehler den Zorn der Götter zugezogen hätten.

Um mit dem Eid zu beginnen: Er bewegt sich zwischen einem magischen Automatismus und dem Respekt vor den Göttern sowie deren Forderung, eine Verpflichtung einzuhalten. Er enthält eine Selbstverfluchung für den Fall, daß man meineidig wird: Zeus oder Diespiter[86] soll mich ins Unglück stürzen, falls ich mein Versprechen nicht halte! Aber warum sollte Zeus dies tun? Weil er der Gott der Gerechtigkeit ist? Weil man eine Majestätsbeleidigung begangen hat, indem man seinen Namen durch einen Meineid kompromittierte? Nein, oder zumindest nicht ursprünglich: Die Verfluchung allein reichte aus, um dem Treulosen Unglück zu bringen, und der Gott des Blitzes war nicht viel mehr als der Repräsentant des natürlichen Laufs der Dinge.[87] Daher wurden neben Zeus auch die Naturkräfte angerufen, die Sonne, die Flüsse, die Erde, die Rachegöttin oder vielmehr die Erinnyen und, um ganz sicher zu gehen, sämtliche Gottheiten.[88] Dabei handelt es sich um eine magische Auffassung von der Macht der Wörter und um eine abergläubische Vorsichtsmaßnahme: Es ist riskant, das Schicksal herauszufordern, und das Unglück könnte geradezu heraufbeschworen werden: Da sich Schütze und Zielscheibe zum Verwechseln ähneln, würde sich der Fluch möglicherweise gegen den richten, der ihn ausspricht.

Dennoch hat man im Namen der Götter Eide geschworen

und hat sie kompromittiert. Mit Sicherheit würden die Götter den Meineidigen bestrafen, der, da er ihren Namen mißbraucht hatte, ein Gottloser war. Folglich ist das Unglück, das die Meineidigen irgendwann ereilt, von den Göttern geschickt. Doch ein Meineid kann die Götter nur dann beleidigen, wenn er als Vergehen gilt. Eine Religion hat nicht per se und nicht zwangsläufig etwas mit Moral zu tun. Aber bei den griechischen Göttern ist das, da sie ein moralisches Empfinden haben, anders. Folglich widerstrebt es ihnen, Opfer einer Arglist zu sein. Das zeigt auch die Geschichte des betrügerischen Glaukos, der das Orakel von Delphi gefragt hatte, ob er einen falschen Eid leisten dürfe, und den Apollon für diese Absicht bestrafte, indem er ihm jede Nachkommenschaft versagte.[89]

Moral und Frömmigkeit begegnen sich sogar im Eid. Jemand, der sein Wort hält, respektiert die Würde der Götter und zugleich die Moral, die den Göttern und Menschen gleichermaßen am Herzen liegt. Von dem hellenistischen lateinischen Dichter Catull stammt dieses Gebet: Oh, ihr Götter, gewährt mir als Lohn für meine Frömmigkeit die Gunst, um die ich euch bitte, denn ich halte mich für fromm: Ich habe niemals die heilige Treue gebrochen und in keinem Pakt die göttlichen Mächte beschworen, um die Menschen zu täuschen.[90]

Nun müßte man noch wissen, ob die Götter dem frommen Catull tatsächlich die erbetene Gunst gewähren und ob sie umgekehrt die Meineidigen wirklich ins Unglück stürzen. Wie wir lieben sie die Tugend, aber sorgen sie schon deswegen für immanente Gerechtigkeit? Es war fromm und tröstlich, dies anzunehmen, aber der Blick auf die Realität gab Anlaß zu Zweifeln. Ohne sich zu weit vorzuwagen, konnte man mit Hesiod[91] behaupten, daß jemand, der einen Meineid leistet, an seinen Nachkommen bestraft wird (man kann also noch auf eine immanente Gerechtigkeit hoffen, selbst wenn man sieht, daß es dem Meineidigen bis an das Ende seiner Tage gut geht). Man durfte ebenfalls hoffen, daß diejenigen, die den Namen der Götter nicht

mißbraucht hatten, durchaus auf ihr Wohlwollen bauen konnten, das wiederum den Eidbrüchigen für immer verwehrt war.
Im Prolog zum *Rudens*, einer Komödie des Plautus, wird der
Stern Arcturus (»Bärenwächter«) von Jupiter auf die Erde ge-
sandt, um die guten und bösen Taten der Menschen in Augen-
schein zu nehmen.[92] Wie der Stern erklärt, möchte Jupiter wissen, ob die Menschen »fromm und ehrlich« seien; er weist die
Opfer und Bitten derer zurück, die vor Gericht einen Meineid
schwören, um ihre Schulden zu leugnen oder einen Prozeß zu
gewinnen. Man kann nicht kategorisch behaupten, daß die göttliche Gerechtigkeit den Betrüger auf jeden Fall bestraft, wohl
aber weiß man, daß die Götter einem Lügner ihr Wohlwollen
entziehen, was sich daran zeigt, daß er früher oder später von
einem Unglück heimgesucht wird. Umgekehrt, fährt der Dichter fort, wird der Fromme die Gunst der Götter »leichter« erlangen als der Verbrecher. Dieser etwas halbherzige Glauben an
eine immanente Gerechtigkeit wird uns an späterer Stelle erneut
begegnen.

Diese Gerechtigkeit wird nur ausgeübt, weil die Götter persönlich in die Eide mit hineingezogen werden. Zumindest deutet nichts darauf hin, daß das menschliche Verhalten in anderen
Bereichen ihre Aufmerksamkeit erregt hätte. Dies wird in der
hohen Kaiserzeit durch etwa 100 merkwürdige Monumente, die
sogenannten »Weihinschriften«, bestätigt. Wenn in Phrygien,
östlich von Sardes, ein Bauer an einer schweren Krankheit litt
oder lange Jahre blind war, pflegte er sein Unglück auf eine von
ihm begangene Verfehlung zurückzuführen. Nach seiner Genesung ließ er eine Stele mit einer Inschrift versehen: Er gestand
sein Vergehen ein und berichtete, wie er von der Gottheit bestraft worden war. Um welche Art von Verfehlungen handelte
es sich dabei? Der Gott hatte persönlich Unrecht erlitten oder
man hatte seinen Namen oder seine Macht in Frage gestellt. Der
Schuldige hatte ihm die heiligen Tauben des Tempels gestohlen,
hatte beim Namen des Gottes einen Meineid abgelegt, hatte sich

in unwahrhaftiger Weise selbst verflucht oder ein Verbrechen an jemandem begangen, der den Gott gebeten hatte, ihn zu rächen. In allen diesen Fällen rief man »unmittelbar den Gott als strafenden Vertreter seiner eigenen Interessen auf den Plan«.[93]

Korrektes Auftreten in den heiligen Stätten

Auch die am Eingang der Heiligtümer angeschlagenen sakralen Gesetze und die Verbote, die den Zugang verwehren, betreffen die Gottheit persönlich. Zunächst einmal mußte man korrekt gekleidet sein. In der Trilogie des Aischylos ruft die Pythia, die in den Frauen, die, in Lumpen gekleidet, auf dem Altar Apollons sitzen, die Erinnyen nicht erkennt: »Gar einen solchen Putz zu tragen, ziemt sich nicht, / Wo Menschen wohnen, nicht, wo Götterbilder stehn.«[94] Sechs oder sieben Jahrhunderte später wird die Phrygierin Antonia auf ihrer »Weihinschrift« öffentlich bekunden, daß sie von Apollon mit einer Krankheit geschlagen wurde, weil sie sein Heiligtum mit einem schmutzigen Mantel betreten habe.[95]

Die Sakralgesetze schrieben auch Frömmigkeit, Rechtschaffenheit und Reinheit vor. Im Athena-Tempel in Lindos[96] gibt es drei Arten von Verboten: Der Gürtel darf keinen Knoten haben[97] (jeder Knoten, jede Blockierung ist eine magische Störung), man darf von nichts Fluchbeladenem oder Unreinem befleckt sein, darf nicht gegen die Gesetze verstoßen haben, muß nicht nur körperlich, sondern auch seelisch rein sein und darf eine gewisse Anzahl von Tagen nicht mit einer Geburt, einer Bestattung, einer Prostituierten, einer menstruierenden Frau, einer Vergewaltigung oder einem Trauerfall in Berührung gekommen sein. Und schließlich mußte man bei der Darbringung eines Opfers offenbar auch weiß gekleidet sein (*lamprós*);[98] Weiß war in Griechenland ebenso wie in Rom die Farbe der Liturgie. Wegen des unterschiedlichen Erhaltungszustands der Dokumente (die Inschriften der Griechen waren sehr viel länger als die der Römer) kann ich nur ein einziges lateinisches Sakralgesetz[99] zitieren; es stammt aus einem Aeskulap-Tempel der Kaiserzeit: »Wer hinaufsteigt, um den Sockel des Tempels zu betreten, darf drei Tage lang keinen Kontakt mit einer Frau, mit Schweinefleisch, Bohnen, einem Barbier oder einem öffentlichen Bad gehabt haben. Man darf den heiligen Bezirk nicht mit Schuhen betreten.« Wir wissen allerdings auch, daß die lateinischen Sakralgesetze saubere Kleidung vorschrieben, *pura cum veste venito* heißt es bei Tibull.[100]

Reinheit bedeutet korrektes Auftreten, aber sie betrifft, von der Kleidung und dem äußeren Erscheinungsbild abgesehen, auch den Körper und eigenartige, manchmal besorgniserregende physiologische Phänomene wie Sexualität, Menstruation, Niederkunft, Tod, Blut, Sperma und in Rom sogar Ohrensausen. Das ist das Vermächtnis einer Vergangenheit, in der all dies eine vielbeachtete Kategorie der Realität bildete, und darauf bezogen sich die Begriffe der Reinheit und der Unreinheit.

Da es im Grunde um »korrektes Auftreten« geht, stellt sich die Frage der Unreinheit nur dann, wenn man den Bezirk des Heiligen, dem man Achtung schuldet, betritt. Was außerhalb davon unrein ist, kann, solange man im profanen Bereich bleibt,[101] vernachlässigt werden. Reinheit und Unreinheit haben mit Gut und Böse nur aufgrund einer zufälligen Koinzidenz etwas zu tun. Ein Mörder ist unrein, weil an seinen Händen Blut klebt, und die Menstruation gilt wegen eines anderen Ausflusses als unrein. Zu Beginn unserer Zeitrechnung umfaßt die Reinheit immer größere Bereiche und bezieht sich auf alles Sexuelle. Als unrein wird dann alles gelten, was »gegen die Natur« verstößt, nämlich Ehebruch, Homosexualität und Abtreibung.[102] Dennoch erstickte diese »leichte« Religion das tägliche Leben nicht unter einer Masse ritueller Verbote.

Die Sakralgesetze beschränken sich nicht auf die Reinheit des

Besuchers, sondern fordern auch seine Frömmigkeit. Oft darf
man den heiligen Bezirk nur betreten, wenn man reinen Herzens (*agnós*) ist.[103] Eine Inschrift im Heiligtum von Epidauros
lautete: »Die Reinheit besteht in heiligen Gedanken.«[104] Die
Heiligkeit der Götter verlangt, daß man ihre Heiligtümer mit
Andacht betritt. Wenn man ihnen opfert, wird Porphyrios später sagen, darf man es nicht gedankenlos (*parergós*), sondern
muß es voller Inbrunst tun.[105] Wenn man zu ihnen betet, dann
von ganzer Seele, *in prece totus esse*, schreibt Ovid.[106] Ebenso
muß man alle gottlosen Gedanken verjagen. Die Heiligtümer
wurden auch von Skeptikern besucht, die sich gerne über die
Leichtgläubigkeit der Frommen und über die Wunder lustig
machten, die auf den Votivgaben der Macht des Gottes zuge-
schrieben wurden.[107] Jedes Heiligtum hatte seine besonderen Riten, und manche Besucher »zogen Riten, die sie nicht kannten,
ins Lächerliche«.[108] Schließlich könnte unter der von den Sakralgesetzen geforderten reinen Seele vielleicht auch eine Seele verstanden werden, die sich keines Verbrechens schuldig gemacht
hat.[109] Dies wäre dann ein diskreter Hinweis darauf, daß allen
Verbrechern der Zugang zum Heiligtum verwehrt war.

   Einer bedeutenden Persönlichkeit gegenüber muß man bescheiden auftreten. Den Besucherinnen ist es per Gesetz verboten, ihren Reichtum zur Schau zu stellen und das Heiligtum in
allzu schönen Kleidern oder mit Schmuckstücken zu betreten.
Andernfalls hat der Tempelwächter das Recht, ihnen die Kleider
zu zerreißen.[110] Man beleidigt nämlich die Götter, wenn man
eine gewisse Überlegenheit demonstriert. Man darf sich nicht
einbilden, sie durch kostspielige Opfer blenden zu können:
»Denn Pythia hätte sonst nicht einst gekündet, daß der Hermo-
nier, der mit drei Fingern Schrot aus seinem Säckchen geopfert
hatte, [dem] Pythios lieber sei als jener Thessaler, der ihm die
Rinder mit vergoldeten Hörnern und die Hekatomben darbrachte.«[111]
   Die Tempelwächter legten offenbar großen Wert auf Fröm-

migkeit und hätten diesen Worten eines Dichters gewiß zuge-
stimmt: »Wisse, wenn jemand in Frömmigkeit den Göttern opfert, erlangt er auch bei kleiner Opfergabe Rettung.«[112] Dieser
Vorstellung sollte, wie wir noch sehen werden, eine große Zukunft beschieden sein. Und der Leser wird nicht ohne Rührung
an die Opferspenden kleiner Leute denken, etwa an den Hahn,
der Asklepios von einer armen Heroine des Dichters Herondas
dargebracht wurde, verbunden mit einem Bild der Hygieia auf
einer Holztafel, die die Erinnerung an das Opfer wachhalten
sollte. Oder er wird an das verkohlte Gerippe eines halben
Huhns denken, das vor dem 24. August 79 geopfert und auf einem Altar an einer Wegkreuzung in Pompeji, in der Straße der
Abundantia, gefunden wurde.[113]

Schließlich schreiben die Sakralgesetze auch ausdrücklich vor,
daß die Besucher rechtschaffene Leute sein müssen. Die Gottheit duldet in ihrem heiligen Bezirk keine Unmoral. Verbrechern und Mördern ist der Zutritt zum Heiligtum verwehrt:
Eine schuldbefleckte Hand darf die Götter nicht berühren, sagen die Dichter.[114] Wenn die Sakralgesetze sich dazu nicht schon
in vorhellenistischer Zeit[115] äußern, dann deswegen, weil das
Gesetz nicht alle denkbaren Sakrilegien aufzählen wollte, sondern sich auf die Vergehen beschränkte, die der Gläubige aus
Unachtsamkeit begangen haben mochte. Weil es jeder wußte,
war es unnötig, darauf hinzuweisen, daß man die Schuhe ausziehen mußte, bevor man das Tempelinnere betrat.[116] Ein Anschlag
»Zutritt für Mörder verboten« wäre ebenso überflüssig wie albern gewesen: Ein entsprechendes Verbot war allen bekannt.
Von einem von Orest gestifteten achäischen Heiligtum erzählte
eine Legende, daß jeder Mörder, der es betreten wollte, vor
Schrecken sogleich dem Wahnsinn verfalle. Dasselbe Schicksal
erwartete »den gottlosen Besucher, der kommt, um zu schau-
en«.[117] Auch in diesem Fall wäre ein schriftliches Gesetz sinnlos
gewesen, da der Tempelwächter schwerlich in der Lage war, einem Besucher die Gottlosigkeit vom Gesicht abzulesen.

Das Schweigen vieler Gesetze berechtigt nicht zu der Annahme, daß eine Entwicklung vom konkreten Makel blutbefleckter Hände zum moralischen Vergehen stattgefunden hätte: Schon immer wurde der Mörder wegen seines Verbrechens als solchem ausgeschlossen. Dies bezeugt nicht nur die Geschichte des Orest, sondern wird auch durch die Texte von Antiphon bis Lysias, Platon, Demosthenes und Aristoteles ausdrücklich bestätigt.[118] Der kriminelle Akt wird manchmal als Schandfleck[119] bezeichnet, aber das ist nur eine pointierte Ausdrucksweise: Man unterschied sehr wohl zwischen ritueller Unreinheit und Unmoral. Ein kretisches Sakralgesetz[120] aus dem 2. Jahrhundert v. Chr. macht außerdem einen Unterschied zwischen einem vorsätzlich und einem versehentlich begangenen Mord. Es befaßt sich in aller Ausführlichkeit mit unfreiwilligen Mördern und körperlichen Schäden, die auf einen Unfall zurückzuführen sind, wie auch mit den Opfern und deren Verletzungen: Weder die einen noch die anderen sind vom Heiligtum ausgeschlossen. Wir haben es nicht vergessen: Die Götter sind nicht nur egoistisch und fehlbar. Die epischen Erzählungen und mythologischen Legenden, mit denen die Zuhörer erfreut werden sollten, konnten den Göttern durchaus die eine oder andere sympathische kleine Schwäche zugestehen. Doch der ernsthafte Glaube, die Frömmigkeit und die Liebe zu den Göttern schrieben ihnen dasselbe moralische Empfinden zu, dem die Menschen eine grundlegende Bedeutung für ihr soziales Leben beimaßen.

Frömmigkeit und Gerechtigkeit

Kommen wir nun zu jener zweiten Vorstellung von den Göttern: Hier wollte man von ihrer Fehlbarkeit nichts wissen, sondern sie nur als vorbildhafte Wesen gelten lassen. Die so häufig anzutreffende Verbindung zwischen Religion und der Moral ist jedoch nicht direkt aus der Religion hervorgegangen, aus irgendeiner Besonderheit ihrer Essenz, sondern sie ist auf die lebenswichtige ethologische Bedeutung der Sittlichkeit zurückzuführen. Jedermann ist aufgefordert, die Gebote und Verbote der Gemeinschaft einzuhalten. Auch die Götter, die den Menschen ähneln, unterwerfen sich dieser Forderung und erwarten dieses Verhalten auch von den Menschen. Man möchte sogar daran glauben, daß sie für eine immanente Gerechtigkeit sorgen und daß die Realität somit die menschlichen Urteile bestätigt. Dieser so ausgeprägte Wunsch nach einer unseren Bedürfnissen entsprechenden Welt, verbunden mit der sozialen Bedeutung der Moral, macht sich anthropomorphe Vorstellungen zunutze, um den Glauben an die Gerechtigkeit der Götter zu stützen. Man kann sich also auf das Beispiel und den Willen dieser erhabenen und zugleich furchterregenden Wesen berufen, um einen Rebellen dazu zu bringen, sich dem Gesetz zu unterwerfen: Es empfiehlt sich, tugendhaft zu sein, da die Götter die Tugendhaftigkeit empfehlen, wenn sie sie schon nicht begründen oder vorschreiben.

Diese Neigung, an eine göttliche Gerechtigkeit zu glauben, läßt sich im homerischen Epos und bei Hesiod nachweisen. Man ruft hier die Autorität der Götter an zugunsten von Menschen, die um Hilfe bitten, man gefällt sich in der Vorstellung, daß Zeus unsere Empörung über schlechte Könige teilt, man ist manchmal freudig überrascht, daß die Gottheit in Aktion getreten ist und die Bösen bestraft oder den Guten zum Sieg verholfen hat. Bisweilen versteigt man sich sogar zu der Behauptung, daß die Götter den Menschen je nach ihren Verdiensten Glück oder Unglück zuteilen. Einem rechtschaffenen und arbeitsamen Menschen schenkt Zeus, so Hesiods Botschaft an die Faulenzer, Wohlstand und gesellschaftliches Ansehen.

Selbst im Epos steht der Gedanke, daß sich die Götter weniger durch Tugend als durch Macht auszeichnen, neben einer erbaulicheren Konzeption, die von der Sicht des epischen Erzählers oder den Bedürfnissen des »Plots« abhängig ist. In ei-

ner Passage, die manchmal als Interpolation verdächtigt wird,
spricht der Erzähler von Richtern, die ungerechte Urteile fällen,
»sorglos um die Rache der Götter«. In einem unverdächtigen
Abschnitt des Epos heißt es: Weise die Bittenden nicht zurück,
sondern »scheue die Götter«, *aideío theoús*.[121] Diese Äußerungen sind an den unbeugsamen Achill gerichtet. Priamos ist gekommen, um ihn um die Überlassung des Leichnams seines
Sohnes zu bitten, und bringt vor, daß die Götter es mögen, wenn
man die Bittenden erhört. Um Achill mit Agamemnon zu versöhnen, hatte Phönix ähnlich argumentiert: Die Götter ließen
sich, wenn Menschen gefehlt haben, durch Votivgaben, Opfer
und Gebete umstimmen.[122] Ihrem hehren Beispiel nicht zu folgen wäre ein Verstoß gegen den feudalen Ehrbegriff, man würde
sich selbst erniedrigen und hätte das Recht verwirkt, stolz auf
sich zu sein.

Im Namen der Moral überhäufen die Götter, oder zumindest
einige von ihnen, Achill mit Vorwürfen, als er sich, seit dem Tod
des Patroklos außer sich vor Schmerz, auf Hektors Leichnam
stürzt. Die Götter bilden hier zwei Gruppen, die die beiden ko-
existierenden Vorstellungen von der göttlichen Moral repräsen-
tieren: Hera, Poseidon und Athene, denen die Trojaner verhaßt
sind, wollen den Leichnam nicht der Schmach entziehen, während Apollon über Achill empört ist, weil er »erbarmungslos« ist
und »auch selber die Scham nicht kennet«.[123] Denn sich der Bittenden nicht zu erbarmen,[124] schreibt der Dichter an anderer
Stelle, heißt, die Götter nicht zu respektieren, die diese Menschen achten, die selbst barmherzig[125] sind und wollen, daß auch
die Menschen Mitleid zeigen. Fehlendes Erbarmen ist gleichbedeutend mit *hybris*, einer Anmaßung, die die Götter beleidigt, da
sie eine Form der Gottlosigkeit darstellt: Sie widerspricht der
Bescheidenheit, die ein Sterblicher ihnen gegenüber an den Tag
legen muß …[126]

Was aber machen Phönix und Priamos eigentlich, wenn sie so
zu Achill sprechen? Zweierlei: Sie erinnern ihn daran, wie die

Götter das menschliche Verhalten beurteilen, und sie machen ihm gleichzeitig klar, daß man ihr Urteil berücksichtigen muß, wäre es auch nur aus Achtung vor ihnen, aus eigenem Stolz oder um sich vor einer Überheblichkeit in acht zu nehmen. Somit besteht die Religion nicht nur aus bestimmten Verhaltensweisen, mit denen man sich die Gunst der Götter erhalten möchte (ein Räuber opfert, wie wir oben gesagt haben, den Göttern, um der Polizei zu entkommen), sondern sie entwirft das Bild von einer Welt, über der die Götter thronen und eine Moral stützen, die kein absolutes Gebot darstellt, wohl aber eine durchaus diskutable Empfehlung.

So sind die Götter also zu Autoritäten für das menschliche Verhalten geworden. Ihre Autorität kann aber nicht vor dem Wichtigsten, was es auf der Welt gibt, haltmachen: der Moral. Die allmächtige kollektive ethologische Forderung nach Moralität bemächtigt sich der Religion, die gegenüber Gut und Böse nicht gleichgültig bleiben kann. Allerdings muß man die besondere Beziehung zwischen dem Paganismus und der Moral, die sich von der in anderen Religionen unterscheidet, noch genauer fassen. Die griechischen Götter hatten den Menschen keine Gesetzestafeln übergeben, und die Moral existierte per se. Dies wird auch in Rom so sein.[127] Ein großer Teil der lateinischen Literatur (Geschichtsschreibung, Satire, praktische Philosophie) dient der moralischen Erbauung, verweist jedoch nur selten auf die Götter als Hüter der Moral.

Die Moral ist schon von sich aus geboten. Sie kann in den Paganismus einfließen, muß es aber nicht. Oft ist das von den Göttern gegebene Beispiel lediglich ein Gelegenheitsargument, auf das man nur zurückgreift, wenn sich die allgemeine Moral als unzureichend erweist: bei einem rebellischen Charakter wie Achill oder in unsicheren Fällen, in denen sich eine moralische Forderung weniger vom verbindlichen Kern der Moral als von einer menschenfreundlichen Ethik herleiten läßt. Kurzum, man beruft sich auf die Religion in Situationen, die von der allgemei-

nen Moral nicht geregelt sind: zugunsten der Bittenden, der
Bettler, Schiffbrüchigen, Besiegten, Außenseiter, zugunsten all
derer, die durch keine wirkliche Gerechtigkeit, keine *thémis*, ge-
schützt sind. Oder es geht um eine Hilfeleistung, die löblich ist,
zu der man aber nicht eigentlich verpflichtet ist. Ein lateinischer
Autor schreibt einmal: »Gott sein: Das heißt für einen Sterblichen, daß ein Sterblicher einem anderen hilft.«[128] Ein Dichter
wird sogar behaupten, daß die berühmte römische *pietas* auch
das Mitleid mit den Besiegten einschließe.[129]

Zu den zahlreichen Funktionen einer Religion kann es gehören, uneigennützige oder altruistische Verhaltensweisen zu begründen: Gastfreundschaft, Almosenspende und im weiteren
Sinne Verhaltensweisen, die sich anders schlecht erklären lassen.
Um dies an einem ganz kleinen Beispiel zu verdeutlichen: Wenn
man an den Wegen Steinkegel errichtet (*hermaía*, *hérmakes*), an
denen sich die Wanderer orientieren können, ist jeder Stein, den
ein Passant hinzufügt und der den Erhalt dieses Steinkegels si-
chert, eine Opfergabe für Hermes.[130]

Man konnte noch weiter gehen und die Frömmigkeit zum
Unterpfand und Inbegriff aller Tugenden erheben. Als sich der
schiffbrüchige Odysseus an einem unbekannten Gestade wiederfindet, fragt er sich, zu welchen Sterblichen er gekommen sei:
»Sinds unmenschliche Räuber und sittenlose Barbaren / Oder
Diener der Götter und Freunde des heiligen Gastrechts?«[131] Die
Achtung vor den Göttern schließt die Achtung aller Tugenden
ein. Jeder, der gastfreundlich sein will, wird sich a fortiori auch
zur strikten Einhaltung der Gerechtigkeit verpflichtet fühlen.
Die Frömmigkeit erweist sich als die Tugend, die am wenigsten
an die empirische Realität, an ihre Vorteile, Versuchungen und
Risiken gebunden ist. Sie übersteigt den feudalen Ehrbegriff, sie
erhebt sich über Gelüste und Triebe, sie repräsentiert den Teil
der erhabenen Größe, zu der jeder fähig ist. Wer der Religion
diese uneigennützige Achtung bezeugt, respektiert auch alles andere, was Achtung verdient. In seiner verzweifelten Lage klam-

mert sich Odysseus an diese tröstliche Vorstellung der Religion. Frömmigkeit ist das Gegenteil von Barbarei, sie krönt und umfaßt sämtliche Tugenden. »Nur ich wurde aus dem Schiffbruch gerettet, weil ich ein frommer Mann bin«, wird der Held eines kaiserzeitlichen Romans erklären, um auf der nächsten Seite hinzuzufügen: »Nur ich wurde gerettet, weil ich zeitlebens niemals etwas Böses getan habe.«[132]

Bruit Zaidman hat diese letzte Verbindung von Gerechtigkeit und Frömmigkeit, diese Integration von Moral und Religion, mit großem Sachverstand analysiert.[133] Als Sparta in einer fernen Vergangenheit Messenien erobern wollte, bezichtigten die Messenier, wie Pausanias erzählt, ihre Angreifer einerseits der Frevelhaftigkeit (*anosíous*), da sie ihre dorischen Brüder überfielen, und andererseits der Ruchlosigkeit (*asebeís*) gegenüber den allen Dorern gemeinsamen Gottheiten. Wie man zu Recht festgestellt hat: »Die Gottlosigkeit besteht zum einen in der Übertretung der für alle verbindlichen Gesetze und zum anderen in der Negierung der den Göttern geschuldeten Verehrung.«[134]

Aufgrund ihrer Frömmigkeit fühlten sich vermutlich viele Menschen in dem von ihnen angestrebten Selbstbild geschmeichelt, in der Vorstellung von einer allgemeinen menschlichen Vollkommenheit, die ohne Religion und Moral nicht denkbar war. Ein Volk ohne Religion war nicht zivilisiert, ein Mensch ohne Frömmigkeit nicht komplett (so wie heutzutage jemand, der apolitisch ist, als medioker und defizitär gilt). Die Frömmigkeit gehörte zu den Tugenden des ritterlichsten Mannes seiner Zeit: Agesilaos war die Verkörperung aller positiven Eigenschaften. In der Politik ließ ihn seine Frömmigkeit vor allem treu zu seinen Eiden stehen.[135]

Umgekehrt wird jemand, der die Götter nicht achtet, auch die menschliche Gerechtigkeit nicht respektieren. Die göttlichen Gesetze sind erhabener als die der Menschen, und wer sie bricht, wird vor nichts Achtung haben. Diese göttlichen Gesetze verleihen Tempeln und Grabstätten einen sakralen Charakter, sie zu

verletzen stellt ebenso wie der Inzest den Gipfel der Unmoral
dar. Die Kriegsverbrechen, die das universale Gewissen verur-
teilte, richteten sich nicht gegen die Menschen, sondern gegen
die Götter und die Toten.[136] Der Dezemvir Appius Claudius, der
die junge Virginia wider Recht und Gesetz zu einer Sklavin gemacht hat und für ihre Entführung und ihren Tod verantwortlich ist, ist ein Ungeheuer, das sich bedenkenlos »außerhalb der
Gesetze, sowohl der bürgerlichen wie der menschlichen Rechts-
gemeinschaft« stellt und offen als »Verächter der Götter und
Menschen« (*deorum hominumque contemptor*) auftritt.[137]

Die Götter, der Gott, Zeus und die Gerechtigkeit

Seit jeher also, seit Homer, konnte die Moralität mit der Frömmigkeit einhergehen. Neben dieser Konzeption gab es die Vorstellung, daß jeder Gott nur nach seinem eigenen Kopf handelte.
Am Leichnam Hektors waren die Götter geteilter Meinung: Die
einen wollten, daß die Frömmigkeit die Oberhand behielt, die
anderen ließen ihrem Haß auf Troja freien Lauf. Bei den Göttern ist es wie bei den Menschen: Die Menschheit als solche achtet die Moral und will, daß man sie respektiert, doch jede Person
für sich genommen kann dagegen verstoßen. Ebenso ist das Geschlecht der Götter insgesamt moralisch, aber jeder einzelne
kann fehlbar sein. Folglich gibt es zwei Möglichkeiten, von der
Gottheit zu reden: Singular und Plural haben nicht dieselbe Bedeutung. Ein – im Singular – namentlich bezeichneter Gott mag
seine Launen haben, seine Fehler und Schwächen, doch die Götter insgesamt – im Plural – achten die Moral und wollen, daß die
Bösen besiegt oder bestraft werden. Die Götter werden nicht
zulassen, daß … Die Götter werden diesen Verbrecher irgendwann doch bestrafen, sie werden uns rächen, sie haben uns gerächt, sie haben der richtigen Seite zum Sieg verholfen.

Abgesehen vom Plural verwendet man in diesem Zusammenhang auch den kollektiven Begriff »der Gott«, der *daímōn*, oder
ein Abstraktum, »die Gottheit«, *to theíon*. Oder man greift zurück auf »Zeus«, den Inbegriff des Gottes, der alle Götter in
sich vereinigt und somit einen Plural impliziert. Auf diese Weise
ist er zum Gott der Gerechtigkeit geworden.[138] Denn abgesehen
von seinen Funktionen als Gott des Gastrechts (*xénios*) und der
Schutzflehenden (*hikésios*) ist Zeus der Gott für alle Gelegenheiten: Zu ihm ruft man, wenn man nur einen einzigen anruft;[139] er
ist der Gott mit den meisten Epitheta, der jeden anderen Gott
ersetzt und alle Gottheiten in sich einschließt.

Hier beginnt die große Karriere des Zeus als obersten Gottes,
dessen Name bei den Philosophen künftig für Gott steht. Die
mythologische Gestalt des Vaters der Götter und der Menschen
wird zu einer philosophischen Entität. Man weigert sich zu
glauben, daß den Göttern nicht an der Gerechtigkeit gelegen sei.
Das gilt erst recht für Zeus, da er als größter aller Götter wie ein
Vater über die anderen Gottheiten und über die Menschen
herrscht. Bei Hesiod, wir erinnern uns, sind die Gerechtigkeit
und die Jahreszeiten Schwestern. Folglich sind das Naturgesetz
und das Moralgesetz identisch, die Universalität des Rechts fällt
mit der Universalität des Faktischen zusammen, das Sein und
das Gute bilden eine Einheit: Dies sind die Anfänge der klassischen Philosophie. Aber ich hatte noch nicht erwähnt, daß nach
Hesiod Zeus, auf den der Dichter immer wieder zurückkommt,
der Vater dieser Schwestern ist. Das Bedürfnis nach Gerechtigkeit, von dem Hesiod durchdrungen ist, befördert Zeus in den
Rang des Vaters der Gerechtigkeit. Auf diese Weise erhöht die
Moral die Religion, die alsbald einen höheren Rang einzuneh-
men scheint als die Moral. Zeus oder die Götter treten an die
Stelle der stillschweigenden Evidenz der Natur als transzendentes Fundament der physikalischen und moralischen Ordnung
der Welt.

Dahinter verbirgt sich ein latenter Monotheismus, der gleichbedeutend ist mit dem philosophischen Wunsch nach Systematisierung und Monismus. Es handelt sich also um einen Monotheismus, der seines Namens würdig ist, während die drei monotheistischen Religionen, von denen zur Zeit viel die Rede ist, diese Ehre weniger verdienen. Man täuscht sich über ihr Alter (der angebliche jüdische Monotheismus gründete sich lange Zeit auf einen Gott, der nicht der einzige, sondern eifersüchtig war, eifersüchtig auf die Götter der anderen Völker, an deren Existenz der jüdische Gott und sein Volk keinen Zweifel hegten; selbstverständlich ist Jahwe aber den anderen Göttern überlegen). Man täuscht sich über die Realität dieser Religionen (mit der Trinität, den Heiligen und der Jungfrau Maria ist der christliche Monotheismus nur eine Ehrensache von Theologen). Man täuscht sich über ihre Bedeutung (Allah ist ein einziger Gott aufgrund eines Aberglaubens, der genauso willkürlich ist wie der Polytheismus; er entstammt dem Wunsch, einen Gottkönig zu verherrlichen). Nein, der Monotheismus ist kein Grundelement der Religionsgeschichte.[140]

Kehren wir zurück zum Paganismus, der die Vorstellung hegte, daß die Götter die Gerechtigkeit lieben und fördern und der richtigen Seite zum Sieg verhelfen. So wünschte man es sich zumindest, man wollte es glauben. Die Äußerung des alten Laërtes, der gerade von Odysseus' Sieg über die Freier erfahren hat, ist dafür ein beredtes Beispiel: »Vater Zeus! Ja, noch lebt ihr Götter im hohen Olympos, / Wenn doch endlich die Greuel der üppigen Freier bestraft sind!«[141] Dieser Glaube an eine immanente Gerechtigkeit ist der Trost des Besiegten oder Unterdrückten. Die Götter machen Unrecht wieder gut. Hier entstammt die Verbindung zwischen der Religion und der Moral dem Wunsch zu glauben, was man gerne möchte, einer Form des *wishful thinking*. Von einem solchen Glauben ist man im allgemeinen aber nur halb überzeugt. Wir haben die merkwürdige Äußerung des Laërtes vernommen: Nachdem alles vorbei ist, stellt er mit freudiger Überraschung fest, daß die göttliche Gerechtigkeit, an die angeblich jedermann glaubt, tatsächlich existiert. Seine Überraschung zeigt, daß er in seinem Innersten nicht gewagt hatte, mit ihr zu rechnen.

Nach einem anderen auf Rache bedachten Halbglauben galten verheerende Stürme als Ausdruck des Zorns, den Zeus gegenüber Unterdrückern hegte. Eine der leidenschaftlichsten und ergreifendsten Passagen der *Ilias* gibt uns darüber in einem Vergleich Auskunft: Die Taten des Patroklos haben dazu geführt, daß die trojanische Armee in panischer Angst die Flucht ergreift.[142] »Wie wenn stürmischer Regen die schwarze Erd' umher deckt / Spät, in Tagen des Herbstes, wann reißende Wasser ergießet / Zeus, heimsuchend [= dann, *hóte de*, sucht er heim] die Freveltaten der Männer, / Welche gewaltsam richtend im Volk die Gesetze verdrehen / Und ausstoßen das Recht sorglos um die Rache der Götter.« Daraufhin treten die Flüsse über die Ufer und die Flut vernichtet die Werke der Menschen.[143] Wir befinden uns nicht mehr in der aristokratischen Welt des Epos, sondern in einer plebejischen und unzufriedenen Gesellschaft. Wir sind allerdings auch im zweiten Teil eines Vergleichs, bei dem der Autor, um Vertrauen zu erwecken, auf Gemeinplätze zurückgreift. Nichts deutet darauf hin, daß er von diesen Vorstellungen zutiefst überzeugt ist, weshalb es überflüssig ist, hier eine Interpolation aus dem Text Hesiods zu vermuten. Es war einfach nur trivial, ein Unwetter auf diese Weise zu deuten. Das Unwetter läßt im übrigen weniger Gerechtigkeitssinn erkennen, sondern zeugt vielmehr, wie in der Fabel Äsops, vom Zorn eines Machthabers, der, blind vor Rache, die Felder der Unschuldigen verwüstet.

Hesiod ist ebenfalls von einer plebejischen Vorstellung beeinflußt, nach der Zeus »den Glänzenden mindert und [...] den Niederen [erhöht]«.[144] Auch bei ihm fällen schlechte Könige »krumme« Urteile. Sie bringen Dike, die Göttin der Gerechtigkeit, zum Weinen, die sich Zeus, ihrem Vater, zu Füßen setzt. Und der Gott schickt in seinem Zorn Seuchen, Hungersnöte,

Havarien und Niederlagen, so daß das Volk für die ungerechten Urteile der Könige bezahlen muß, »und schon oft büßte die ganze Stadt für einen Schurken, der Frevel und Missetaten verübt.«[145] Umgekehrt sehen die Richter, die gerechte Urteile sprechen, ihre Stadt aufblühen und ihr Volk im Wohlstand leben; die Felder bringen üppige Erträge, die Herden gedeihen[146] und Zeus verschont die Menschen vor Kriegen.[147] Dies wird in Rom nicht anders sein. Während der vierjährigen Zensur des älteren Cato kommt es zu reichen Ernten.

Eine unaufhaltsame Entwicklung hatte dazu geführt, daß sich die Moral von sich aus der Religion unterordnete, um sich zur Geltung zu bringen und fest zu etablieren. Hesiod macht sich diese mächtige Synthese moralisch und ideologisch zunutze. Seine große Idee ist die der Vergeltung: Jeder hat das Leben, das er verdient, jeder bestimmt durch seine Arbeit und sein Verhalten sein Schicksal. Die Götter sind wachsam, sie bestrafen die Bösen und belohnen den fleißigen, ehrlichen und frommen Mann. Schon am Anfang der *Werke und Tage* werden der Untergang des Prometheus und des silbernen Geschlechtes als verdient bezeichnet und auf Zeus zurückgeführt.[148] In der *Ilias* allerdings greift Zeus in zwei Fässer und teilt den Sterblichen Gutes und Böses ganz willkürlich zu.[149] Hier zeigt sich der homerische Pessimismus. Hesiod jedoch möchte gerne glauben, daß Zeus dem Richter, der gerecht urteilt, und dessen Nachkommen Wohlstand beschert.[150] Hingegen wird das Glück derer, die Ehebruch oder Inzest begehen, die Bittenden zurückweisen oder sich gewaltsam bereichern, nicht dauern und ihr Geschlecht wird aussterben,[151] denn Zeus selbst empört sich über die Bösen und Faulen. Hesiod geht sogar noch weiter: »Dem aber zürnen Götter und Menschen, der faul dahinlebt nach Art der stachellosen Drohnen«.[152]

Die *Werke und Tage* gehören ebenso wie die römischen *Disticha Catonis* zur Weisheitsliteratur. Sie demonstrieren, wie das Erziehungsprogramm für die nachwachsenden Generationen

aussah: Der Unvernünftige verliert Wohlstand und Ansehen, der
Vernünftige heiratet eine Frau aus der Nachbarschaft und keine
Unbekannte »mit aufgeputztem Steiß«;[153] Reichtum und Ansehen sind die Früchte eines arbeitsamen, anständigen und frommen Lebens. Zeus höchstpersönlich sorgt für die entsprechenden Konsequenzen, die außerdem ganz natürlich sind, da die
hýbris ihre eigene Strafe gebiert: Grenzüberschreitungen führen
immer zu einem bösen Ende.

Der natürliche Lauf der Dinge und die göttliche Gerechtigkeit
überlagern sich. Dies läßt sich auch in der *Ilias* beobachten: Phönix, der betagte Erzieher des Achill, versucht den Helden mit
den Achäern zu versöhnen, als diese ihn flehentlich bitten, seinen Zorn zu vergessen. Phönix erzählt seinem Schüler eine selbst
erfundene Allegorie: Die Bitten (*Litaí*) sind runzlige alte Frauen
(die Bittenden bringen schon so lange immer wieder dasselbe
Anliegen vor!), die zudem lahm sind und schielen (die göttliche
Rache läßt manchmal lange auf sich warten). Dennoch gelingt es
ihnen stets, von Zeus zu erwirken, daß jemand, der einen Bittenden zurückgewiesen hat, so lange von seiner Schuld verfolgt
wird[154] (Phönix hütet sich bewußt vor dem Wort *hýbris*), bis er
eines Tages für seine Härte gebüßt hat.[155]

Warum aber bemühen Phönix und Hesiod sowohl den belohnenden und strafenden Zeus wie auch den natürlichen Lauf der
Dinge, der ohnehin für Sanktionen sorgt? Einerseits wollen sie
die Moral stärken, indem sie ihr die Religion mit ihrer Heiligkeit zur Seite stellen, und andererseits sind sie selbst von einer
immanenten Gerechtigkeit, die sich nicht auf natürliche Weise
erklären läßt, nicht allzu tief überzeugt. Tugend und Weisheit
werden von den Göttern belohnt, diese haben das Verhalten eines jeden Menschen im Blick, »Weilen doch auf der vielnähren-
den Erde dreimal zehntausend unsterbliche Wächter des Zeus
über sterbliche Menschen«.[156] Aber glaubt Hesiod tatsächlich,
daß sie die Guten belohnen und die Bösen bestrafen? Ist er davon stärker überzeugt als der alte Laërtes? Einige Verse stim-

men, da sie einen Zweifel verraten, den Leser nachdenklich: Sollte die Ungerechtigkeit nicht bestraft werden, würde Hesiod verzweifeln und selbst nicht mehr gerecht sein wollen. Aber wie er rasch hinzufügt: »Doch läßt es Zeus, der Raterteilende – so hoffe ich –, nicht dazu kommen«.[157]

Einige Jahrhunderte später wird Menander noch weniger an diese erbaulichen Fabeln glauben und eine seiner Personen sagen lassen: »Meinst du denn, / Die Götter hätten so viel Zeit, daß sie / Tagtäglich Leid und Glück dem einzelnen / Zuteilen? […] Städte gibt's / Im ganzen Rund wohl tausend. Eine jede / Bewohnen an die dreißigtausend Menschen. / Und jeden einzelnen von diesen sollen / Die Götter schirmen oder strafen? Wie? / Dann führen sie ein arg geplagtes Leben.«[158] Die Nähe Menanders zu Epikur kann nicht alles erklären: Neben dem Glauben an die belohnenden Götter gab es auch immer den Zweifel an ihrer immanenten Gerechtigkeit.

Spötter und Konformisten

Nach diesen generellen Bemerkungen wollen wir nun wieder auf die konkreten Verhältnisse in der griechisch-römischen Antike zu sprechen kommen. Was für ein *homo religiosus* war der »Durchschnittsgrieche« oder der »Durchschnittsrömer«? Wie war diese Religion der Polis, von der die Historiker so gerne reden? Wie sah in Athen die Frömmigkeit der »kleinen Leute« aus? Genauso wie die der »kleinen Leute« in der Mehrzahl der Gesellschaften: Jedes Volk hat seine Sitten und Gebräuche, einschließlich der religiösen, und diese werden von den meisten Gruppenmitgliedern respektiert; sie praktizieren ihre Religion ebenso wie ihre anderen Gepflogenheiten und unterwerfen sich den entsprechenden Vorschriften, weil sie sich als Teil der sozialen Gruppe verstehen, die alle diese Sitten akzeptiert und einhält.

Natürlich gab es hin und wieder Ungläubige oder auch Spötter. Solch skeptische Tendenzen sind wahrscheinlich überall und
zu jeder Zeit zu beobachten. Das bezeugen die ketzerischen Äußerungen, die in einem griechischen Text aus der Mitte des
5. Jahrhunderts zwei Sklaven in den Mund gelegt werden: »Wie,
im Ernst, du glaubst an die Götter?«[159] fragt einer dieser beiden
Bösewichte seinen Kollegen. Sie feixen über die Religion, so wie
sich in jeder Epoche Spitzbuben, um den erzwungenen Konformismus aufs Korn zu nehmen, über die gängigen Wertvorstel-
lungen – Moral, Vaterland, Kultur oder gute Manieren – lustig
gemacht haben. Das ist ebenso albern und harmlos wie in Ostia
die Wandmalerei in den Thermen der Sieben Weisen, auf der
diesen Weisen skatologische Aphorismen in den Mund gelegt
werden, und es ist ein Komödienschreiber, Aristophanes, der
unsere beiden Sklaven dieses Gespräch führen läßt, um das
Athener Publikum zum Lachen zu bringen.

Kümmern wir uns nicht weiter um dieses ketzerische Gerede,
das sowieso niemand tragisch nahm. Wenn man sich den religiösen und anderen Sitten seiner Gruppe anpaßte, bekannte man
seine Zugehörigkeit zu dieser Gruppe und verhielt sich als guter
Bürger. Darüber hinaus beruhte nach antiker Vorstellung ein
funktionierendes Gemeinwesen vor allem auf der Tugend jedes
einzelnen seiner Mitglieder, vergleichbar einer Seilschaft von
Bergsteigern, deren Sicherheit vom Verhalten jedes einzelnen
abhängt. Dies entsprach der damaligen Politologie, die von einem Akkumulationseffekt noch nichts wußte. Die Gesamtheit
der verschiedenen Qualitäten des Individuums, mithin auch die
Frömmigkeit, bildete die Bedingung für das Überleben der Gemeinschaft. Diese soziologische Schlußfolgerung war in einen
theologischen »Diskurs« gefaßt: Die Frömmigkeit jedes einzelnen Bürgers war die Voraussetzung für das Überleben aller, da
die Gottlosigkeit eines Bürgers dazu führen konnte, daß sich der
Zorn des Himmels über der gesamten Stadt entlud. Das Schicksal einer Stadt ist voller Unwägbarkeiten, ihre Zukunft stets un-

gewiß; jedes Verhängnis aber, jedes individuelle und kollektive Unglück ist ein Werk der Götter. Der gute Bürger, dieser politische Pfeiler der Polis, muß folglich auch fromm sein, denn der Zorn der Götter auf einen Gottlosen könnte die gesamte Stadt in Mitleidenschaft ziehen. Wie bei Hesiod ist die übernatürliche Kausalität der Spiegel der politischen Kausalität.

Staatsbürgerliche Gesinnung und Frömmigkeit waren in einem globalen Konformismus vereint, dem sowohl die Angst vor dem Unvorhersehbaren wie auch die Furcht vor dem göttlichen Zorn zugrunde lagen. Dennoch sind die hehren Prinzipien und das tägliche Leben zwei verschiedene Dinge: Die alltägliche Realität war eher aristophanisch unbeschwert. Die athenischen Redner sprachen kaum von den Göttern, nicht einmal zu rhetorischen Zwecken.[160] Sie verwiesen auf schriftlich niedergelegte Gesetze, nicht aber auf die Frömmigkeit. Als guter Bürger hatte der normale Athener zwei Pflichten zu erfüllen, die sich nur durch die Zielrichtung unterschieden: Das eine Mal mußte man den Göttern, das andere Mal den Menschen Genüge leisten. Der Bürger mußte »fromm und gerecht sein«, wobei die Frömmigkeit darin bestand, »die Götter kultisch zu verehren«, d. h. die Religion zu praktizieren.[161] Man muß sich so verhalten wie alle, lautet der Rat des Isokrates: »Halte dich fromm an alles, was man den Göttern schuldet, nicht nur indem du opferst, sondern indem du dich auch an deine Eide gebunden fühlst. Denn ersteres ist nur ein Zeichen materiellen Wohlstandes, letzteres aber der Beweis eines edlen Charakters. Ehre stets die Gottheit und tue es vor allem bei Gottesdiensten des Staates: So wird man sehen, daß du den Göttern Opfer darbringst und zugleich die Gesetze achtest.«[162] Für ihn wie für die Mehrzahl der Leute bilden die Moral und die Religion ein aus den gängigen Konventionen bestehendes geschlossenes Ganzes.

Moral und Religion waren zwei sich ähnelnde Konformismen. Beide stellten verbindliche Verpflichtungen dar und aufbegehrende Naturen stießen sich folglich an beiden. Wer sich ge-

gen eines dieser Systeme auflehnte, stand im Verdacht, auch das
andere nicht zu respektieren. So äußert sich Platon und so auch
die *vox populi* bei Euripides: Diejenigen, die sich erdreisten, die
Götter zu leugnen, haben auch vor den Gesetzen[163] keine Achtung und umgekehrt. »Auf diese Freiheit wird dann gar bald die
folgen, [...] daß man um Schwüre und Treu und Glaube und
überhaupt um die Götter sich nicht mehr kümmert.«[164]

Was bei Isokrates und für die meisten seiner Landsleute ein
Konformismus war, bedeutete für eine stärker engagierte religiöse Elite den Ausdruck einer wahrhaften Religiosität. In den *Eumeniden* des Aischylos kommt es im Zusammenhang mit dem
Schicksal des Orest zu einem Streit zwischen den Erinnyen,
Apollon und Athene. Doch die abschließende Versöhnung, verbunden mit dem Gründungsmythos des Areopags, verleiht diesem Gremium, dem Schrecken schlechter Bürger, einen sakralen
Charakter. So sagt Athene zu den Erinnyen, die zu Schutzgöttinnen Athens geworden sind: »Die Gottlosen aber stoße aus;
denn ganz wie ein Gärtner will ich, daß das Geschlecht dieser
Gerechten hier frei von Leid ist.«[165] Gottlosigkeit und Ungerechtigkeit (oder fehlender Bürgersinn) fallen zusammen, das
Unkraut der Gottlosen würde die guten Bürger ersticken.

Götter ohne Grenzen

Dennoch wurde der Athener Alltag davon nicht sonderlich belastet. Selbst ein Mann wie Aischylos sollte es nicht wagen, eine
Staatsreligion vorzuschreiben, da die Religion der Stadt keine
solche war. Ein Athener war nicht verpflichtet, Athene zu verehren und nur zu ihr zu beten – dies war Aufgabe der Stadt.
Wenn er trotzdem seine Wünsche vorzugsweise an diese Göttin
richtete oder ihr seinen Dank abstattete, dann deswegen, weil sie
ihm als Schutzherrin am nächsten stand. In Athen wie andern

orts verehrte man Athene, aber je nach den Umständen auch Apollon, Dionysos oder jede andere Gottheit, insbesondere Asklepios. Die meisten Götterbilder, die man in Rom fand, zeigen nicht den kapitolinischen Jupiter, den Schirmherrn der Stadt, auch nicht die nackte oder bekleidete Venus, sondern den Gott der Heilkunde, Aeskulap. Es gibt zahlreiche Beispiele von Priestern, die ein Exvoto einer anderen als ihrer eigenen Gottheit stiften.[166] Sokrates wurde angeklagt, andere Götter als die der Athener zu verehren. Die Anklage erwähnte nicht Athene, die Schutzgöttin der Stadt, sondern sprach von »Göttern« im Plural, ohne genauere Angaben. Jeder betete zu den Göttern seiner Wahl, und die Stadt hielt es nicht anders. Vermeiden wir es also, alles auf die Stadt zurückzuführen und sie zum alleinigen Gegenstand der griechischen Geschichte zu machen.

Die Götter haben keine Nationalität. Wenn Athene der Stadt Athen verbunden ist, was auf Gegenseitigkeit beruht, so ist dies nicht exklusiv, weder von seiten der Göttin noch von seiten der Bürger. Athen kämpft nicht für seine Göttin, sondern es ist vielmehr so, daß Athene die Stadt beschützt oder, wenn man den Gedanken narrativ ausschmücken will, sich für sie im Himmel und bisweilen auch auf der Erde engagiert.[167] Jupiter ist nicht der nationale Gott Roms, sondern die Stadt hat ihn gewissermaßen abonniert und einen Versicherungsvertrag mit ihm abgeschlossen, den sie in den jährlichen Gelübden feierlich erneuert. Als es Aeneas, wie es im sechsten Vers der *Aeneis* heißt, schließlich gelingt, seine Götter nach Latium zu bringen, kommt er nicht als Missionar, der seine Religion bei den Latinern einführen will, sondern als Pionier, der dort seine Stadt und sein Haus errichtet, die beide mit einem Hausaltar versehen sind. Dort verwahrt er, wie es heißt, »seine Penaten« und die offiziellen Penaten Trojas, die alle seine Landsleute gegen die italischen Ureinwohner zu verteidigen bereit sind. Die Trojaner werden »für die Altäre und das Herdfeuer« ihrer Häuser und Tempel, *pro aris et focis* (so die übliche Formulierung) kämpfen.

Der Paganismus zeigte wenig Neigung, die Gesellschaft oder die Stadt zu integrieren und der Bevölkerung einen festen Rahmen zu geben; es gab nichts, was sich mit einer christlichen Gemeindemesse vergleichen ließe. Ein Unterschied zwischen Griechenland und Rom ist dennoch festzuhalten:[168] Bei den offiziellen Feiern des klassischen Athens bekam, wie Schmitt-Pantel nachgewiesen hat, jeder Bürger seinen Anteil am Fleisch der Opfertiere, während in Rom die an den Opfern teilnehmenden Bürger leer ausgingen; bei den öffentlichen Opfern war das Fleisch den Priestern vorbehalten oder wurde dem Staat zur Verfügung gestellt, der es dann als Schlachtfleisch verkaufte.[169] Festzuhalten bleibt aber, daß in der Kaiserzeit die großen griechischen und römischen Kulte auf die Aristokratie beschränkt waren. Die einfachen Leute wirkten dabei weder als Priester noch als Teilnehmer mit und konnten die Zeremonie nur aus der Ferne beobachten.[170]

Weder dem Imperium noch der Stadt noch der Familie noch irgendeiner anderen Gruppe ging es darum, eine bestimmte Religion vorzuschreiben oder dem religiösen Leben einen festen Rahmen zu geben. Der Kult war Sache sowohl jedes einzelnen wie auch jeder sozialen Gruppe, der man angehörte, wie beispielsweise Berufsverbänden und -organisationen. Im Römischen Reich hatte jede dieser lokalen Vereinigungen oder sogar jedes Büro seine eigene Schutzgottheit. Man findet hier einen Genius der Zimmerleute und andernorts einen Genius der indirekten Steuern (*genius portorii*).[171] Doch in persönlichen Angelegenheiten, wenn z. B. eine Geburt bevorstand oder wenn man etwas verloren hatte, wandten sich die Mitglieder dieser Gruppen an eine Gottheit ihrer Wahl. Dies fand natürlich zumeist in einem familiären Rahmen statt mit dem Hausherrn und seiner Ehefrau, seinen Kindern und seiner Dienerschaft, so daß die meisten kultischen Handlungen im privaten Bereich vollzogen wurden: Das ist ganz natürlich und kein essentielles Strukturmerkmal der Religion. Wir haben gesehen, daß die Verwalterin

Opferzeremonie in der Familie (Votivtafel).
3. Jh. v. Chr., München, Glyptothek.

und Sklavin Phidyle den Laren und Penaten, die das Landgut
und die Ernten des Familienoberhauptes, ihres Herrn, schützen,
jeden Tag Brot und Salz opfert. Auf mehreren athenischen Exvotos aus dem 5. bis zum 3. Jahrhundert v. Chr. sieht man eine
Familie, die Zeus Meilichios, Artemis von Brauron oder Am-
phiaraos von Rhamnus ihren Dank abstattet oder manchmal
auch ein Opfer darbringt; sie wird von der Gottheit oder dem
Heros freundlich empfangen. Der Vater geht an der Spitze des
Zuges, gefolgt von der Mutter, mehreren Kindern, einem Sklaven mit einem Tablett mit Opfergaben und einer Sklavin, die auf
ihrem Kopf den Korb für das Picknick trägt.[172]
    Auf Mosaiken oder Grabreliefs der Kaiserzeit nimmt der Sitte
gemäß der Herr die jährlichen »obligatorischen Geschenke« sei-

ner Pächter in Empfang: ein Stück Geflügel und eine Garbe Weizen, die Symbole des Pachtvertrags. Sie stehen für den Zehnten, der den Schutzgöttern seines Gutes geschuldet wird.[173] Andernorts bringt der Herr persönlich diesen Göttern in Gegenwart seines Gesindes ein Opfer dar.[174] Auf einem Sarkophag in Arezzo huldigt die Ehefrau und Hausherrin einer Statuette der Venus, der Schutzgöttin ihrer Ehe; die Skulptur, ein Teil ihrer Mitgift, wird von einer Sklavin jeden Morgen aus dem Lararium geholt und der Herrin präsentiert.[175] Es gibt auch die Darstellung eines kaiserlichen Gemachs: Man sieht sein privates Lararium, an dem ein kleiner Sklave den Dienst verrichtet.[176] Um die »häuslichen« Laren oder Penaten – nicht selten ist auch der *Genius* des Hausherrn gezeigt – ist oft die gesamte Familie einschließlich der Freigelassenen und Sklaven[177] für ein Exvoto versammelt. Zumindest einmal wurde zur Zeit der Christenverfolgungen ein christlicher Herr von seinen Sklaven getötet, weil er in fanatischem Glaubenseifer die Bildnisse der Laren zerschlagen hatte.[178] Und dennoch war die religiöse Autorität der Hausherren so stark,[179] daß im 3. Jahrhundert das gesamte Haus geschlossen, die Pächter und Halbpächter inbegriffen, seinem Herrn folgte und zum Christentum übertrat. Wenn die staatlichen Behörden zur Zeit der Verfolgungen von ihm forderten, den Götzenbildern zu opfern, hing es nur von ihm ab, ob er allein seine Religion verleugnete oder sein ganzes Haus dazu veranlaßte, es ihm gleichzutun.[180]

Zweifellos hat die Stadt Macht über alle Bürger, die wiederum ihr alles zu verdanken haben. Trotzdem bedurfte es außergewöhnlicher Anlässe, damit eine Stadt jeden Bürger per Dekret anweisen konnte, an einer öffentlichen Zeremonie teilzunehmen, und selbst dann ging sie eher vorsichtig zu Werke. Angesichts einer Gefahr, die das Gemeinwesen bedrohte, oder aber nach einer überstandenen kollektiven Gefährdung betete die Stadt zu den Göttern oder stattete ihnen ihren Dank ab (*supplicationes*), wobei jedermann zur Teilnahme an dieser allgemeinen Demonstration verpflichtet war.[181] An dem Tag, an dem die Stadt Magnesia am

Mäander den Kult der Artemis Leukophryne einführt, muß jeder Bürger vor seiner Tür einen Altar für die Göttin errichten und ein Opfer darbringen.[182] »Demjenigen, der sich nicht daran hält, soll es schlecht ergehen« (*mē ámeinon autó[i] eínai*): Das Dekret wünscht denen, die die Anweisung nicht befolgen, Unglück, sieht aber keine Bestrafung durch die Menschen vor; den Göttern oder dem Schicksal bleibt es überlassen, den Gottlosen zu strafen. Umgekehrt soll es, wie es im Dekret ebenfalls heißt, denen, die der Aufforderung nachkommen, wohl ergehen (*ámeinon eínai*).[183] Die Stadt kann nicht mehr tun, als solche Wünsche und Verfluchungen auszusprechen, da die Beziehung zu den Göttern die Privatangelegenheit jedes einzelnen ist. Man kann einem Menschen im Namen der Götter nichts vorschreiben, da diese nicht die Inkarnation des Guten sind, sondern sich damit begnügen, die Bösen immer wieder ins Unglück zu stürzen. Selbst wenn der kollektive Wille gesprochen hatte, wollte das Gesetz keine weitergehenden Sanktionen festschreiben.

Dieser Sachverhalt läßt sich meines Erachtens auch in einem Gesetz der Triumvirn beobachten, das im Jahre 42 v. Chr. allen Bürgern befahl, den Geburtstag des vergöttlichten Caesar zu feiern, und hinzufügte, daß »diejenigen, die sich dem entziehen, Jupiter und Caesar geweiht sein sollen.«[184] Dies heißt nicht, daß, wie Mommsen lehrt, diese Gottlosen zum Tode verurteilt wären, sondern muß bedeuten, daß das Gesetz es allein den Göttern überließ, die Gottlosigkeit zu rächen. Im Prinzip oblag es in Rom wie in Griechenland den Göttern, das an ihnen begangene Unrecht zu bestrafen: *deorum iniuriae dis curae*.[185] Die Gottlosigkeit ist, wie man in Rom sagt, eine Unehrenhaftigkeit, aber kein Delikt. Im 5. Jahrhundert kam es in Griechenland nur in Ausnahmefällen zu Gerichtsverhandlungen wegen Gottlosigkeit (*eusébeia*). Diese ist in der Tat, wie André Vauchez feststellt, kein Vergehen wie die anderen: Es handelt sich um ein Verbrechen, bei dem weder getötet noch gestohlen wird und bei dem es keine Opfer gibt.

Was Aischylos angeht: Er verhielt sich nicht anders als seine konformistischen Landsleute: Er verflucht die Gottlosen, überläßt es aber den Erinnyen, sich um ihre Bestrafung zu kümmern. Der Dichter wagte es nicht, gegen die Tradition – der Staat mischt sich in die Beziehung zwischen den einzelnen Menschen und einzelnen Göttern nicht ein – vorzugehen. Dennoch zeigt die Verfluchung, die dieser Dichter gegen die gottlosen Mitbürger ausspricht, daß während einer lebensbedrohlichen politischen Krise und in einer Phase der Rückkehr zur moralischen Ordnung die übertriebene Furcht vor den Göttern (*deisidaimonía*) als Vorwand dienen konnte, Strafen einzufordern. Das Opfer war Sokrates.

Die Christen – ein Rätsel

Hier läßt sich eine andere Art von Verbindung zwischen der Religion und der Moral oder vielmehr zwischen der Religion und einem gewissen Gruppenzwang ausmachen, eine Verbindung, die glücklicherweise meistens nur schwach ausgeprägt ist: Die Gemeinschaft empfindet gegenüber den Gottlosen, beispielsweise den Christen, ein »heiliges« Entsetzen, eine Abscheu, deren wahre Natur sie verkennt, und sie rechtfertigt dieses Entsetzen mit der Furcht, daß sich die Götter von der Stadt abwenden könnten. Die Götter beherrschen das Unvorhersehbare und Unkontrollierbare. Bei einer Überschwemmung oder einem Erdbeben ruft man, wie Tertullian ironisch feststellt, »Die Christen zu den Löwen!«[186] Diese im Volk verbreitete *deisidaimonía* wird für die Christen zum Verhängnis, obwohl sie von den Autoritäten, die in einer sieben Jahrhunderte langen Hochkultur erzogen waren, kaum geteilt wurde.

Die Behörden glaubten ebenso wenig, daß die Christen kleine Kinder verspeisten oder Sonntag für Sonntag Inzest begingen.

Die Polemik des Celsus (Kelsos) gegen die neue Religion enthält keinerlei entsprechende Andeutungen und beschränkt sich auf soziologisch oder patriotisch motivierte Kritikpunkte (der Gott der Christen gehört keiner bestimmten Nation an bzw. die Christen sind Separatisten, die sich nicht für das Schicksal des Reiches interessieren). Für die Christenverfolgungen gab es einen wenig beachteten, aber sehr erhellenden Präzedenzfall: Unter Nero wurde der Senator Thrasea, ein Stoiker, zum Selbstmord gezwungen, weil er als Römer und Senator nicht wie ein echter Römer lebte und sich von seinen Mitmenschen zurückzog; in seinen Augen waren »Marktplätze, Theater und Tempel Einöden«; er gehörte zu einer »Sekte« und machte sich der »Abkapselung« schuldig.[187]

Bei der Masse des Volkes hatten der Haß und die Furcht vor den Christen jedoch eine andere Ursache, nämlich, wie die bekannte Anthropologin Mary Douglas herausgefunden hat, die Abscheu vor dem, was unklar, hybride, unrein und undurchsichtig ist; vor dem, was »nicht Fisch noch Fleisch« ist und was man folglich nicht verzehren darf. Vielleicht zeigt sich hier der Aspekt eines allgemeinen Problems: Wenn wir mit einem anderen Menschen in Beziehung treten, möchten wir zunächst einmal wissen, mit wem wir es zu tun haben; oftmals sind Abneigungen nicht auf die Person des Gegenübers zurückzuführen, sondern darauf, daß man ihn nicht richtig einschätzen kann und nicht weiß, wer und wie er ist.[188]

Nun waren die Christen, diese hybriden Wesen, für die Masse der Heiden zugleich nah und fern, sie gaben ihnen dadurch Rätsel auf und galten folglich als Monstren. Das Christentum war ein Gedankensystem, das mit dem Paganismus keinerlei Gemeinsamkeiten aufwies, und dennoch war es nichts Fremdes. Die Heiden konnten nicht einfach darüber hinweggehen, da sich dieses Monstrum mitten unter ihnen entwickelte. Die Christen gehörten zum Reich, ohne aber dessen Sitten und Gebräuche zu übernehmen,[189] sie mieden die Gesellschaft der anderen, sie nahmen an den allgemeinen Festen und Spektakeln nicht teil, sie verehrten keine nationalen Götter und ihr Gott gehörte, im Unterschied zu dem der Juden, keinem bestimmten Volk an. Weit davon entfernt, es bei einem legitimen nationalen Unterschied bewenden zu lassen, erhob dieser Gott den Anspruch, die nationalen Götter zu ersetzen.

Man erhob diese Abneigung gegen das nicht wirklich Fremde, das dennoch unklassifizierbar und anomal bleibt, zu einer Doktrin. Dafür griff man auf überkommene Vorstellungen zurück: Man müsse dem *mos maiorum*, dem Brauchtum der Vorfahren, Achtung verschaffen, lautete das gängige Argument, das man nur gegen Neuerungen ins Feld führte, von denen man nichts wissen wollte. Oder aber man müsse die religiöse und moralische Einheit der Gemeinschaft bewahren. Die Kaiser, die die Christen verfolgten, verurteilten sie, weil sie nicht der Norm entsprachen, nicht aber wegen irgendwelcher Unredlichkeiten. Wie Fergus Millar[190] nachgewiesen hat, war der Grund für die Verfolgungen nicht ihre Weigerung, die Kaiser kultisch zu verehren. Im Jahre 249 bestimmte das große Verfolgungsedikt, daß alle »den Göttern« zu opfern hätten. Mit ihrer Verurteilung sollten die Christen, wie das Urteil, das 180 gegen die Märtyrer von Scilli in Afrika gefällt wurde, zeigt, auf den *Roman way of life* (*ad Romanorum morem redire*) zurückgebracht werden.[191] Um 300 versucht Diokletian per Dekret, die moralische Reinheit in seinem Reich wiederherzustellen. Er verweist zunächst auf die klaren Verfügungen der altehrwürdigen römischen Gesetze und erinnert daran, daß man das Gesetz zu respektieren habe. Doch um der Sache mehr Nachdruck zu verleihen, greift er zum Schluß auf ein traditionelles Argument zurück: »Es besteht kein Zweifel«, daß die Götter den Römern gewogen sein werden, so wie sie es immer waren, wenn sie sehen, daß alle Untertanen des Kaisers ein gottesfürchtiges, frommes, friedfertiges und keusches Leben führen.[192]

Fassen wir zusammen: Seit dem Prozeß des Sokrates bis in die

Ära Konstantins gab es in der Antike zwei konkurrierende Vorstellungen: So galten einerseits die Beziehungen zwischen den
Göttern und den Menschen als deren Privatsache, aus der sich
die Gemeinschaft lieber heraushielt. Andererseits aber glaubte
sich die Gemeinschaft als Ganzes durch die Gottlosigkeit eines
ihrer Mitglieder bedroht. Aufgrund dieser Unsicherheit sah weder das griechische noch das römische Gesetz den Fall der Gottlosigkeit vor. Folglich mußten die Behörden in der Auseinan-
dersetzung mit den Christen improvisieren – ihnen fehlte ein
klarer juristischer Bewertungsmaßstab. Tertullian, selbst Jurist,
brachte die Widersprüche glänzend auf den Punkt: Ein Richter
sollte die Christen bestrafen, durfte jedoch nicht nach ihnen suchen lassen. Wenn diese ihr angebliches Verbrechen gestanden,
wurde ihnen verziehen.

Hier prallten zwei allzu verschiedene Religionen aufeinander.
Die Heiden hielten sich natürlich an die Religion ihres Landes,
so wie man zu den Händlern seines Stadtviertels geht, und sie
konnten ihre Götter wie ihre Händler wechseln, da die Beziehungen zu ihren Göttern auf dem Nutzen und der jeweiligen Situation oder auf einem erneuerbaren Vertrag beruhten – die Verbindung hatte ja nichts mit dem Gewissen zu tun. Nun aber sa-
hen sie sich einer fremden Gemeinschaft gegenüber, bestehend
aus Männern und Frauen, die sich als liebende und geliebte Kinder einer väterlichen und autoritären Gottheit betrachteten. Das
Christentum war längst nicht nur eine Heilsreligion, von der
sich ihre Anhänger das ewige Leben erhofften. Ihre Religion
durchdrang sie viel tiefer, sie bildete ihre Identität, ihr ureigenes
Ich, das Kostbarste, was es für einen jeden Menschen gibt. Sie
trugen den Namen ihres Glaubens und bezeichneten sich selbst
als »Christen«. Sie identifizierten sich mit ihrer Religion,[193] und
dieser Einsatz war so hoch, daß die geringste Abweichung in
der Lehre einen Angriff auf diese Identität bedeutet hätte. So erklärt sich ihr Haß auf die falschen Götter, so erklären sich die
Verfolgungen und Märtyrertode ebenso wie später (verbunden

mit dem Prinzip der pastoralen Autorität) die Konflikte zwischen der Orthodoxie und den verschiedenen Häresien und schließlich auch die Religionskriege.

Wenn man vom Problem der Christen und von der Furcht vor den Göttern absieht, die in der Zeit der Krise beim Prozeß des Sokrates massiv zu Tage trat, waren die religiösen Vorstellungen, die die ganze Antike beherrschten, insgesamt gesehen durch und durch pazifistisch: Jedes Volk, die Juden eingeschlossen, hatte seine nationalen Götter und das wurde ihm auch zugestanden (das ist die große Idee, die Celsus in seinem Pamphlet gegen die Christen propagierte). Die Götter des Paganismus waren nicht eifersüchtig. Wenn man sich im Ausland aufhielt (wie z. B. römische Soldaten), war es klug, den einen barbarischen Namen tragenden einheimischen Gott zu verehren und zu Mars Halamar oder Mars Caturix zu beten.[194] Sie alle waren gewiß echte Götter: Sie waren die Götter des Landes, über die man andernorts wenig wußte.

Eine Stadt wie Delos oder Rom konnte sich der Einführung eines »fremden Aberglaubens« widersetzen, da die Riten dieser barbarischen Götter manchmal schockierend oder unmoralisch waren – die Religionen wurden allein nach ihren Riten beurteilt. Aber so wie man Nutzpflanzen importiert, um sie bei sich heimisch zu machen, konnte es umgekehrt auch vorkommen, daß eine Bürgerschaft die Übernahme einer exotischen Gottheit als sinnvoll ansah. Dies geschah 433 in Athen mit der Artemis Bendis und 204 v. Chr. in Rom mit der Kybele von Pessinus. Häufig war man sogar der Ansicht, daß es sich bei den Göttern der verschiedenen Völker, da sie allesamt wahre Götter waren, fast immer um dieselben handelte, die in den einzelnen Sprachen nur unterschiedliche Namen trugen: Eine Eiche ist überall eine Eiche, nur hat jede Sprache ein anderes Wort dafür. Nach dem Zeugnis Caesars verehren die Gallier »Merkur, Apollon, Mars, Jupiter und Minerva und haben von diesen Gottheiten fast dieselben Vorstellungen wie alle anderen Völker«.[195]

Euripides, *Antigone*:
Die Wege der Götter sind unergründlich

Gehen wir sechs lange Jahrhunderte zurück und versetzen wir uns in das Athen der zweiten Hälfte des 5. Jahrhunderts. Hier werden wir Zeuge der Krise des Paganismus und seiner Beziehung zur Moral, so wie wir sie bisher beschrieben haben. Man hatte immer gerne glauben wollen, daß die Götter gute Eltern seien – aber waren sie es auch? Man wollte, daß sie die Menschen belohnten, und hatte die Frömmigkeit zu einem Teil des bürgerlichen Konformismus gemacht. Die Götter sollten also unseren Wünschen entsprechen. Doch tun sie dies? Laërtes und Hesiod waren davon nur halb überzeugt.

Wie wir bei der Antigone des Sophokles sehen, sind die Forderungen des moralischen Gewissens, dem Schein zum Trotz, von den Göttern unabhängig. Bei Euripides gehen die Zweifel an der göttlichen Vorsehung so weit, daß die Existenz der traditionellen Götter in Frage gestellt wird (mit Ausnahme der einen erhabenen Gottheit, des Äthers). Schließlich werden die echten Ungläubigen (denn es gibt sie) in der Religion eine Erfindung der Menschen sehen, eine List, mit der die Völker gefügig gemacht werden sollen. Wieder andere fragen sich nicht einmal, ob die Götter existieren oder nicht, sondern begnügen sich mit der gleichgültigen Feststellung, daß ihre kultische Verehrung kaum etwas bringt.

Die Antigone des Sophokles hat ihren Bruder begraben, obwohl ein Tyrann die Bestattung dieses Vaterlandsverräters ausdrücklich verboten hatte. Dem Tyrannen, der sie fragt: »Hast du gewußt, daß es verboten war?« antwortet Antigone, indem sie sich auf den göttlichen Willen beruft, der über allen menschlichen Geboten steht: »Ich wußt' es, allerdings, es war doch klar! [...] Der mir's verkündete, war ja nicht Zeus, / auch Dike in der Totengötter Rat / Gab solch Gesetz den Menschen nie. So groß / Schien dein Befehl mir nicht, der sterbliche, / Daß er die

ungeschriebnen Gottgebote, / Die wandellosen, konnte übertreffen.«[196]

Aber wir dürfen aus diesen Worten nicht herauslesen, daß die
moralischen Gesetze im allgemeinen von den Göttern erlassen
wurden: Antigone spricht hier nur von bestimmten göttlichen
und hochheiligen Geboten, die über den anderen stehen, nämlich solchen, die sich auf die Heiligtümer und Grabstätten beziehen. Sie verweist auf die Bestattungsgesetze, nach denen einem
Verwandten die letzte Ehre erwiesen werden müsse. Außerdem
hat die Göttin der Gerechtigkeit diese Gesetze »gemeinsam mit
den Göttern der Unterwelt« erlassen, und kein menschliches
Dekret vermag daran etwas zu ändern. Die Götter der Antigone
und des Sophokles sind nicht die Garanten der Moral im allgemeinen. Von den Göttern als »Gesetzgebern«[197] hatte man noch
nie gehört, man erzählte von keinem griechischen Äquivalent
der Gesetzestafeln des Sinai. Auch fügt Antigone hinzu: »[Die
Gebote] stammen nicht von heute oder gestern, / Sie leben immer, keiner weiß, seit wann.«[198] Diese Gebote verstehen sich von
selbst, es bedarf keines Gottes, der den Menschen sagen müßte,
daß sie ihren Angehörigen die letzte Ehre zu erweisen haben.
Im Theater von Athen, wo der Gehorsam gegenüber den Gesetzen der Bürgerschaft häufig thematisiert wurde, war der von
Antigone ebenfalls verwendete Ausdruck »ungeschriebenes Gesetz« durchaus üblich, wenn er auch in einem eher prosaischen
Sinn gebraucht wurde.[199]

Die Tragödie des Sophokles beginnt also mit einem Konflikt zwischen den heiligen Bestattungsvorschriften und den
menschlichen Gesetzen. Doch diese Ausgangsbasis, von der
auch in der Folge kaum noch die Rede ist, gerät – ein Genie-
streich des Dichters – beim Zuschauer oder Leser rasch in Vergessenheit. Wie Nilsson zutreffend feststellt, kommen die
Rechte der Verstorbenen und das Jenseits im restlichen Stück
überhaupt nicht mehr vor.[200] *Antigone* wird zu einer Tragödie
des individuellen Gewissens; ihr eigentliches Thema ist die

Pflicht, angesichts staatlicher Entscheidungen nach dem Gewissen zu handeln. Laërtes und Hesiod wollten darauf hoffen, daß sich dank der Götter die Gerechtigkeit in dieser Welt immer mal wieder durchsetzt, auch wenn die Realität nur allzu oft das Gegenteil bewies. Antigone ist nicht so naiv, sie droht Kreon nicht mit einer Strafe der Götter: Sie beruft sich allein auf ihr Gewissen.

Antigone braucht für ihr moralisches Gewissen keine Götter, ebensowenig wie Sophokles. Für ihn waren die Götter vor allem gleichgültig und unbegreiflich. Angesichts des Unglücks eines Ödipus oder Ajax verlor sich der Dichter in einem ozeanischen Gefühl jenseits von Gut und Böse, in dem Gefühl des »tragischen Fehlers« und dessen, was er ausdrücklich »als die unendliche Gleichgültigkeit der Götter« bezeichnet.[201] Dennoch waren ihre Gleichgültigkeit und ihre unerklärlichen Urteile kein Hinderungsgrund, um fromm zu sein und sie zu verehren. Sophokles blieb für seine Frömmigkeit berühmt, und auch das Buch Hiob mit einem unverständlichen Jahwe ist ein Buch der Frömmigkeit.

Die Moral der *Antigone*, die ohne die Götter auskommt, kann so für die Generation nach Sophokles zu einer »natürlichen« Moral werden. Wie Antiphon, Sokrates und die Sophisten sagen, existieren manche Gesetze »von Natur aus«, andere hingegen nur »durch Konvention«. In seiner *Rhetorik* zitiert Aristoteles die Verse der *Antigone*, wenn er das »besondere« – teils niedergeschriebene, teils ungeschriebene – Gesetz dem »allgemeinen Gesetz«, dem Naturrecht, gegenüberstellt. Denn es gibt ein Naturrecht, gleichgültig, ob es auf die Vernunft, die Natur, die Intuition oder die Vorsehung gegründet ist. Diese Theorie wird 1000 Jahre Bestand haben – dank des skeptischen und missionarischen Eklektizismus eines Cicero, dieses römischen Victor Cousin (Cicero hat dazu beigetragen, die griechische Philosophie in Rom einzuführen, so wie Cousin die deutsche Philosophie in Frankreich bekannt gemacht hat).

»Ganz töricht aber ist es zu glauben«, schreibt er, »all das sei gerecht, was durch Einrichtungen oder Gesetze der Völker festgesetzt ist. Etwa auch dann, wenn es sich um Gesetze von Tyrannen handeln sollte?« Da die Gerechtigkeit ganz natürlich ist, bedarf sie nicht der transzendenten Unterstützung durch die Götter.[202]

So wie das Buch Hiob 100 oder 200 Jahre vor ihm und so wie Augustinus acht Jahrhunderte später erklärt Sophokles, daß die göttliche Gerechtigkeit, wenn es denn eine solche gibt, für uns Menschen unverständlich bleibt. Der Gerechte, der leidet, und der Böse, der glücklich ist – dies ist ein Problem, mit dem sich um das Jahr 523 unserer Zeitrechnung auch noch Boëthius in seinem Werk *Trost der Philosophie* befassen wird. Der letzte der großen Tragödienschreiber, Euripides, ist in seiner Kritik noch strenger: Er hält es für unerträglich, daß die Gottheit überhaupt ungerecht sein kann, und leidet darunter, in einer absurden Welt leben zu müssen. Sein Theater zeigt, weshalb an der Gerechtigkeit der Götter und folglich an ihrer Existenz berechtigte Zweifel bestehen. Für ihn nämlich – und das ist ein entscheidender Gedankenschritt – ist ein Gott gerecht oder aber nicht existent. Auch Julian von Aeclanum, ein Gegner und Opfer des heiligen Augustinus, wird die Vorstellung, Gott könne ungerecht sein, unerträglich finden.

War Euripides fromm? Bei ihm ist von einer religiösen Sensibilität, einem Vibrato, kaum etwas zu verspüren – abgesehen von seinem Leiden und abgesehen von den zahlreichen Verweisen auf den Äther, der »Zeus ist«. Dies war anscheinend sein persönlicher Glaube. Die Religion läßt ihn nicht los, und die Ungerechtigkeit der Welt schmerzt ihn. Er zieht die Religion seiner Zeit zur Rechenschaft. In einer seiner Tragödien vertraut die alte Hekabe, empört über die Grausamkeit der Menschen, nur noch auf das Gesetz, das für sie über den Göttern steht: »Mächtig sind die Götter und das Gesetz, das diese Götter beherrscht, denn es ist ein Gesetz, das uns an die Götter glau-

ben macht und leben läßt, gerecht von ungerecht scheidend.«[203]
Doch ist ihre Hoffnung, daß die Götter sie rächen werden, be-
gründet? Die Religion erwartet von uns, daß wir gottesfürchtig
und gerecht sind, aber wie verhält es sich mit den Göttern?
Sind sie gerecht? Sie selbst, so heißt es, halten sich nicht immer
an die Gesetze, die sie uns geben,[204] und vor allem ist offenkundig, daß ihre immanente Gerechtigkeit nicht das Schicksal jedes
einzelnen erklären kann.[205] Der Chor im *Hippolytos* singt:
»Wen die Gedanken vom Walten der Götter erfüllen, dem
schwindet / Schweres Leid von der Seele. / Aber die heimliche
Hoffnung / Heiliger Ordnung / Wankt mir, wenn ich die Leiden und Taten der Menschen betrachte: / Alles im ewigen
Wechsel! / Leben, im ewigen Wandel / Unstet getrieben.«[206]
Seit jeher stellten die Griechen voller Resignation fest, daß man
die Absichten der Götter und den von ihnen bestimmten Lauf
der Welt nicht verstehen könne. Aber sie wollten die fromme
Hoffnung, daß die göttlichen Pläne letztlich doch gerecht seien,
nicht aufgeben. Was Euripides angeht: Er will sich nicht länger
fügen. Vermutlich macht er sich vom Äther eine zu erhabene
Vorstellung, als daß er sich mit den gängigen Götterbildern zu-
frieden geben könnte. Dieser Sohn eines (tatsächlichen oder angenommenen) Zeitalters der Aufklärung möchte die religiösen
Vorstellungen lieber korrigieren als die Religion ganz abzu-
schaffen.

Wenn die Götter wirklich gerecht sind, dann muß dies auch
für den Lauf der Welt gelten: »Es gibt keinen Gott, / Wenn das
Unrecht siegt, wenn das Recht erliegt.«[207] Wie die Mutter Iphi-
genies sagt: »Wenn es Götter gibt«, wird der edle Achill belohnt.[208] »Wenn die Götter weise sind«, werden sie dem Guten
ihre Gunst schenken[209] – aber sind sie weise?[210] Betrachtet man
das Schicksal der Menschen, muß man feststellen, daß sich ihr
Urteil von dem der Sterblichen, die die guten Menschen belohnt
sehen wollen,[211] unterscheidet und daß ihre Absichten undurch-
schaubar bleiben.[212] Es ist nicht sinnlos, sie im Unglück anzuru-

fen, allerdings sollte man mit ihrer Hilfe nicht unbedingt rechnen,[213] da sie den Gerechten auch im Unglück lassen können.[214] Sie leiden, wenn sie fromme Menschen, so wie Hippolytos, sterben sehen,[215] greifen aber nicht ein. Es gibt keine Götter, egal, was man sagt, behauptet der gottlose Bellerophontes, denn grausamen und gottlosen Tyrannen gehe es oft besser als den Menschen und Städten, die die Götter verehren.[216] Die Zuschauer des Euripides wollten vermutlich, anders als der Dichter, aber wie übrigens auch Claudel, lieber glauben, daß der Gott »écrit droit par lignes courbes« (»mit krummen Linien gerade schreibt«) und alles zum Besten wendet, selbst wenn das glückliche Ende auf sich warten läßt und das Schicksal Wege beschreitet, die moralisch schockierend sein mögen. Dies ist die doppeldeutige Botschaft, die sich mit der gebotenen Vorsicht Euripides' *Ion* entnehmen läßt.

Gleichgültigkeit, Machiavellismus, blinder Glaube

Wenn die Götter nicht gerecht sind, sind sie wertlos und ohne Bedeutung. Sagen wir es ruhig frei heraus: Es gibt sie nicht. Doch statt sie zu leugnen, hielt man meistens lieber an der – von Platon[217] heftig kritisierten – Überzeugung fest, daß die Götter sich um die menschlichen Angelegenheiten nicht kümmerten und daß man sie, da man von ihnen nichts erwarten könne, daher auch nicht zu verehren oder ihnen Opfer darzubringen brauche. Der Atheismus beschränkte sich darauf, die Nützlichkeit eines Götterkults in Abrede zu stellen. Jemand, dem die Religion gleichgültig war und der nicht an die Götter glaubte, war einer, »der den Göttern weder opferte noch zu ihnen betete, der keine Vorzeichen einholte und diejenigen, die es taten, verspottete«. Und so äußert sich einer dieser Gottlosen bei Xenophon: »Sei durchaus überzeugt [...], wenn ich glauben könnte, die

Götter kümmerten sich irgendwie um die Menschen, daß ich es nicht (an meiner Verehrung) ihnen gegenüber fehlen lassen würde.«[218] Auffälligerweise bestand über gut 800 Jahre hinweg der Unglaube eher darin, die Nützlichkeit der Religion als die Existenz der Götter zu bestreiten. Das ist auch verständlich: Nicht alle Menschen interessieren sich für metaphysische Probleme. Hätten wir einen Heiden, den wir als »ungläubig« bezeichnen würden, gefragt, hätte er uns nicht geantwortet: »Ich glaube nicht an die Götter, es gibt keine Götter«, sondern er hätte sich eher so geäußert: »All das geht mich nichts an, ich habe mit den Göttern nichts zu schaffen, ich ignoriere sie, sie interessieren mich nicht, denn die Religion und der Kult sind zu nichts nütze, sie bringen keinerlei Vorteil, keinerlei Schutz.«

Hier beginnt eines der wichtigsten – und oft vernachlässigten – Kapitel der Geschichte der griechisch-römischen Religion: In den nächsten sieben oder acht Jahrhunderten ist das religiöse Problem für die gebildeten Schichten weniger die Frage nach der Existenz der Götter und ihres Wesens als vielmehr die Frage, ob die Welt von einer göttlichen Vorsehung, von einer unberechenbaren Fortuna oder einem unveränderlichen Fatum gelenkt wird. Am Ende der Antike wird der christliche Kaiser Konstantin dieses Problem noch einmal in seiner »Karfreitagsrede« aufwerfen.[219] Diese drei Entitäten sind keine inkompatiblen metaphysischen Thesen, sondern bringen drei unterschiedliche menschliche Einstellungen zum Ausdruck: »Man kann stets auf die gütige Vorsehung der Götter hoffen« und sich bittend an sie wenden. »Nichts ist vorhersehbar, alles kann geschehen, Gutes oder Böses, verdient oder nicht«, und man kann zu Fortuna beten. »Man muß sich damit abfinden, es stand in meinem Horoskop, das ist wissenschaftlich erwiesen.« Das religiöse Problem war zu einem existentiellen geworden.

Schließlich hatten bestimmte Politiker, gewissermaßen die Vorläufer der Machiavellisten, eine Erklärung parat, die die religiösen Überzeugungen entmystifizierte: Die Religion sei eine List, eine nützliche Lüge, die die Menschen tugendhaft oder gefügig machen solle. Kritias, ein Oligarch, ein Anhänger der Sophisten und Dichter, läßt einen seiner Helden, den nichtswürdigen Sisyphos sagen, daß ein raffinierter Mann die Gesellschaft dazu gebracht habe, an die Existenz von Göttern zu glauben; die Verbrecher sollten in Angst und Schrecken versetzt werden, indem man ihnen einredete, daß furchterregende himmlische Mächte über alle Taten und alle Gedanken der Menschen Bescheid wüßten und die Missetäter, falls sie der menschlichen Justiz entkämen, für ihre Vergehen bestrafen würden.[220] Der Konformist Isokrates wird dieselbe Meinung vertreten: »Diejenigen, die die Gunstbeweise und Strafen der Götter größer erscheinen lassen, als sie es in Wirklichkeit sind, haben dem sozialen Leben einen bedeutenden Dienst erwiesen.«[221] Drei Jahrhunderte später wird Polybios in Rom denselben Ängsten begegnen und, wie er es sieht, demselben berechnenden Vorgehen: Die abergläubischen Befürchtungen seien dem einfachen Volk absichtlich eingeflößt worden, da die Massen »nur durch die Furcht vor dem Unsichtbaren«, nur durch »die Vorstellungen von den Göttern und die Anschauungen von den Schrecken des Hades« zusammengehalten werden könnten.[222] Dieser Theorie wird ein langer Erfolg beschieden sein. Noch im 18. Jahrhundert fragen sich die großen Denker, ob eine Gesellschaft von Atheisten existenzfähig sein könne.

Eine solche Sicht der Religion ist ein schönes Beispiel für die archaische Soziologie. Zu jener Zeit war es nicht die Gesellschaft, mit der sich angeblich alles erklären ließ, sondern das, worauf es ankam, waren Gedanken und Intentionen. Kritias, Isokrates, Polybios oder später Voltaire sind Ungläubige, die selbst keine innere Beziehung zur Religion haben und sich diese nur als raffinierte Ideologie vorstellen können. Denn nach ihrer Ansicht sind die Taten Ausdruck von Ideen, die Vorstellungen entscheiden über das Verhalten – damit verwechseln sie Ursache und Wirkung: Da die meisten Menschen sich an die Verbote halten und die Überzeugungen ihrer Gesellschaft teilen, zieht der

Machiavellist den Schluß, daß die Überzeugungen diese Einhaltung der Verbote erklären. In seinen Augen führen bestimmte Überzeugungen dazu, daß man sich der Autorität fügt; für ihn ist es nicht die Autorität des Sessels der politischen Amtsträger oder der kirchlichen Kanzel, die den Menschen zum Glauben bringt. Die Sozialisation ist nämlich kein stillschweigend eingeimpfter und vom Milieu reproduzierter *habitus*, sondern gilt als das Ergebnis einer expliziten und bewußten Vermittlung bestimmter Ansichten, ohne die eine Gesellschaft nicht existenzfähig wäre. Und nach dieser Vorstellung ist der Mensch, der solchermaßen unterwiesen wird, wie weiches Wachs, das nur die Spuren trägt, die man ihm eingedrückt hat und dem man eindrücken kann, was immer man will.

Bevor wir die erste – noch nicht von der Philosophie beeinflußte – Form des antiken Paganismus verlassen, wollen wir noch einen Moment verweilen und einen Blick zurückwerfen. Eine berührende Strophe des Horaz kommt uns, da in ihr alles gesagt ist, nicht aus dem Sinn. Sie bildet den Schluß der Ode, in der unsere geschätzte Phidyle darauf hofft, daß ihre Verehrung der Götter des Landgutes die Weinstöcke und Ernten schützen wird. Wie der Dichter zu verstehen gibt, ist Phidyle eine überaus ehrbare Dienerin,[223] deren bescheidene Gaben die Götter deshalb gerne annehmen. So heißt es in der letzten Strophe: »Ob auch geschenklos[224] rührt den Altar die Hand;[225] / Kein Opferaufwand[226] sänftiget mehr den Zorn / Der Hauspenaten,[227] als ein wenig / Heiliges Schrot und ein knisternd Salzkorn.«[228] Damit ist alles gesagt: Es geht hier um die materiellen Hoffnungen, die man mit dem Kult verbindet; um die übliche Vorstellung, daß die Götter wie alle Mächtigen gegenüber den kleinen Leuten nicht sehr freundlich sind und daß man sich ihre Gunst mit Opfern erkaufen kann; und schließlich um den eher moralischen Aspekt, daß sie mehr Wohlgefallen an einer bescheidenen Gabe haben, dargereicht von einer reinen Hand. Hier zeigt sich auch, daß Tugend und Frömmigkeit eine Einheit bilden. Ferner sehen wir, daß bei den einfachen Leuten die Frömmigkeit für eine gute Moral bürgt (ein einfacher und rechtschaffener Mensch achtet treuherzig alle Gebote, die religiösen ebenso wie die ethischen).

Dies war anfangs »der Genius des Paganismus«. Doch wenn Horaz alles in nur vier Versen zusammenfassen kann, dann deswegen, weil er selbst der Religion des Volkes sehr distanziert gegenübersteht und nicht recht an sie glaubt. Trotzdem ist er innerlich bewegt, allerdings nach Art der Skeptiker. »Die Religion«, schreibt Benjamin Constant, »hat vor allem für den etwas Ergreifendes, der nicht an sie glaubt. Ich bin immer gerührt, wenn ich Menschen beten sehe.«[229] Deswegen sollten wir Horaz auch nicht für einen Atheisten halten: Dieser gebildete Mann wollte sich von dem Göttlichen eine glaubwürdige und »entmythologisierte« Vorstellung machen können. Nachdem er zunächst nur an die Fortuna geglaubt hatte, waren für diesen Ungläubigen die Niederlage des Marcus Antonius und die Restauration des Römischen Reiches durch Augustus, den er sehr schätzte, der Beweis dafür, daß die Fortuna auch eine Providentia sein konnte. Schließlich hat ein Dichter oftmals eine fast religiöse Beziehung zur Poesie. Man würde die volle Bedeutung dieser letzten Strophe nicht erfassen, wenn man übersähe, daß sie für den sensiblen Horaz auch eine Opfergabe war, die, noch unwägbarer als das Opfermehl und das Salz, einer indefiniten Wesenheit dargebracht wurde.

Exkurs: Die Religion – ein Konglomerat unterschiedlicher Elemente

Zweimal – jetzt ist das erste Mal – möchte der Historiker der Antike, der ich bin, sich an allgemeine Betrachtungen heranwagen. Wir haben gesehen, daß die Religion der Moral zu Hilfe gekommen ist. Nun wird die Religion für sehr viele Dinge herangezogen, die mit den Göttern oftmals gar nichts zu tun haben. Das falsche Konzept von Religion bezeichnet in Wirklichkeit ein Konglomerat von sehr unterschiedlichen Überzeugungen und Praktiken, die von einer historischen Religion zur anderen variieren. Es handelt sich um ein Sammelsurium, bei dem man gelegentlich auch auf nationalistische Gedanken und noch vieles andere mehr stoßen kann.

Fast immer gibt es Riten, nur in Ausnahmefällen eine Kirche, und es gibt eine die Götter umstrahlende Aura der Heiligkeit. Daneben findet man Feste, zahlreiche Zeremonien, Übergangsriten, Tauf- und Bestattungsrituale, ethnische Sitten und Gebräuche (Nahrungsvorschriften); Hoffnungen auf das Glück und gute Ernten, Voraussage der Zukunft, Heilung von Krankheiten, moralische Unterweisung, die Erklärung der auffälligsten Naturphänomene und schwer durchschaubarer menschlicher Verhaltensweisen (vom Altruismus bis zur Inspiration); man begegnet der Spiritualität, der Suche nach innerer Ruhe, Heilslehren, der Hoffnung auf immanente Gerechtigkeit oder der Furcht vor ihr, Askese, ekstatischer Erfahrung, Trance, einem *éthos* oder Lebensstil, dem guten Gewissen, dem Gefühl, beschützt, geliebt, getröstet (und überwacht) zu werden, der Sehnsucht, dem Leben einen unseren Wünschen entsprechenden Sinn zu geben, Utopien, der Rechtfertigung einer politischen Macht, der Legitimierung der traditionellen Gesellschaft, einer Klassenideologie, dem Ausdruck einer nationalen Identität usw. Und natürlich gibt es die Erotik! Ich hätte sie fast ebenso vergessen wie die Sensibilität für die Schönheit der Natur: Der Name einer außergewöhnlichen Örtlichkeit erhält ein göttliches Attribut, oder man errichtet dort ein Heiligtum. Schließlich läßt sich unter dem Begriff der Religion noch der eine oder andere Aberglaube subsumieren. Folglich kann man aus den unterschiedlichsten Gründen gläubig sein, aus spezifisch religiösen Gründen (wir kommen darauf zurück), aber auch aus philosophischen oder politischen. Man kann trostbedürftig sein oder

sich an die Tradition halten wollen (dies ist, gesellschaftlich gesehen, nicht das schwächste Motiv). Halten wir fest, daß der Paganismus, eine Religion, die, wie Mario Vegetti sagt, wenig
Druck ausübte, weitgehend unberührt war von Proselytentum,
von Intoleranz, Verboten, nationalen, messianischen oder sogar
politischen[230] Implikationen – und daß er wenig Trost zu bieten
hatte.

Diese Religion ist keine Essenz, deshalb kann sie sich nur in
den Übergangsriten sowie in gewissen Geboten und Sitten ma-
nifestieren. Nicht die Religion als solche erlegt Verpflichtungen
auf, sondern Pflicht oder Sitte teilen sich in religiösen Begriffen
mit. Daraus ergibt sich die Mehrdeutigkeit so vieler sogenannter
religiöser Fakten. In der Antike wirkt alles religiös, weil uns
aufgrund der feierlichen Inszenierungen die Religion als allge-
genwärtig und grundlegend erscheint. Zahlreiche Dokumenta-
tionen beweisen, daß die sportlichen Wettkämpfe in Olympia
als profane Schauspiele gefeiert wurden, obwohl sie Zeus und
Herakles geweiht waren (so wie der Palio in Siena der Jungfrau
Maria). Die Zuschauer kamen wegen des Sports und wegen des
gleichzeitig stattfindenden Rummels, der »Panegyris«.

Fast alle Komponenten dieses Amalgams könnten auch außerhalb einer Religion existieren und sich auf andere Weise ausdrücken. Die funktionale Vielfalt führt zu mehr als nur einer
falsch gestellten Frage: »Ist die Religion nicht für manchen aktuellen politischen Konflikt verantwortlich?« Aber seit jeher hat
man für sehr vieles gekämpft, warum nicht auch für die Religion
oder in ihrem Namen? Was die Kämpfenden mit Hilfe der Religion verteidigen, sind Dinge, die sie mit ihrer Religion verbinden wie beispielsweise ihre Identität, ihre Individualität oder
ihre Autonomie. Mit den Religionskriegen verfolgten die Prote-
stanten das Ziel, sich hinsichtlich ihres Seelenheils von der Be-
vormundung durch Priester und Theologen zu befreien.

Noch häufiger durchdringt die Religion ganz unterschiedliche
Realitäten, die nicht dem religiösen, sondern dem profanen Be-

reich zuzuordnen sind: Sie beeinflußt die nationale Identität, Sportfeste, Übergangsriten, die Macht eines in Reims gesalbten französischen Königs. Die Religionen enthalten einen Kern von Erhabenheit und Heiligkeit, für den die Mehrzahl unserer Mitmenschen auch heute noch empfänglich ist und der es ihnen erlaubt, profane Dinge feierlich zu legitimieren. Feierliche Riten und Legitimation – darauf beruht in den meisten Gesellschaften die Bedeutung der Religionen. Dennoch vermag eine Religion die Macht eines Königs nur dann zu begründen, wenn dessen Untertanen weiterhin an die Legitimität ihres Herrschers glauben. Wenn sie dies nicht mehr wollen, werden sie – wie bei einigen römischen Kaisern und wie bei dem bedauernswerten Ludwig XVI. geschehen – seinen heiligen Status rasch vergessen. Es gibt nichts, was der subjektiven Freiheit endgültige Grenzen zu setzen vermag. Mehr noch: Keine Religion hat jemals den gesamten mentalen Bereich besetzen können. Eine Religion übt nur dann starken Druck aus, wenn die Bevölkerung von einer Partei oder einer Priesterschaft beherrscht wird (der Paganismus hatte jedoch keinen klerikalen Kader) oder wenn sie der Faszination einer charismatischen, demagogischen oder prophetischen Persönlichkeit unterliegt.

Man weiß allerdings, daß die Verbundenheit mit der Religion individuelle Nuancen aufweist und daß umgekehrt die Gemeinschaft mehr ist als die Summe der zugehörigen Individuen. Von denjenigen, die auf eine nationale Religion setzen, begeistern sich die einen vor allem für ihre Nationalität, die anderen wiederum für die Religion als solche. Dennoch müssen alle aufeinander Rücksicht nehmen, die Nuancen verwischen, dieselbe Sprache sprechen und dieselbe Disziplin einhalten. In jeder Partei sind Menschen vereinigt, die ihre unterschiedlichen Zugehörigkeitsgründe überspielen. Damit wollen wir nicht behaupten, daß in einem religiösen Nationalismus oder Imperialismus die Frömmigkeit nur als »ideologischer Deckmantel« der Politik fungiert. Wir glauben nicht an diese die Realität verbergende

Dualität der List. Von individuellen Nuancen abgesehen, die mit
Doppelzüngigkeit nichts zu tun haben, sind sowohl die Frömmigkeit als auch der Patriotismus echt, denn selbst wenn die
Motive auf unterschiedliche »seelische Kräfte« zurückgehen,
bildet das affektive Ergebnis ein geschlossenes Ganzes, allerdings ein »Mixtum compositum«.

Oft haben in einem solchen Mixtum die unterschiedlichsten
Gefühle und Vorstellungen nebeneinander Bestand, und eine
künstlerische Aktdarstellung ist trotz Kant nicht keusch, sondern ästhetisch und sinnlich zugleich. Ein Opfer, bei dem die
Götter lediglich die Knochen, das Geschlinge und den Rauch
bekommen, während das gute Fleisch den Menschen vorbehalten bleibt,[231] ist ebenso fromm wie eigennützig. In allen Jahrhunderten bilden die stärksten sozialen Kräfte gewöhnlich ein
unentwirrbares Konglomerat aus Gefühlen, Gedanken und Interessen.[232] Doch für ein Denken, das nur reine, »aufrichtige«
Gefühle (jüdisch-christliche Forderung) oder klare und präzise
Gedanken (klassische Forderung) gutheißt oder aber das sich
kritisch und aufklärerisch (zeitgenössische Forderung) gibt, sind
solche Mischzustände keineswegs akzeptabel.

Wenn man an die Religion denkt, denkt man vor allem an ein
Phänomen *sui generis*, an dieses »religiöse Gefühl« für das Göttliche, das Anbetungswürdige, das so unzureichend als »das Heilige« bezeichnet wird, ein Gefühl, über das nicht jedermann verfügt (manche Menschen haben überhaupt kein musikalisches
Empfinden, sagte Max Weber, der zugab, daß ihm das religiöse
fehle). Aber dieses Gefühl für eine irreduzible und spezifische
Qualität, das dazu führen könnte, die Religion für eine Essenz
zu halten, ist bei weitem nicht für alle sogenannten religiösen
Manifestationen charakteristisch und ist auch nicht bei allen, die
eine Religion praktizieren, in gleichem Maße vorhanden. Eine
sakrale Zeremonie kann für manche die Gelegenheit zu einem
Festessen sein, für andere ist sie ein Übergangsritus oder das
Mittel, seine Zugehörigkeit zu einer Gemeinschaft zu demon-

striren. Viele nehmen nur daran teil, weil es so üblich ist. Trotzdem gibt ihnen dieses konformistische Verhalten die Möglichkeit, religiöse Werte zu erahnen, die auf kaum wahrnehmbare Weise bei der Mehrzahl der Menschen vermutlich auf eine gewisse Resonanz stoßen.

Dabei kann es zu einer zeitlichen Akzentverschiebung kommen. In Griechenland folgte auf jedes Opfer ein Festessen, bei dem man nur noch darauf aus war, Fleisch zu essen und sich zu amüsieren. Daher war mit einem *philothýtēs*, einem Mann, der viele Opfer darbrachte, im Grunde nur jemand gemeint, der häufig Essenseinladungen aussprach.[233] Im christlichen Afrika endeten die Pilgerzüge zu den Gedenkstätten der Märtyrer bei Einbruch der Nacht mit wenig erhabenen Lustbarkeiten (*laetitiae*).[234] Die Pilgerreise der *Canterbury Tales* war eine sehr vergnügliche Angelegenheit. Doch während man opferte oder wenn man sich bei den Reliquien eines Heiligen eingefunden hatte, gab es auch einige Stunden der inneren Sammlung (in vergleichbarer Weise geht der heutige Tourismus – ein teurer Ortswechsel, bei dem man für einige Zeit seine Gewohnheiten hinter sich läßt – oft mit einem kulturellen Vorwand einher, dem man Tribut zollt, indem man ein Rahmenprogramm aus ein paar Museumsführungen oder einigen Besuchen von Sehenswürdigkeiten absolviert).

Eine Pilgerreise kann also ein Deckmantel für eine touristische Unternehmung sein oder auf ein gewisses Vagabundentum hindeuten. Dennoch ist das Göttliche ein so spezifisches Element, daß das gesamte Mixtum als Religion gelten kann, selbst wenn der Anteil des Göttlichen von Fall zu Fall sehr unterschiedlich ist. Gewiß schließen sich manche Menschen einer Religion oder einer Kirche an, weil sie den Moralismus oder den Sinn für Autorität schätzen; dabei glauben sie nur ganz loyal an die Existenz Gottes, investieren aber nicht viel Gefühl und empfinden auch keine besondere Liebe zu Gott. Dennoch hätten sie diesen Moralismus nicht in einer Religion gesucht, wenn sie für

das Göttliche völlig unempfänglich wären. Es dürfte schwierig
sein, in einer Religion ganz gleichmütig eine nationale Identität
finden zu wollen, ohne sich ein wenig vom Empfinden für das
Göttliche anstecken zu lassen.

Andererseits ist nicht jeder Eifer religiöser Natur. Der stalini-
stische »Personenkult« besaß nicht das Vibrato der Transzendenz, sondern das des Charismas, und nur wenn man die Sprache vergewaltigt, kann man den Marxismus oder Kommunismus, denen diese Bedeutung völlig abgeht, als eine Art Religion
bezeichnen. Von einem Exvoto für Stalin, mit dessen Hilfe man
etwas Verlorenes wiedergefunden hätte, ist mir nichts bekannt,
genausowenig wie von einem Exvoto für Elvis Presley.

Sokrates und die Sophisten: Aufklärung oder ein neues Bild von den Göttern?

Nach Euripides und Sokrates, nach den Eroberungszügen Alexanders, während langer hellenistischer und römischer Jahrhunderte war die Gerechtigkeit, die Hesiod so am Herzen lag, völlig
in Vergessenheit geraten. Man ging mit den Göttern, die willkürlich Glück und Unglück verteilten, nicht mehr so hart ins
Gericht. Der verbitterte Ton des Euripides, dieses Gepeinigten,
der glauben und hoffen wollte, war verstummt. Jetzt gesteht
man sich die Absurdität einer unberechenbaren Welt ein und
neutralisiert sie zugleich: Sie gilt als das Werk der Fortuna, die
zwar von Natur aus launenhaft ist, die man aber dennoch voller
Hoffnung um ihre Gunst bitten kann. Außerdem sind gewisse
Gottheiten wie z. B. Isis (wie es die Litaneien dieser hellenisier-
ten Ägypterin bezeugen) mächtiger als Fortuna. Die politisch-
religiöse Ideologie eines Aischylos hat ebenfalls ihre Aktualität
eingebüßt. Die Poleis werden von ihren Bewohnern noch genauso geliebt, bilden noch immer den Rahmen der Verpflichtun-

gen, Ambitionen und des hingebungsvollen Engagements, doch
im Vergleich zu den hellenistischen Königreichen haben diese
kleinen Stadtstaaten ihre internationale Bedeutung verloren und
sind daher auch nicht mehr ein würdiger Gegenstand der Philosophie, der des Nachdenkens lohnt.

Andererseits aber ist die Vorstellung einer absurden Welt unerträglich, einer Welt des Ödipus und seines schuldlos begangenen »tragischen Fehlers«, einer Welt, der die Götter, wie bei Sophokles, gleichgültig gegenüberstehen oder die, wie bei Euripides, von unergründlichen Göttern beherrscht wird. Unsere Welt
braucht einen Sinn, der sich mit unseren Wünschen deckt. Dies
ist der Beginn der großen Wende. Man glaubt nicht mehr, daß
die Götter die Guten und Bösen nach Verdienst und Würdigkeit
belohnen oder bestrafen (was sie sehr unzureichend taten), sondern man weist ihnen die Rolle der Garanten des Guten zu: Sie
beschränken sich nicht mehr darauf, das, was die Zukunft an
Unsicherheiten birgt, zu regeln und – gelegentlich – die Bösen
zu bestrafen. In der Theorie geben sie den Guten recht. Eine
neue Antigone hätte, auch wenn sie von einem Tyrannen umgebracht würde, dennoch die Götter als Garanten für ihr gutes
Gewissen auf ihrer Seite. Die Verbindung zwischen Religion
und Moral hat sich radikalisiert. Statt zu fordern, daß die Realität unseren Wünschen zu entsprechen habe (oder statt wie Euripides darüber zu klagen, daß dem nicht so sei), haben die Gebildeten die Existenz eines philosophischen Urgrundes erfunden,
der das Gute gewährleistet. Ab dem 4. Jahrhundert mußte sich
also in der geistigen Elite, die in den Lehren der Philosophen
bewandert war, ein neues Bild von den Göttern entwickeln.

Nun setzt im religiösen Denken die entscheidende Wende ein:
Im Zuge der Philosophie werden die Götter zum Absoluten,
zum Fundament des Guten. Das Volk seinerseits begnügt sich
weiterhin damit, von den Göttern gute Ernten zu erhoffen,
doch für die nach dem Ideal der *paideía* gebildeten Eliten hat
das Zeitalter der Transzendenzen begonnen und wird minde-

stens 2500 Jahre fortbestehen. Wenn Nietzsche schreibt, daß
Gott tot sei, denkt er nicht vorrangig an den christlichen Gott,
sondern erklärt, daß man seit der großen Zäsur des 19. Jahrhunderts nicht mehr an ein transzendentes Fundament des Menschen, des Guten und Bösen, glaubt. Der Kosmos ist nicht nur
keine mißlungene Schöpfung, sondern er ist überhaupt keine
Schöpfung.

Dies war die religiöse Revolution in den gebildeten Kreisen,
die Ära der Sophisten, des Sokrates und der Philosophie. In
meinen Augen ist es ein Irrtum, hier ein Zeitalter der Aufklärung anzunehmen, eine Epoche der Ungläubigkeit, in der die
traditionelle Religion eine Schwächung erfuhr. Wie die hellenistische Archäologie und Epigraphik, angefangen bei den großen
Tempeln bis hin zu den Tausenden von Exvotos, nachdrücklich
beweisen, war die Mehrheit der Menschen bis zum Ende des
Paganismus gläubig. Täuschen wir uns nicht im Jahrhundert,
erfinden wir kein vorgezogenes 18. Jahrhundert aufgrund von
einigen Fällen religiöser Indifferenz und Ungläubigkeit in den
gebildeten Kreisen. Was man beobachten kann, ist eher eine veränderte Religiosität bei den Gebildeten, ein neues Zeitalter der
Frömmigkeit, eine sich auf die Vernunft gründende Religion.

Von da an wird für 1000 Jahre die Einteilung der Stoiker und
Varros, die drei Vorstellungen ein und derselben Götter unterscheiden, die Szene beherrschen: Es gibt die staatlichen Götter,
die Götter der Philosophen und die Götter der poetischen Erzählungen.[235] Die Götter der Dichter sind die der Mythologie,
dieser mündlichen oder schriftlichen Unterhaltungsliteratur, die
in Griechenland aber mit der Philosophie primitiver Völker, an
die wir bei dem Begriff »Mythos« denken, nichts gemeinsam
hatte. Die staatlichen Götter sind die, die laut Gesetz Gegenstand des offiziellen Kultes sind. Was die Götter der Philosophen betrifft: ihre Geburt kündigt sich in einem Vers des Euripides an: »Wenn die Götter etwas Schändliches tun, sind es keine Götter.«[236] Die Stoiker waren nun aber überzeugt, daß die

Götter nicht schändlich handeln konnten. Sie kehren also den Gedanken des Euripides um und kommen zu dem Schluß, daß sich die Götter immer untadelig verhalten und ihren Namen verdienen. »Die Götter sind mit allen Tugenden begabt und ohne einen Hauch des Bösen«, wird später Kleanthes sagen.[237] Bei den Gebildeten beginnt jetzt die Epoche der – wie man sagen könnte – modernen Frömmigkeit.

Und von da an sind, zumindest für einen Teil der gebildeten Schicht, die Götter nicht mehr die besondere Spezies, von der wir sprachen, sie sind nicht mehr diese mächtige fremde Ethnie, die nur für sich selbst lebt und deren Gunst sich der Mensch erkaufen muß. Sie sind nunmehr, ohne Biographie und Mythologie, zu metaphysischen Wesen eines Deismus oder auch einfach nur zu Allegorien geworden. Sie sind nicht mehr mäßig tugendhaft, sondern sind es so total wie das Konzept der Tugend. Von jetzt an ist die geläuterte Seele glücklich, sich ... soll man sagen »als gehorsames Kind« zu fühlen, geliebt von den Göttern, die die Welt mit ihrer Vorsehung lenken? Nein: die Götter sind die erhabenen Freunde der Seele, ihre vornehmen Eltern. Götter und Menschen sind zwar ungleich, ähneln sich aber.[238] Selbst der oberste Gott des stoischen Deismus wird zum Vater der Menschen.[239] Der Paganismus ist eine sehr humanistische Religion ... Die Menschen müssen sich nicht von den Göttern abhängig fühlen und ihnen ihre Dankbarkeit bezeugen, wie es die augustinische *caritas* erfordert. Obwohl die griechisch-römische Gesellschaft vom Euergetismus, vom Klientelwesen und Mäzenatentum mit ihren verpflichtenden »Wohltaten« geprägt war, weigerten sich die Menschen, schon aus Stolz, die Klienten der Götter zu sein.

Doch während die geistige Elite dieses egalitäre Verhältnis zu ihren Göttern unterhielt, bildete sich im Volk hier und da eine andere Beziehung heraus: Um die Gottheit gnädig zu stimmen, bezeichnete man sich bisweilen als ihr untertäniger Diener, als ihr Sklave[240] (ein Zeitgenosse des Aristophanes wäre überrascht gewesen, und einem Gebildeten jedweder Epoche hätte es die Sprache verschlagen). Die unterschiedlichen Beziehungen zwischen den Menschen und der Gottheit stellt man sich, wie der Theologe Friedrich Heiler darlegt,[241] stets in Analogie zu den möglichen zwischenmenschlichen Beziehungen vor. Worauf man allerdings nicht kam, war das – für die Christen spezifische – Bild einer Gottheit, die die gesamte Menschheit oder vielmehr jeden einzelnen Menschen liebt und jedes ihrer Schäflein wertschätzt und liebevoll annimmt.

Setzen wir den Vergleich zwischen den beiden Religionen fort. Im Christentum ist die Frömmigkeit die höchste und alles umfassende Pflicht, so daß man gar nicht fromm genug sein kann. Man kann also unterschiedliche Stufen des Verdienstes bestimmen. Die höchste Stufe ist die Heiligkeit, gutes Christsein die Norm, die menschliche Mittelmäßigkeit reicht nicht hin. Man unterschied die guten Christen, die ihren Glauben lebten, von den lauen, die lediglich die Tradition respektierten. Im Heidentum hingegen war die Frömmigkeit eine Pflicht unter vielen, wenn auch die vornehmste. Sie kannte keine Abstufungen, sondern war, nach der Definition des Aristoteles, in der rechten Mitte zwischen zwei Extremen angesiedelt und bestand darin, den Göttern genau die Ehren zu erweisen, die man ihnen schuldete, und sich darauf dann auch zu beschränken. Man unterschritt das rechte Maß, wenn man die Götter »nur selten und mit kargen Mitteln ehrte«.[242] Tadel fand aber vor allem das umgekehrte Extrem, das als *deisidaimonía*, als Furcht vor den Göttern, bezeichnet wurde. Diese Furcht entsprach nicht dem biblischen Zittern vor einer richtenden und schreckenerregenden Gottheit, dieser Angst, die einem die unendliche Distanz zwischen ihr und ihren Geschöpfen ins Bewußtsein treten ließ: Nur ein kleinmütiger und einfältiger Geist konnte sich die Götter als rächende und fordernde Vorgesetzte vorstellen. Weil er fürchtete, die Götter nicht ausreichend zu verehren, übertrieb es ein solcher Mensch mit seinen Huldigungen, ruinierte sich, wie der

Dichter Lukrez sagt, durch immer mehr Opfer und Gelübde oder legte unsinnige Versprechungen ab.[243]

Für den Stolz der Menschen und die Würde der Gebildeten schien die Furcht vor den Göttern kritikwürdiger als mangelnde Frömmigkeit: Ihnen war ein Zuwenig lieber als ein Zuviel. Was hier auffällt, ist einmal mehr die heidnische Mäßigkeit. Dieses Volk, in dem jeder – egal ob Sophist, Krieger oder Sportler – glänzen und seinen Rivalen übertreffen wollte, nahm die Religion von diesen Bestrebungen aus. Hier gab es erst sehr spät das, was man vom Christentum und von Indien sehr gut kennt: »Virtuosen« der Frömmigkeit, Heilige. Vorher hätte man sie für Abergläubische oder für Scharlatane gehalten.

Wenn man den Einfluß des neuen Götterbildes auf die Moral einschätzen will, kann man von einem Gemeinplatz ausgehen, einem weitverbreiteten griechischen und lateinischen Sprichwort,[244] das die neue Frömmigkeit widerspiegelt: Die Götter geben der bescheidenen Gabe des Frommen (oder des Rechtschaffenen oder des sowohl Frommen wie auch Rechtschaffenen) den Vorzug vor dem aufwendigsten Opfer eines bösen Menschen. Der Arme, der nur bescheidene Gaben darbringen kann, ist, wie Euripides sagt, frommer als die Reichen, die 100 Rinder schlachten.[245] Die Huldigungen der frömmsten Menschen, sagt Sokrates, machen den Göttern, denen die großen Gaben nicht mehr gefallen als die kleinen, die größte Freude; sonst könnten die Gaben der Bösen ihnen wohlgefälliger sein als die der Guten.[246] Die Annahme, sie ließen sich durch Opfer und Gebete kaufen, ist ein Irrtum, der an Atheismus grenzt.[247] »Ein Gottloser soll es nicht wagen, mit Geschenken den Zorn der Götter zu besänftigen.«[248] Nebenbei bemerkt: Diese Ansicht, nach der man die Götter durch Opfergaben gnädig stimmen könne, war und blieb die der Mehrheit der Bevölkerung ... Nun hatte sich ein anderes Prinzip eingebürgert, das von mehr als einem lateinischen Autor erwähnt wird: Man darf an die tugendhaften Götter nur tugendhafte Gebete richten, man darf sie nicht um das Unglück eines

Rivalen bitten. Wenn man auf dem Kapitol ein Gelübde ablegt, muß man es also laut und deutlich aussprechen, damit es von allen gehört werden kann.[249]

Um an einem Detail den vollzogenen Schritt zu überprüfen: Die humorvolle Betrachtung der Götter im Stile eines Homer oder Aristophanes ist jetzt undenkbar geworden, so wie sie auch bei den Personen der Trinität oder bei der Jungfrau Maria nicht vorstellbar wäre. Zwar gibt es diesen Humor bis weit in die Kaiserzeit, doch nur in der Volkskunst.[250] Genauso undenkbar ist nun auch die Kritik an den Göttern; man kann weder über sie herziehen noch über sie lächeln. Bei den kultivierten Menschen ist es in der Tat zu dieser vertrauensvollen Beziehung (*pístis*) gekommen, die von einigen Heiden erwähnt wird:[251] Homers Zeitgenossen hatten zu ihnen nicht das Vertrauen, das man Wesen entgegenbringt, die weder fehlbar sein noch lügen können. In der *Ilias* machte die epische Fiktion Zeus zu einem Ehemann, der von Hera an der Nase herumgeführt wird. In der *Aeneis* widerspricht Vergil seiner eigenen Fiktion, daß Juno Aeneas mit ihrem Zorn verfolgt: »Sind denn die Herzen der Himmlischen fähig zu solch gewaltigen Regungen des Zorns?«[252]

Die Frömmigkeit – eine Tugend des Individuums

Der große Text, der vier Jahrhunderte vor unserer Zeitrechnung den Beginn der neuen Frömmigkeit einläutet, trägt den Titel *De pietate*. Diese Schrift des Aristoteles-Schülers Theophrast gilt in den nächsten sieben Jahrhunderten für Cicero ebenso wie für Plutarch und auch noch für Porphyrios als Standardwerk. Das Opfer wurde stets als symbolische Huldigung angesehen, bei dem die Geste mindestens genausoviel zählte wie der Wert der Opfergabe.[253] Man kann, schreibt Theophrast, sehr wenig opfern: Worauf es ankommt, ist, es möglichst oft zu tun. »Wer also

in seiner Beziehung zum Göttlichen bewundert werden will«,
erklärt er, »muß opferfreudig sein nicht dadurch, daß er vieles
opfert, sondern daß er häufig [*pykná*] das Göttliche ehrt. Das
eine ist nämlich ein Zeichen des Wohlstandes, das andere [ein
Zeichen] von Frömmigkeit.«[254] Der Gott freut sich nicht »über
die Fülle der Opfer […], sondern über das, was sich gerade bie-
tet.«[255] Die höchste Ehre, die man den Göttern erweisen kann,
besteht darin, ihnen, wie es die Sitte vorschreibt, bei jeder Mahlzeit einen geringen Anteil der täglichen Nahrung zu weihen.[256]
Wenn man sich weigert, den Göttern unschuldige Tiere zu opfern, sagt er (und das wünscht er sich auch), gilt: »Das Wohlfeile
und leicht Beschaffbare […] ist den Opfernden zu einer unun-
terbrochenen Eusebeia [*synechḗs eusébeia*] dienlich.«[257] Und er
wiederholt: Ein problemlos darzubringendes Opfer erleichtert
diese *synechḗs eusébeia* (Plutarch wird sich meines Erachtens an
diese »ständige Frömmigkeit« erinnern, die sich später im Neuplatonismus großer Beliebtheit erfreuen wird[258]). Die Idee eines
häufigen, fortgesetzten Kultes war nicht neu; ein rechtschaffener
Mensch, so hatte bereits Platon verfügt, soll ständig mit den
Göttern in Verbindung stehen, indem er mit der Zeit die Zahl
der Opfer und Gebete erhöht. Und tatsächlich fallen die ältesten
Beispiele für einen täglichen Kult etwa in seine Zeit.[259]

   Die eigentliche Originalität Theophrasts ist nach meinem Da-
fürhalten jedoch eine andere: Er hat die Frömmigkeit zu einer
Tugend gemacht. Bei unserem Autor finden sich zwei aufschlußreiche Sätze.[260] Die Gottheit, schreibt er, »sieht mehr auf die Einstellung [*éthos*] der Opfernden als auf die Menge der geopferten
[Gaben]«; die Idee war trivial geworden, was für das Wort *éthos*
jedoch nicht gilt: *Éthos* ist ein aristotelischer Begriff, ebenso wie
das von ihm gleichfalls verwendete Wort *héxis*, »ständige innere
Einstellung«.[261] Für einen Aristoteliker ist die Tugend eine innere Potentialität, die ständig vorhanden ist und die sich somit,
wann immer es nötig ist, in Handlungen ausdrücken kann. Per
Definition handelt es sich dabei um eine dauerhafte Haltung:

Man wird nicht als tugendhaft bezeichnet, wenn man ganz nebenbei einmal eine gute Tat vollbringt. Fazit: Theophrast verkündet eine geläuterte Konzeption der Frömmigkeit und faßt sie in den Begriff der Tugend;[262] er interpretiert sie als *héxis* oder *habitus*, als ständige Haltung, nicht aber als den Vollzug – äußerlicher und diskontinuierlicher – frommer Handlungen, die man ausführt, immer wenn es der liturgische Kalender erfordert, wenn man sich verpflichtet fühlt, den Göttern für eine Gunst zu danken, oder wenn man das Bedürfnis verspürt, sie um einen Gefallen zu bitten. Ein Held Homers war fromm wegen seiner häufig dargebrachten Opfer,[263] ein Zeitgenosse Platons oder Theophrasts ist fromm, weil er über eine beständige fromme Grundhaltung verfügt, die ihn dazu veranlaßt, im Laufe der Zeit die Zahl kleiner und wenig aufwendiger frommer Gesten zu erhöhen. Um zu dieser tugendhaften Einstellung dauerhaft zu kommen, bedurfte es zunächst der harten Arbeit an sich selbst,[264] einer spirituellen Anstrengung, einer Ausweitung der Persönlichkeit, die einen inneren Freiraum schuf.

Als Quelle der tugendhaften Handlungen gilt nun das Innere des Ichs. Wenn aber die Gerechtigkeit und die Frömmigkeit (um sich auf diese beiden Tugenden zu beschränken) nun im Inneren des Menschen angesiedelt sind, muß ein Mensch, um glaubwürdig zu bleiben, sie beide besitzen. Wie sollte man die Frömmigkeit eines Ganoven ernst nehmen? Es kann sich nur um Heuchelei handeln. Zu früheren Zeiten, als die Frömmigkeit nur eine der äußeren Aufgaben war, die ein Mensch zu erfüllen hatte, konnte ein Räuber häufig opfern und damit seine große Frömmigkeit unter Beweis stellen. Nun aber, da die Frömmigkeit internalisiert und Ausdruck einer tugendhaften Seele ist, kommt es zu einer ethischen Systematisierung des Verhaltens. Man muß nur an unser Befremden im Falle Heideggers erinnern: Wenn die Philosophie kein äußeres Rollenspiel ist, kein Fachwissen wie die Strömungslehre oder die romanische Sprachwissenschaft, sondern wenn sie, ganz im Gegenteil, dem inneren Erleben eines

Menschen entspringt, ist die Existenz eines nationalsozialistischen Philosophen (der zudem noch uneinsichtig geblieben ist) undenkbar, ja obszön. Ein Idealbild, ein Ideal des Ichs, läßt sich nur aufrechterhalten, wenn es ohne Makel und in sich stimmig ist.

Jeder, der ein lebendiges Inneres und Tugend besitzt, hat dieses Ich-Ideal. Hier zeigt sich eine neuartige Möglichkeit, die Moral mit der neuen Frömmigkeit zu verbinden. Diese innere Instanz ist der Ursprung der verschiedenen tugendhaften Verhaltensweisen, seien sie bürgerlicher, kriegerischer, moralischer oder religiöser Natur. Man findet hier, philosophisch verkleidet, das Ideal einer allgemeinen menschlichen Vollkommenheit. Die Idee der Einheit eines inneren Ichs tritt somit an die Stelle einer Aufspaltung des Menschen in seine verschiedenen Rollen. Diese Konzeptualisierung reicht aus, um das Gefühl, das das Subjekt von sich selbst hat, zu modifizieren: Der neue Mensch ist gesittet, introvertiert und gespalten, er hat ein Bewußtsein, mit dem er sich beschäftigen muß, und ein ideales Bild seiner selbst. Ein Gebildeter, der Platon, Xenophon oder Theophrast gelesen hat, ist darüber informiert, daß sich Sokrates, wie Michel Foucault sagt, um sich selbst kümmerte; dies bedeutet (um keinen Irrtum aufkommen zu lassen), daß er bestrebt war, »seine Seele besser zu machen«, um alle anderen »an Tugend und an Vernunft« zu übertreffen.[265] Der kriegerische König Agesilaos hatte nichts von einem homerischen Helden. Sein Zeitgenosse Xenophon empfahl ihn als Modell für »jemanden, der moralische Vollkommenheit anstrebte« und »Herr seiner selbst« sein wollte, um »fromm, gerecht, maßvoll und beherrscht« sein zu können und seinerseits »als Vorbild zu dienen«. Die Götter sind nicht mehr nur das Objekt der Frömmigkeit, sondern garantieren die Richtigkeit eines idealen Ichs. Agesilaos wies wiederholt darauf hin, daß »die Götter an guten Taten ebenso großes Gefallen finden wie an Opfern, die reinen Herzens dargebracht werden.«[266]

Die Sorge um sich selbst, das ideale Ich und die *paideía* sind

die Basis der Philosophie oder vielmehr der philosophischen
Schulen, die – mit der Arbeit am eigenen Selbst und den spirituellen oder vielmehr intellektuellen Übungen – im inneren Erleben einer Handvoll Menschen und in der Kultur der Gebildeten
den Platz einnehmen werden, den die Religion mit dem Christentum einnimmt.[267]

Wir können diese allseits bekannte weite Thematik hier nur
streifen, wollen aber doch noch auf einen entscheidenden Unterschied zwischen den einzelnen Schulen aufmerksam machen.
Für einen religiösen Propheten, der allerdings nicht als solcher
bezeichnet wurde (und nur der Prophet einer Elite war), für
Platon nämlich, ist die Frömmigkeit von zentraler Bedeutung.
Kurz vor Ende des Paganismus hat Libanios diese Doktrin in
einem Satz zum Ausdruck gebracht: Ein vorbildhafter Mensch
(in diesem Fall Julian Apostata) »findet seine einzige Freude in
einem makellosen Gewissen, er wird den Göttern ähnlich, indem er sich in der Tugend übt und sich um seine Seele sorgt,
und er ist Herr seiner schlechten Begierden«.[268] Ein Mensch
nun, »der Gott würdig ist, ist selbst Gott«,[269] und durch die
Nachahmung der tugendhaften Götter führt die Frömmigkeit
zu einer Art Selbstvergöttlichung. Für die anderen Schulen hat
die Nachahmung der Götter jedoch nichts mit Frömmigkeit zu
tun. Sie ist nur eine von mehreren Tugenden und nicht die treibende Kraft für die Arbeit am Ich. Diese Arbeit wiederum ist
nichts anderes als die Suche nach dem »Glück« (das natürlich
die Moralität als erste Voraussetzung hat) oder sogar dem Vergnügen. Die Selbstvergöttlichung besteht in dem Bemühen, so
glücklich zu werden wie die Götter und auf diese Weise zu einem sterblichen Gott zu werden (und das war ganz wörtlich gemeint).[270]

Verlassen wir die Utopien der Philosophenschulen, kehren
wir zur Religion der Gebildeten zurück, und werfen wir einen
Blick auf die Entwicklung, die sie seit Sokrates, Xenophon und
Theophrast genommen hat. Die *paideía* hat das Denken revolu-

tioniert. Die Weisheit und die Moralität der Götter stehen nicht mehr in Frage, sondern sind Teil ihrer Definition, wodurch auch die Beziehung zwischen Moral und Religion eine neue Form annahm. War die Religion bisher vom Anthropomorphismus geprägt und vom Wunsch, an eine immanente Gerechtigkeit zu glauben, so wird von nun an auch die Heiligkeit der Götter mit dem Guten gleichgesetzt. Man wollte glauben, daß die Welt gut eingerichtet sei, und diese Vorstellung hat viele Jahrhunderte überdauert; die Religion hat von nun an ein ethisches Fundament, und daran wird sich bis Kant nichts ändern.

Diese neue Erkenntnis stützt sich auf die Gewißheit, daß die Welt von den Göttern geleitet wird. Bis zum Ende der Antike stellen sich die verschiedenen philosophischen Schulen, die über den Kosmos nachdenken, die Frage, ob die Welt ein Werk der göttlichen Vorsehung ist oder das Werk einer Natur, die keine Gottheit ist, oder aber ob sie rein zufällig entstanden ist. Sokrates bewies die Existenz der Götter und der göttlichen Einrichtung der Welt durch die biologische Zweckmäßigkeit des menschlichen Körpers.[271] Die Götter haben aber die Welt für den Menschen nicht erschaffen können, ohne sie auch mit dem allerwichtigsten, nämlich der Moral, auszustatten, schon deswegen, weil sie selbst unfehlbar, vorbildhaft und vollkommen sind.

Die Götter sind, da sie vollkommen sind, natürlich uneigennützig, sie haben keine Bedürfnisse, und ihre Gunst ist nicht käuflich. Ihre Perfektion ist eine Tatsache, die sich von selbst aufdrängt: Man kann Werte, die von einer untadeligen Gottheit aufgestellt werden, nicht in Zweifel ziehen. Somit gilt gemäß Platon: »Gott nun dürfte wohl vornehmlich das Maß aller Dinge für uns sein.«[272] Die Götter, fährt Platon fort, akzeptieren Huldigungen nur von Menschen, die moralisch ebenso fehlerlos sind wie sie selbst; »von einem Unreinen Geschenke anzunehmen, ist weder für einen guten Menschen noch auch für einen Gott jemals geziemend.«[273] Wenn man also mit der Gottheit gut auskommen will, muß man genauso rechtschaffen sein wie sie:

Dies pflegte man zwar von jeher anzunehmen, doch jetzt ist man fest davon überzeugt. Um von dem Gott geliebt zu werden, muß man seinem Beispiel folgen, »muß sich nach allen Kräften ihm möglichst gleich zu werden bemühen, und wer von uns mäßig und besonnen ist, der ist eben hienach Gott wohlgefällig.«[274] Da ihm das göttliche Vorbild fehlt, ist bei einem Ungläubigen »ein natürlicher Mangel an Selbstbeherrschung in Lust wie im Schmerz« festzustellen.[275] Götter und rechtschaffene Menschen sind Freunde, sind Verwandte: Gleich und gleich gesellt sich gern.[276] Zwischen Göttern und ehrbaren Menschen kommt es so zu einem frommen Freundschaftsbund, bei dem der Moral gewissenhaft Rechnung getragen wird. Dies war der neue, unter den Gebildeten verbreitete Gedanke: Man glaubte nicht mehr, daß die Götter nur gelegentlich – eigennützige oder freundschaftliche – Verbindungen mit den Menschen pflegten, die sich an sie wendeten, um sie um etwas zu bitten oder um ihnen zu danken: Die Götter sind *a priori* die Freunde aller Guten, und zwar ausschließlich der Guten.[277]

Vom Nutzen der Riten

Manche Autoren übertrieben den Gedanken von der Gemeinschaft zwischen den Göttern und den tugendhaften Menschen und behaupteten, daß die Beziehungen zwischen den Mitgliedern dieser Gemeinschaft von Riten, Gaben und Opfern unabhängig seien. Ein geistreiches hellenistisches Epigramm[278] kultiviert dieses Paradox: »Die Heiligtümer stehen den Guten offen, und es bedarf keiner Reinigungen; kehre also um, schlechtes Herz, denn wenn du den Körper wäschst, reinigst du nicht deine Seele.« Andere geben als echte Kyniker vor, den Nutzen von Opfern zu leugnen: »Die wahren Götter wollen keine Opfer und verlangen sie auch nicht. Wenn man ihnen keine darbringt, begeht man keine Verfehlung, und wenn man es tut, hat man kein Recht auf Dankbarkeit.«[279]

Die Religion würde sich damit nun in einer vagen Spiritualität erschöpfen. Die Distanz zwischen den erhabenen spirituellen und ethischen Werten einerseits und den leeren rituellen Normen, die für die Gläubigen bedeutungslos geworden sind, andererseits drohte die Religion ihres Sinnes zu entleeren. Daß man ihre Riten als nützlich empfand, war ihre Rettung: Die Abschaffung des Kultes, der Opfer, der Gesten und all der Huldigungen, die man den Göttern darbringt, würde die Bedürfnisse des sozialen Lebens und den Nutzen der konventionellen Zeichen verkennen. Für die Gemeinschaft der Götter und der guten Menschen sind und bleiben die nach traditionellem Brauch[280] vollzogenen Riten Gesten und Formen der Huldigung, die es den Menschen erlauben, ihre überirdischen Freunde zu verehren. (Diese Riten sind zunächst konventionell, bekommen aber sehr viel später auch eine »theurgische« oder magische Bedeutung.)

Der Formalismus und die Konventionalität der Riten lassen erkennen, daß ihre göttlichen Adressaten keine Abstraktionen sind, sondern Personen, die als solche auf die Wahrung der Formen Wert legen und auf jeglichen Verstoß dagegen sehr empfindlich reagieren. Porphyrios gibt deutlich zu verstehen, daß es sich um Formen der Ehrerbietung handelt: Wenn man bescheidene Opfer darbringt, dies aber häufig und inbrünstig tut, schreibt er, ehrt man die Götter auf die richtige Art und Weise, »so wie man sich vor ehrbaren Männern erhebt, um ihnen seinen Platz zu überlassen [*proedría*].« Dennoch möchte auch Porphyrios, daß man die Riten nicht beiläufig [*parergós*] und nur pflichtgemäß vollzieht, »so wie man seine Steuern zahlt«:[281] Man muß mit ganzem Herzen dabei sein. Aber würde dies nicht bedeuten, durch übergroßen Eifer die Bedeutung des Ritualismus zu verfälschen? Man ist nicht jeden Tag in der Lage, starke Gefühle zu empfinden, und bedarf man ihrer überhaupt? Die Riten sind quasi der Beweis der Frömmigkeit. Die Religiosität bemißt

sich nicht nach ihrer Intensität, andernfalls wäre es schlecht um
sie bestellt. Allein die Wahrung der rituellen Formen kann einer
Religion Dauer verleihen, die nur in den Riten, auf denen ihre
objektive Realität beruht, Gestalt annimmt. Dies ist erst recht
der Fall, wenn sie sich auf keine andere Realität, keine heiligen
Schriften, stützen kann.

Was ist eigentlich der Sinn der Riten? Sie erlauben dem Gläubigen, den Göttern zu geben, was ihnen geschuldet ist, wobei er
sich gewissermaßen einem »Autopiloten« überläßt: Unabhängig
von den aktuellen Gefühlen des Gläubigen wird die Huldigung
mechanisch vollzogen. Die Riten haben außerdem und vor allem den Zweck, die Götter von der Frömmigkeit ihrer Anhänger sehr viel nachhaltiger zu überzeugen, als dies durch noch so
inbrünstige Erklärungen möglich wäre. Die Riten *tun* etwas,
aber sie *bezeichnen* nichts, selbst wenn sie mit Worten verbunden sind. Da sie aus unveränderlichen Formeln und aus Gesten
bestehen, sind sie vertrauenswürdiger und eindeutiger als normale Äußerungen, weil sie performative Akte sind und folglich
keine Metasprache enthalten, die sie berichtigen oder ungültig
machen könnte, bzw. eine Metasprache ausschließen.[282] Die Riten schließen eine Metasprache erst recht aus, wenn sie für die
Beteiligten »keine Bedeutung« haben (und das ist häufig der
Fall: Man weiß, auf wen und auf was sich die Riten beziehen,
kennt aber im allgemeinen nicht ihren Sinn).[283] Man vollzieht sie
dennoch und ehrt auf diese Weise die Götter.

Deshalb hielten die frommen Gebildeten an dem rituellen
Element auch immer fest. Die Platoniker wußten, daß eine Religion, der Riten beraubt, ihren institutionellen Charakter verliert
und sich in individuelle Seelenzustände auflöst. Im Anschluß an
Plotin betrachten die letzten Platoniker diese Riten sogar als
magische Formeln und erheben sie somit paradoxerweise zu einer rational begründeten Theurgie. Wie John Scheid mit Recht
betont, bildet die Pflicht, die Götter in festen Formen zu verehren, den »harten Kern« des Paganismus. Selbst bei der frommen

Elite waren die Riten mit starken Emotionen verbunden. So lesen wir bei Plutarch, daß manche Zelebranten während eines Opfers »unter ihrem Kranz ganz blaß sind« und daß »ihre Hände zittern, wenn sie den Weihrauch verbrennen«.[284] Für einen wirklich religiösen Menschen hatte die Durchführung der Riten dieselbe Bedeutung wie für einen Christen das Gebet (im christlichen Wortsinn): Man fühlte sich einem geliebten heiligen Wesen nahe und erlebte einen Zustand metempirischer Sicherheit. In der heidnischen Religion nun standen diese Riten allen offen, und jeder – ein Mann oder eine Frau oder sogar eine Sklavin wie Phidyle – konnte sie zu jedem gewünschten Zeitpunkt zelebrieren. Es gab keine in Kasten organisierte Priesterschaft.

Diese Riten, die durch ihre göttlichen Adressaten beeindruckten und aufgrund ihres angeblich alterslosen[285] Formalismus einen malerischen Reiz ausübten, erhöhten die Attraktivität einer Frömmigkeit, die voller Romantik war und sogar die religiös gleichgültigen Menschen zum Träumen brachte. Wenn man auf einer Vasenmalerei eine schöne Frau bei einer schönen Tätigkeit darstellen wollte, zeigte man sie entweder bei der Toilette oder aber beim Spenden eines Trankopfers. Auf den Wandgemälden gibt es keine Landschaft, in der nicht ein bäuerliches Heiligtum zu sehen wäre. Die Zeremonien konnten so eindrucksvoll sein, daß sich sogar die größten Skeptiker für einen Augenblick wieder für den Ritualismus gewinnen ließen. In der zum Ruhme seiner eigenen Gedichte geschriebenen Ode *Exegi monumentum* kann Horaz seine überschwengliche Begeisterung nur angemessen zum Ausdruck bringen, indem er ein Ritual dieser Religion, an die er selbst nicht glaubt, beschreibt: Ein feierliches, in Schweigen versunkenes Paar kommt ihm in den Sinn, und in bewegenden Worten verkündet er, daß seine Poesie genauso lange Bestand haben werde wie Rom, »so lang, als mit der schweigenden / Jungfrau [*virgo tacita*] zum Kapitol wandelt der Pontifex«.[286]

Für die einfachen Leute gehörten die religiösen Aktivitäten ebenso wie die griechischen Agone oder »Spiele« und die römi-

schen Schauspiele zu dem Teil ihres Stundenplans und ihrer Gedanken, der über das Nützliche und Verpflichtende hinausging.
Ihre Kultur war weitgehend von der heidnischen Religion geprägt, einem wundersamen Märchen also, dessen Protagonisten
einer überirdischen Ordnung angehörten. Eine Kultur besteht
nicht nur in der Kenntnis mehrerer Wahrheiten, sondern in dem
Besitz einer größeren Zahl von Ideen, wie Leibniz sagen würde,
der Möglichkeit, die Realität zu erweitern, etwa durch Kentauren und Chimären. So hat jede Stadt ihre Tempel, jede Landschaft einen heiligen Hain am Horizont, jedes Vorgebirge ziert
ein Heiligtum. Ein verlassenes Boot am Ufer wird nach Ende
seiner Reise einem Gott des Meeres geweiht.[287] Die Welt bestand
aus Festtagen und sinntragenden Objekten, aus Altären, heiligen
Bildern, denen man Küsse zuwarf, aus Bäumen oder Felsen, die
man als Inkarnationen des Göttlichen betrachtete, mit Öl einrieb
oder mit Bändern umwand.[288] Der führenden Elite, die eine libe-
rale Erziehung genossen hatte, bescherte die *paideía* eher Dichter und einen metaphysischen Roman als ein Wundermärchen.[289]
Dennoch setzten sich die Überzeugungen des Volkes oder vielmehr der Mehrheit schließlich auch bei der Elite durch und ver-
schlangen unter deren Einfluß einen großen Teil des wirtschaftli-
chen Überschusses. Überall wurden kostspielige polychrome
Tempel errichtet, so wie in späterer Zeit jedes Dorf seine Kirche
haben sollte, die sich über seinen strohgedeckten Hütten erhob.

Ungläubige, Abergläubische, Konformisten, Zweifler, Beunruhigte

Die Religionsgeschichte ist nicht von dem ständigen Kampf zwischen dem Glauben und dem Unglauben geprägt. Im großen
und ganzen herrschen im griechisch-römischen Reich der Kaiserzeit dieselben Verhältnisse wie in der hellenistischen Welt: Die

Gläubigen waren, wie durch die Archäologie und die Epigraphik ausführlich bezeugt, deutlich in der Überzahl. »Die meisten Menschen verehren die Götter«, schreibt Apuleius, »alle fürchten sie, und bloß einige wenige weigern sich, an sie zu glauben.« Nach der Aussage Lukians glauben »die griechischen Massen und sämtliche Barbaren« an die Götter, und die Ungläubigen belaufen sich nur auf eine Handvoll.²⁹⁰ Aber Quantitäten und Statistiken sind eigentlich unerheblich. Sinnvoller wäre, es den Linguisten nachzutun und zwischen »markierten« Formen (z. B. Konjunktiv) und »nicht-markierten« Formen (Indikativ) zu unterscheiden. Selbst bei den Gebildeten war der Glaube an die Götter nicht markiert, da er als selbstverständlich galt. Wenn etwas die Ausnahme bildete, so war es der demonstrative Unglaube; er war »markiert«, ihm fiel die Beweislast zu. Bei uns sind seit etwa 1860 die Verhältnisse umgekehrt (die Berufung auf Gott und die religiöse Wahrheit ist markiert, sie ist nicht mehr selbstverständlich und ist nur noch in Büchern oder Zeitungen, die sich expressis verbis zu ihrer konfessionellen Bindung bekennen, anzutreffen).

Daraus ergibt sich alles weitere. Während sich die führende Klasse, so wie es die Anstandsregeln geboten, in der Öffentlichkeit hinsichtlich des Glaubens und der Überzeugungen des Volkes religiös konform verhielt, schaute sie voller elitärer Herablassung auf solche naiven Ansichten, und über religiöse Fragen wurde in der Gesellschaft kaum gesprochen. Die Religion ist im Briefwechsel Ciceros kein Thema, außer wenn er sich mit einem Freund über die Frömmigkeit seiner Frau, die sich um den häuslichen Kult kümmert, lustig macht. In seinen öffentlichen Reden sind die Götter floskelhaft präsent. In seinen philosophischen Schriften wiederum bekennt er sich zur Gottheit im allgemeinen (was ihm nicht schwerfiel) und scherzt über alle Einzelheiten. Aber er war Augur und kam den Pflichten dieses ehrenvollen staatlichen Priesteramtes regelmäßig nach, obwohl er gleichzeitig schrieb, daß sich zwei Opferschauer das Lachen nicht verkneifen könnten, wenn sie einander begegneten. Darin bestand die Ernsthaftigkeit der römischen Senatoren sowie der griechischen und römischen Honoratioren: Man konnte die »Götter des Staates«, d. h. die der Allgemeinheit, die des Volkes, mit Skepsis betrachten, man konnte über sie witzeln oder sie zumindest mit einem Fragezeichen versehen, doch es wäre ungehörig gewesen, die staatlichen Kulte der Republik und der griechischen und römischen Bürgerschaften zu verspotten. Dem entspricht die ambivalente Einstellung des Pontifex Cotta in *De natura deorum*: Er achtet die Riten und hat zugleich seine Zweifel.

Betrachten wir die Akten der Arvalbrüder von 20 v. Chr. bis ins Jahr 304 n. Chr.: Indem man die Riten der Vorfahren jahrhundertelang ganz gewissenhaft befolgte, versuchte man sich zu beweisen, daß die traditionelle Gesellschaft noch immer existierte (wenn man mir den Vergleich gestattet: so wie eine moderne Aristokratie, die allen Widerständen zum Trotz an ihrem mondänen Leben und ihrem Jahresball festhält). Derselbe Ritualismus läßt sich auch in dem unter römischer Vorherrschaft stehenden griechischen Orient beobachten: Der Kult, geleitet und finanziert von den Würdenträgern der Städte, wurde mit Prozessionen, Opfern, Chören, prachtvoller Ausstattung usw. gefeiert und nahm immer pompösere Gestalt an. So gab es einen offiziellen Konformismus und zugleich eine elegante Form des Sich-Distanzierens. Für einen Skeptiker wie Cicero ließ sich diese unbehagliche Situation dadurch meistern, daß man ganz offiziell die religiösen Rituale einhielt und der Ehefrau die Verrichtung des häuslichen Kultes überließ. Varro, der nur an die echten Götter, nämlich an die der Philosophen, glaubte, bekannte sich trotzdem auch zu den Göttern seines römischen Staates. Er wollte das Volk dazu bringen, sie ebenfalls zu achten, da bestimmte Überzeugungen einen positiven Einfluß auf die moralische Erziehung ausüben.[291]

In seinen Briefen, in denen er sich als einen gebildeten Mann von Welt stilisiert, kommt Plinius der Jüngere nur dreimal auf die Götter zu sprechen: In seinem Bericht über die Pilgerstätte des Clitumnus lächelt er nicht ohne Rührung über die naive Frömmigkeit des Volkes. Andernorts teilt er uns mit, daß er in einer in der Nähe seiner Güter gelegenen kleinen Stadt, deren Schutzherr er ist, auf eigene Kosten einen Tempel errichten läßt. Außerdem sorgt er dafür, daß ein weiteres, auf seinen Ländereien gelegenes Heiligtum, an dem das Volk verschiedenen Lustbarkeiten nachging, wieder instand gesetzt wird.[292] Später werden die Großgrundbesitzer für ihre Bauern ländliche Kirchen auf ihren Domänen errichten lassen. Diese hochgestellten Persönlichkeiten stifteten dem Volk Heiligtümer, so wie sie auch Brot und Spiele finanzierten. Im übrigen mehrte die Bekleidung eines öffentlichen Priesteramtes die Würde eines jeden römischen Senators und eines jeden Griechen oder Römers von Rang.

Man kann davon ausgehen, daß, wie Lukan und Apuleius berichten, die meisten von ihnen zumindest einen gewissen Hang zur Religion hatten. Doch es ziemte sich nicht, von seinen religiösen Überzeugungen viel Aufhebens zu machen, da die Religion so wie heute auch ein heikles Thema war: Jemand, der Cicero und seine Schrift *De natura deorum* gelesen oder jemand, der einfach nur im Alter von zehn Jahren bei der Vergil-Lektüre mythologische Kenntnisse erworben hatte und wußte, daß er sich aufgrund seiner Bildung vom Volk abhob, fand es unter seiner intellektuellen Würde, einem naiven Glauben anzuhängen. Seit dem letzten Jahrhundert der Republik machte sich die römische Elite Gedanken über die Religion und betrieb eine philosophische Theologie.[293] Unter den Gebildeten, diesen *pepaideuménoi*, die ihre »klassischen« Studien absolviert hatten, gab es einige echte Atheisten, wie z. B. den Enzyklopädisten Plinius den Älteren. »Durch die Literatur entfernt man sich von der Religion und wendet sich von ihr ab«,[294] hatte Cicero gesagt. Er war sich des schon sehr lange anhaltenden Rückgangs des unkritischen Glaubens vollends bewußt.

Ein paar andere Leute hatten sich einer der Philosophenschulen angeschlossen und waren zumeist Deisten. Zwischen den Ungläubigen und den Deisten konnte es zu heißen Auseinandersetzungen kommen. Eine dieser Diskussionen ist auf die Nachwelt gekommen und erinnert an den Streit, den Bouvard und Pécuchet mit ihrem Pfarrer austrugen. Der Arzt Galen glaubte fest an die Vorsehung und die biologische Zweckbestimmtheit der Schöpfung. Seines Erachtens waren die Götter, diese himmlischen Körper, noch in höherem Maße zweckbestimmt als die aus Staub geformten Körper der Menschen. Nun traf er auf einen fanatischen Ungläubigen (vermutlich einen Epikureer), der ihm entgegenhielt, daß die Natur nicht perfekt sei: Sie hätte den Anus und die Harnröhre am Fuß anbringen sollen, was ästhetischer und bequemer wäre. Voller Entrüstung antwortete Galen, daß die Natur diese Körperteile wohlüberlegt so weit wie möglich von den Sinnesorganen entfernt habe.[295] Wir sollten allerdings die Folgen der Ungläubigkeit nicht überbewerten: Deisten und Atheisten hatten in etwa dieselbe Moral. Keine Überzeugung kann dem gesamten sozialen und geistigen Leben ihren Stempel aufdrücken. Da die praktizierte Moral eher einen gesellschaftlichen als einen religiösen Ursprung hat, verhalten sich Gläubige und Ungläubige fast identisch, nicht besser und auch nicht schlechter. Es sind vor allem die großen etwas hohlen Prinzipien, die miteinander in Konflikt geraten.

Viele der Gebildeten hatten ihre eigene Form des Glaubens: Sie stellten sich Fragen, sie hatten ihre Zweifel. Die Heiden erlebten die Religion als Problem, vermutlich so, wie es zahlreichen gebildeten Christen von heute mit den Dogmen und den heiligen Schriften ihrer Religion ergeht. Die einen konnten sich nicht zwischen der Vorsehung, der Fortuna und dem Fatum entscheiden. Andere fragten sich, wie die Götter, an die alle Welt glaubte – und diesem Glauben konnte man sich schwer entziehen –, wohl in Wahrheit beschaffen seien: An ihrer Existenz zweifelte außer den Epikureern (im üblichen Wortsinn) niemand, aber wie war ihr wirkliches Wesen? Mit der antiken Naivität war es endgültig vorbei. Seit den Vorsokratikern machten sich die griechischen Denker über den Anthropomorphismus lustig, interpretierten die Mythologie allegorisch und wünschten sich bisweilen eine Religion ohne Statuen und ohne Bilder.[296] Um das Jahr 150 vor unserer Zeitrechnung hatte ein kluger Kopf, Karneades, den Mut, seine Zweifel an der Existenz der Götter mit Argumenten zu belegen, und stellte hinterhältige Fragen: Wenn Zeus und Apollon existieren, warum dann nicht auch die Kentauren und andere Chimären? Was macht Apollon nachts mit seinem großen Bogen? Wie kommt es, daß die Götter keine Kinder mehr zeugen? Ein Gebildeter konnte sich doch die Götter nicht so vorstellen, wie sie von den Bildhauern und vom Volk gesehen wurden, er wollte sich ein glaubwürdigeres und erhabeneres Bild von ihnen machen können, aber welches? Unter diesen Umständen war der Deismus, der der Stoiker und aller Gebildeten, eine Notlösung: Und so war man, in Ermangelung einer besseren Alternative, eben Deist. Das Sicherste war noch, den Rat des komischen Dichters Philemon, der drei Jahrhunderte vor Cicero lebte, zu befolgen: »Glaube an die Götter, verehre sie, aber stelle dir ihretwegen keine unnützen Fragen, frage dich nicht, ob sie existieren oder nicht.«

Insgesamt gesehen standen die römischen Gebildeten ebenso wie ihre griechischen Lehrer mehrere Jahrhunderte vor ihnen vor dem Problem, den Paganismus zu »entmythologisieren« (was ihm, wie wir noch sehen werden, den Todesstoß versetzen wird), ohne aber die Riten aufzugeben. Einer der Erfolgsgründe des Christentums war die Tatsache, daß Jesus eine historische Persönlichkeit war, die zur Zeit der ersten Kaiser und nicht in der unglaubwürdigen Temporalität der Mythen gelebt hatte. Wenn nun die Heiden auch kaum mehr an den Mythos glaubten, hielten sie andererseits doch an allen möglichen Formen des Aberglaubens fest. Sie glaubten an »göttliche Menschen«, an Erscheinungen, an Exorzismen. Der Historiker Sueton wurde eines Tages durch einen prophetischen Traum in Angst und

Schrecken versetzt, Kaiser Hadrian war von Vorzeichen wie besessen.[297] Mark Aurel, ein überzeugter Stoiker, führt alle glücklichen Ereignisse und alle Verdienste seines Lebens auf die göttliche Vorsehung zurück. Doch seine etwas vage Religiosität beschränkt sich auf den Glauben an prophetische Träume und an besondere Vorfälle, die er allesamt für von den Göttern gesandte Zeichen (oder »Orakel«, wie er sie bezeichnet) hält.[298] Ein künftiger Provinzstatthalter sah am hellichten Tage, wie ihm der Genius der Provinz Afrika erschien. Im 2. Jahrhundert unserer Zeitrechnung war nicht weit von Milet ein beunruhigendes Phänomen zu beobachten: Die Erscheinungen von Göttern wurden immer häufiger. War dies ein gutes oder ein schlechtes Omen? Um das Jahr 221 sei, wie alle Zeugen versichern, am Unterlauf der Donau ein Dämon erschienen, der behauptete, Alexander der Große zu sein. Er habe zwei Provinzen durchquert, ohne daß sich ihm jemand in den Weg zu stellen wagte, und sei dann wieder verschwunden.[299]

Frömmigkeit und Keuschheit: die Priester und ihre Porträts

Aber neben den Abergläubischen, den Konformisten, den Zweiflern und den wenigen, die sich der Philosophie zugewandt hatten, gab es vielleicht auch den Typus des tief religiösen Menschen, der sich durch seine von allen anerkannte hohe Moral auszeichnete. Seine Frömmigkeit prägte seine Persönlichkeit und verlieh ihm eine moralische Kompetenz, die sich auch auf seinem Gesicht ablesen ließ. Einer von ihnen begegnet uns in einer Tirade Senecas, in der dieser darlegt, daß der Weise, wie ihn die Philosophen definieren, genauso sorgsam handelt, wie »ein gottesfürchtiger und gewissenhafter Mann über seiner Verläßlichkeit anvertrautes Gut wacht« (*religiosus homo sanctusque so-*

let tueri fidei commissa).[300] Wir würden uns über diesen Satz weniger wundern, wenn Seneca nicht von einem religiösen, sondern nur von einem rechtschaffenen Mann geredet hätte, der als
solcher mit dem ihm anvertrauten Gut ehrlich umgeht. Sein
homo religiosus muß sich also durch eine zusätzliche Qualität
auszeichnen, er muß ein besonderer Typus Mensch gewesen sein
und mehr Achtung als einfach nur rechtschaffene Menschen genossen haben. Meines Erachtens gab es folglich Männer, die sich
zur Frömmigkeit wie andere zur Philosophie bekannten und
dies durch ihre Kleidung zeigten. Es waren vermutlich Priester
privater Heiligtümer, aber auch einfache Männer, die sich durch
ihre einzigartige Frömmigkeit auszeichneten. Diese Frömmigkeit war mit einer Moralität verbunden, die mit Recht Vertrauen
einflößte. In diesem Typus Mensch, dem im Abendland eine
große Zukunft beschieden sein wird, bildeten die ethisch-soziale
Persönlichkeit zum einen und die »mystische« Persönlichkeit,
die mit der irdischen Welt nichts zu schaffen hat, zum anderen
eine harmonische Einheit und stützten sich gegenseitig.

Können wir also, nur weil uns einmal an einer Wegbiegung in
Rom *ein homo religiosus* begegnet ist, auf die Existenz eines
ganzen Typus schließen? Warum eigentlich nicht? Andere antike
Realitäten sind uns auch nur aufgrund eines einzigen Satzes bekannt. Es gibt übrigens noch einen zweiten *homo religiosus*. Er
entstammt der satirischen Feder des Astrologen Ptolemaeus
(Ptolemaios),[301] der die Frömmigkeit, ein würdevolles moralisches Verhalten und die Seelengröße mit einer gewissen Askese
in Zusammenhang bringt: Jemand, der im Zeichen des mit der
Venus verbündeten Saturn geboren ist, ist konservativ, wenig
gesellig, ein Feind des Schönen, starrköpfig und erfüllt sehr gewissenhaft seine religiösen Pflichten; er begeistert sich für die
Initiationsriten in die Mysterien, ist zugleich jedoch auch ernsthaft, gewissenhaft, reserviert, reflektiert, nachdenklich, selbstbe-
herrscht und ein verläßlicher und treuer Ehemann. Von nun an
besticht jemand, der im Vergleich zu seinen Mitmenschen über-

durchschnittlich fromm ist, auch durch seine hohe moralische Gesinnung. Schon der Hippolyt des Euripides ließ dieses *éthos* erahnen, doch sein Vater Theseus hält ihn in seiner zornigen Verblendung für einen scheinheiligen Orphiker: Bei Euripides ist Theseus als »Bourgeois« dargestellt, der auf das, was seine Fassungskraft übersteigt, mit Mißtrauen und Verärgerung reagiert.

Der sportbegeisterte Asket Hippolyt ist auch durch seine Zurückweisung der Aphrodite und durch seine emotionale Beziehung zur jungfräulichen Artemis bemerkenswert. Er verkörpert die Verbindung zwischen einer Religion (oder einer Philosophie) und der asketischen sexualfeindlichen Moral.[302] Warum wird auf die Askese so großer Wert gelegt? Ist es vielleicht deshalb, weil niemand zwei Herren gleichzeitig dienen kann, und weil, wie der heilige Franz von Sales sagt, »diejenigen, die von weltlichen Freuden trunken sind, zu geistlichen Freuden nicht fähig sind«?[303] Diese angebliche Unfähigkeit ist gar keine, und so manche literarische oder künstlerische Persönlichkeit hatte ein Intimleben, das weniger mustergültig war als ihr sehr reales geistliches Leben. Hier begegnet man wieder einer der wichtigen Formen der Ästhetisierung, auf die wir bereits im Zusammenhang mit Heidegger aufmerksam gemacht haben: Es geht um das Ideal einer fortschreitenden Vereinheitlichung des Ichs, das schließlich nur noch eine Idee verkörpert. Die Platoniker waren davon überzeugt, daß nur eine geläuterte Seele Zugang zur Wahrheit habe. Es bedurfte eines Descartes, um einen Paradigmenwechsel herbeizuführen: Nun war der Zugang zur Wahrheit allein von der richtigen »Methode« abhängig. Vor ihm war ein Denker kein Spezialist, der nur die Methode seines Fachgebietes beherrschen mußte: Denken war ein Lebensstil, der den Einsatz des gesamten Menschen erforderte, eine Art Priesteramt.[304] Die Athleten, die für Olympia trainierten, lebten ebenfalls abstinent. Der Denker mußte sich über die Welt der Sinne erheben und sich in sich selbst wie in einer Festung[305] einschließen. Vor dem 19. Jahrhundert war keiner der großen Philosophen verheiratet. Die Erklärung liegt auf der Hand: Die Sexualität ist die stärkste Kraft unter den animalischen Wesenszügen des Menschen. Wenn man auf sie verzichtet, wird man zu einem Typus Mensch, der menschlicher ist als der Rest der Menschheit, und man ist den Königen mit ihren Königinnen überlegen.

Daher waren die Priester, die im fortwährenden Kontakt mit der Heiligkeit standen, von denselben Prinzipien durchdrungen. Natürlich »waren die Priester Bürger wie alle anderen und keine Männer Gottes«.[306] Dennoch führte ein gewisser Valerius Flaccus, der um das Jahr 200 vor unserer Zeitrechnung lebte, in seiner Jugend ein ausschweifendes Dasein; um ihn von seinen Lastern abzubringen, ernannte man ihn zum Flamen und tatsächlich »wandte sich sein Sinn den Opfern und den Riten zu, er ließ sich von der Religion zur Genügsamkeit bekehren, und so, wie er vorher das Muster der Genußsucht gewesen war, wurde er nun zum Vorbild der Mäßigung und Tugendhaftigkeit«.[307] Das verdient Beachtung: Bei diesem Mann beginnt die Religion nicht erst da, wo man eine Beziehung mit den Göttern aufnimmt, sondern sie prägt seine gesamte Existenz. Trotzdem implizierte, wie John Scheid feststellt, »dieses vorbildliche Verhalten zwar den tief empfundenen Respekt vor den Riten, Verpflichtungen und Privilegien, die mit dem betroffenen Priesteramt verbunden waren, nicht aber die fromme Kontemplation des göttlichen Mysteriums.«

Auch noch an anderer Stelle kann man die Grenzen dieser Psychagogik beobachten: Keine der zahlreichen antiken Trostschriften (es handelte sich um eine weit verbreitete literarische Gattung) spricht davon, daß man bei den Göttern Zuflucht suchen solle – allerdings findet sich diese Vorstellung einmal in einem Verweis auf die dionysischen Mysterien.[308] Die Götter konnten nämlich der Menschheit insgesamt Gutes tun (dies war der Standpunkt der Stoiker), aber sie trösteten, wie bereits erwähnt, nicht jeden einzelnen Menschen. Andererseits hatten sie ihre besonderen Schützlinge in den nur Eingeweihten zugänglichen Mysterien, dieser Freimaurerei des Übernatürlichen.

Nicht alle staatlichen oder privaten Priester waren so wie der gerade genannte Valerius Flaccus. Es gab auch Schulmeister des Ritualismus und der heiligen Geheimnisse, die so wie der Euthyphron in Platons gleichnamigem Dialog von ihrem Wissen ganz durchdrungen waren. Es gab zudem den unvermeidlichen Fall des Phantasten, der seine materiellen Interessen dennoch nicht aus den Augen verlor. Der Gründer eines Heiligtums war im allgemeinen davon überzeugt, im Auftrag des Gottes zu handeln. Allerdings konnte er auch die Gewinne, die ihm sein Unternehmen einbringen würde, im Sinn haben, da ein bestimmter Teil der dargebrachten Opfer dem Priester zustand (der sie wiederum weiterverkaufte, so daß die Heiligtümer den Metzgereien Konkurrenz machten).[309] Hüten wir uns davor, das Ganze ins Lächerliche zu ziehen: wir haben es hier mit einem nur allzumenschlichen »Mixtum« zu tun, von dem oben bereits die Rede war. Denken wir lieber an den Ion des Euripides, diesen reinen, frommen Jüngling, der Racine als Vorbild diente für seinen Éliacin. Als Schatzmeister des delphischen Apollon lebt er nur für seinen Gott, ohne jemals den Bezirk des Gottes zu verlassen, »er führt dort ein Leben, das Respekt verdient.« Doch bleiben wir bei der Soziologie, und klammern wir uns nicht an Konventionen. In dieser Religion ohne festen Rahmen war ein Priester oder Tempelaufseher (*aedituus*) wegen seiner erhabenen Berufung etwas Besonderes, und er war, da er in keine Struktur eingebunden war, ein Außenseiter. Bei ihm konnte man also mit dem Besten und dem Schlimmsten rechnen, und es gab unter den Priestern sowohl Heilige als auch Scharlatane. Indem er ihn in seinem Schlafzimmer versteckte, rettete einer von ihnen den späteren Kaiser Domitian, dem man in Rom, das von den Anhängern des Vitellius besetzt war, auf die Spur gekommen war. Manche seiner Priesterkollegen jedoch vermieteten, da es zu jener Zeit keine

Hotels gab, die diesen Namen verdienten, ihr Zimmer an unverheiratete Paare, die nach einem Liebesnest Ausschau hielten.[310]

Letztlich war man sich einig, daß der ideale Priester kein Mensch wie jeder andere war und daß er von der Heiligkeit seiner Mission durchdrungen sein mußte. Dies läßt sich auch in der Porträtkunst seit der Zeit des Hellenismus eindeutig nachweisen. Wie man weiß, zeigt etwa bis in die Regierungszeit Mark Aurels das griechisch-römische Porträt glatte und faltenlose Gesichter, einen mehr oder weniger stark ausgeprägten Realismus und würdevolle Physiognomien, die sich ihrer Würde aber so sicher sind, daß sie diese äußerlich kaum zum Ausdruck bringen müssen. Die Mienen sind ruhig, heiter, natürlich: Honoratioren, Senatoren und oft sogar Kaiser begnügen sich damit, ihre Präsenz zu demonstrieren und verzichten auf ein weiteres Zeichen der äußeren Autorität oder der Rechtfertigung durch das innere Erleben. Karl Marx' Definition des Bourgeois hätte auch auf sie gepaßt: nämlich, daß sie sich für universale Menschen hielten, Menschen ohne Eigenschaften. Doch von dieser Universalität ausgenommen sind einige, die, zu Höherem berufen, allgemein hohen Respekt genießen: Weise, Philosophen, Dichter, hervorragende Redner und gewisse Kaiser, die die Physiognomie und die verschiedenen Attribute ihrer ranghohen Stellung zur Schau tragen. Natürlich gehören auch die Priester in diese Liste der Ausnahmeerscheinungen. Die Mienen, die ihnen die Bildhauer geben, deuten immer auf ein inneres Gesammeltsein und auf eine mit dem Priesteramt verbundene Anspannung, die der Angst nahe kommt.

Aus einem Aphrodite-Heiligtum auf Zypern stammt das Porträt einer Frau,[311] das eine solch nüchterne Angespanntheit und einen solchen Charme zum Ausdruck bringt, daß man geneigt ist, seine Wirkung als »elektrisierend« zu bezeichnen. Ein etwas unpassendes Wort, gewiß, das man auch nur im Zusammenhang mit einem Werk aus der Blütezeit des Hellenismus verwenden kann. Das schöne Modell trägt die Züge der Aphrodite, und dennoch ist das Gesicht mit den nachdenklich blickenden Augen und den gequält zusammengepressten wohlgeformten Lippen von Sorge gezeichnet. Kann hier, was für diese Epoche allerdings unwahrscheinlich wäre, irgendeine bekümmerte Frau dargestellt sein? Nein, denn die Frau trägt den Kopfschmuck einer Priesterin, und daher hat die Besorgnis, von der ihr Gesicht

Aphrodite-Priesterin aus Arsos auf Zypern.
3. Jh. v. Chr., Nikosia.

Hierophant aus Eleusis.
3. Jh. n. Chr.

gezeichnet ist, mit ihrem heiligen Amt zu tun. Im Museum von Piräus gibt es den (zuvor im Museum von Athen ausgestellten) Kopf eines Priesters.[312] Er trägt einen Myrtenkranz, die Gesichtszüge sind ausgemergelt, die Augenbrauen gerunzelt. Zwischen seiner Nase und seinen zusammengepreßten Lippen haben sich tiefe Falten eingegraben, die von den Schauspielern als

»Ausdrucksfalten« bezeichnet werden. Dieses introvertierte Gesicht bringt nicht, wie man gemeinhin behauptet, »die Ängste seiner Zeit« zum Ausdruck, sondern zeigt, daß der Priester sein Amt internalisiert hat.

Die Priester, die ihre Amtspflichten erfüllt hatten, waren befugt, der Gottheit, der sie treu gedient hatten, in deren Heiligtum ihre eigene »Ehrenstatue« zu weihen. Die Künstler zeigten den Priester stets mit der in sich versunkenen Miene, die während der Durchführung der Riten an ihm zu beobachten war. Auch auf einigen der zahlreichen römischen Flachreliefs, die eine Opferszene darstellen, haben die Offizianten diesen Gesichtsausdruck.[313] Zuvor hatte der Priester mit den Worten *favete linguis* alle Anwesenden aufgefordert, sich innerlich zu sammeln und zu schweigen.

Diese Versunkenheit und Konzentration, die sich an den Augen, an dem Mund und den Nasalfalten ablesen lassen, sind zudem bei vielen kaiserzeitlichen Priesterporträts zu beobachten (aber, wie wir noch sehen werden, nicht nur bei ihnen). Im Museum von Eleusis gibt es einen Hierophanten mit einem Diadem,[314] der dem bekannten physiognomischen Schema entspricht. Er zeigt einen »tiefen Blick in die Abgründe des Inneren«, schreibt Ernst Buschor.[315] Man könnte noch sehr viele andere Beispiele[316] von Priestern mit einem Priesterkranz anführen, dessen zentrales Medaillon auf der Stirn das Bild ihres Gottes trägt (dabei handelt es sich, wie man lange geglaubt hat, keineswegs nur um einen vergöttlichten Kaiser[317]).

Beschränken wir uns hier auf ein Exemplar höchster Qualität, den sogenannten Gordian des Museums Bardo in Tunis,[318] ein Werk des 3. Jahrhunderts, das man, um den wenig positiven Begriff »expressionistisch« zu vermeiden, als ausdrucksstark bezeichnen könnte: Unter dem mit einem Medaillon geschmückten Kranz zeigt sich das faltige, vom Alter gezeichnete Gesicht eines Greises; dieses ausgemergelte, fast fleischlose Gesicht ist durch eine geistige Anspannung geprägt, die, wie wir

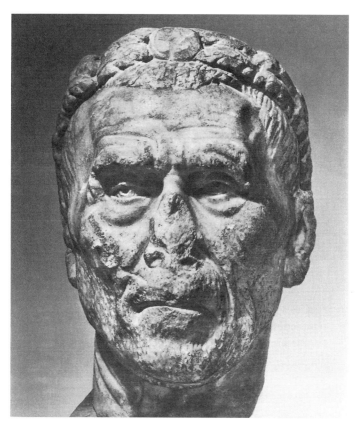

Sog. Gordian.
3. Jh. n. Chr., Tunis, Museum Bardo.

wissen, frommen Ursprungs ist. Anfänglich, in der Zeit des Hellenismus, ließen sich die alexandrinischen Künstler bei diesen Priester-Physiognomien wahrscheinlich von der ägyptischen Bildersprache inspirieren,[319] in der seit langem nicht nur die Priester mit konzentriertem Gesichtsausdruck und tiefen Nasalfalten dargestellt wurden.[320] Beispiele dafür waren auch nach Europa gekommen, so etwa das Porträt eines Isis-Priesters in Athen.[321]

Doch gegen Ende des 2. Jahrhunderts tritt eine aufschlußreiche Veränderung ein, auf die wir noch zurückkommen werden: Diese verinnerlichten Physiognomien sind nicht mehr auf die Priester beschränkt, sondern sind in der griechisch-römischen Porträtkunst nun bei Verstorbenen jedweden Standes zu beobachten. Die Nasalfalten werden zu einem schablonenhaften Merkmal, das gelegentlich auch bei Frauen zu sehen ist.[322] Die Zeiten haben sich geändert, der Mensch ist sich seiner rechtmäßigen Überlegenheit nicht mehr absolut sicher, er besitzt jetzt ein Innenleben und hat ein neues Ichbewußtsein; aus diesem gewissenhaft gehüteten inneren Reichtum bezieht er von nun an seine Existenzberechtigung. Wenden wir uns noch einmal den Priester-Porträts zu, die seit langem denselben inneren Reichtum in ihrem Gesicht zum Ausdruck brachten: Es waren ganz offenkundig Menschen, die in sich selbst versunken waren und nicht auf ihre Schäfchen schauten. Im Paganismus war das Prinzip der Autorität (gäbe sie sich auch noch so liebe- oder salbungsvoll) unbekannt, diese Autorität, die die Bischöfe in den zahlreichen Medaillons der christlichen Mosaiken am Ende der Antike zur Schau tragen. Das Idealbild der heidnischen Priester war nicht das eines geistlichen Führers.

Die Frömmigkeit des Volkes

Kehren wir nun zurück zur Religion der breiten Masse, zu den banalen Realitäten, und betrachten wir die Texte, die uns über die gängigen Formen der Religiosität in der Hohen Kaiserzeit informieren. Es geht nur um Details, aber nach unserer Überzeugung sind es gerade diese einzelnen Verhaltensweisen, die über das Wesen einer Religion Auskunft geben. 500 Jahre nach dem Tod des Euripides, im Zeitalter der Antoninen, wurde im römischen Afrika ein Gottloser wie folgt beschrieben: »Er hat noch nie einem Gott Bitt- oder Dankgebete dargebracht, er hat noch nie einen Tempel aufgesucht, und sollte er an einem Heiligtum vorbeikommen, würde er es für einen Frevel halten, zum Zeichen der Anbetung die Hand zu den Lippen zu führen. Ein solcher Mann opfert den Göttern der Ländereien, die ihn nähren und kleiden, auch niemals die Erstlinge seiner Felder, seiner Weinberge oder seiner Herde. Auf seinem Landgut gibt es weder ein Heiligtum noch einen geweihten Ort oder Hain.«[323] Dies ist die Negativliste der frommen Praktiken eines normalen Römers oder zumindest (denn wir neigen ja alle zur Nachlässigkeit) der Praktiken, die von einem Durchschnittsrömer mehr oder weniger erwartet wurden. Sechs Jahrhunderte früher brachte auch der Grieche Xenophon diese Art von Dankopfern dar, die auf Lateinisch *supplicationes* heißen. Er hatte ein Artemis-Heiligtum auf seinem Gut in Skillos errichten lassen und spendete einen Zehnten seiner Erträge der Göttin.[324] Manchmal entwickelte man auch für eine gewisse Zeit eine besondere Leidenschaft für einen ganz bestimmten Gott. So besuchte der Kaiser Augustus eine Zeitlang immer wieder den Tempel des Jupiter Tonans.[325]

An anderer Stelle erfahren wir von Römern, die »die Götterbilder verehren, auf Knien zu ihnen beten, sich vor ihnen niederwerfen [*adorant*], einen ganzen Tag vor ihnen sitzen oder stehen und ihnen ein Geldstück opfern.«[326] Bei manchen dieser Praktiken könnte es sich um Routineübungen handeln, die, wie Porphyrios sagt, »gedankenlos« vollzogen wurden. Doch wenn man lange an einem Götterbild sitzt oder den Tempel eines besonders verehrten Gottes aufsucht,[327] ist dies ein Zeichen dafür, daß man diese Gottheit liebt. »Die frommen Wandersleute«, schreibt Apuleius, »pflegen, wenn sie der Weg an einem heiligen Hain oder einer heiligen Örtlichkeit vorbeiführt, einen Wunsch zu äußern, etwas Obst zu spenden und sich ein Weilchen hinzu-

setzen.«[328] In diesen Erholungspausen fand man den Trost, die
seelische Stärkung und innere Ruhe, um die es gläubigen Menschen auch heute geht, wenn sie in eine Kirche, die an ihrem
Weg liegt, eintreten. An einer berühmten Stelle kritisiert Seneca
einige arme Leute, die vor dem Tempel des kapitolinischen Jupiter in Szene setzen, wie sie den Gott massieren, Juno frisieren
und ihr einen Spiegel präsentieren; ein alter Schauspieler führt
vor dem Tempel jeden Tag ein Theaterstück auf, um den Gott
zu erfreuen.[329] Dies wird eines ferneren Tages auch Thema eines
mittelalterlichen Meisterwerks sein, des Gedichts *Del Tumbeor
Nostre Dame* (»Der Tänzer Unserer Lieben Frau«). Diese armen Leute, diese Sklaven opfern den Göttern das, was sie haben, nämlich ihren Tageslohn. Angesichts eines solchen Vertrau-
ensverhältnisses zwischen dem Gläubigen und seinem Gott
möchte man durchaus glauben, daß Properz eine wahre oder
vielmehr wahrscheinliche Begebenheit beschreibt: Wenn seine
fiktive Geliebte, die Plebejerin Cynthia, von einer lebensgefähr-
lichen Krankheit genesen ist, »wird [sie] dir zu Füßen sitzen
und mit gottesdienstlichen Verrichtungen beschäftigt sein, und
während des Sitzens wird sie dir von ihren langwährenden Gefahren berichten.«[330] Auf diese Weise schüttet auch eine Neapo-
litanerin der Madonna ihr Herz aus. Hier, im Dialog mit der er-
lösung- oder trostbringenden Gottheit, zeigt sich die Frömmigkeit in ihrem eigentlichen Sinn. Man würde Properz leichter
glauben, wenn Cynthia nicht Jupiter, sondern der Göttin Isis
von ihrem Unglück berichten würde, von der es heißt, daß sie
»die süße Zärtlichkeit einer Mutter [...] den Armen in ihrem
Leid«[331] zukommen läßt. (Auf die Funktion der orientalischen
Religionen in der griechisch-römischen Welt wollen wir hier jedoch nicht weiter eingehen.)

　　Jene exotischen Exzesse, mit denen man sich in Szene setzte
und die eines freien Mannes und des starken Geschlechtes unwürdig waren, riefen bei den rational eingestellten Menschen ein
gerührtes oder amüsiertes Lächeln hervor.[332] Aber es waren alles

Augenblicke oder Gesten, die einen den banalen Alltag vergessen und die Nähe zur Gottheit spüren ließen, ohne daß damit die Erfordernisse des täglichen Lebens in ihrer Bedeutung geschmälert wurden.

Der späte Paganismus

Je mehr wir uns dem 3. Jahrhundert unserer Zeitrechnung nähern, desto deutlicher können wir feststellen, daß die geistige Elite ihre Religiosität auf ganz unterschiedlichen Niveaus weiterentwickelt und auch vor den demütigsten Praktiken der Frömmigkeit nicht mehr zurückscheut. Als Fronto, der gerade auf dem Lande weilt, von der Genesung des Lucius Verus erfährt, begibt er sich, wie er schreibt, »in die Kapellen, kniet vor allen Altären nieder, besucht sämtliche heiligen Haine und bezeugt allen heiligen Bäumen seine Verehrung«.

Gegen Ende des 2. Jahrhunderts der Kaiserzeit beginnt in der Tat eine neue Ära der Religion, auf die wir aber nicht weiter eingehen werden. In seinem altbewährten Buch *Religion romaine d'Auguste aux Antonins* zeigt Gaston Boissier, worin diese Veränderung bestand: Während die kultivierte und selbstbewußte Aristokratie zu Zeiten Ciceros die traditionelle Religion nur mit einem überlegenen Lächeln betrachtete oder ihr gegenüber einen oberflächlichen Konformismus an den Tag legte, begegnet die neue geistige Elite im Zeitalter Mark Aurels der Religion mit leidenschaftlichem Interesse und intellektueller Demut. In der guten Gesellschaft ist die Religion nun Gegenstand von Gesprächen und Diskussionen, man bekennt sich zu ihr: Der innere Reichtum bestätigt die persönliche Größe der Mitglieder der Oberschicht und der Regierenden. Davon zeugt auch der seit der Regierungszeit Mark Aurels zu beobachtende Wandel. Von dieser Zeit an spiegelt der neue Porträtstil das Ideal eines beson-

nenen und ernsthaften Individuums. Auch die Kaiser waren zu
umsichtigen, gewissenhaften, verantwortlichen und inspirierten
Führern geworden.

Unsere Untersuchung erstreckt sich bis zum Ende des Jahrhunderts der Antoninen, als der mittlere Platonismus und das
sich ausbreitende Christentum die geistige Landschaft veränder-
ten. Doch wir sollten noch ein wenig bei Aelius Aristides[333] verweilen und bei den Beziehungen zwischen ihm und seinem
Heilgott Asklepios. Aristides erscheint uns, schreibt Laurent
Pernod,[334] immer weniger als größenwahnsinniger Redner, sondern läßt uns wie unter einem Vergrößerungsglas einige Merkmale der neuen Frömmigkeit erkennen. Wir haben oben gesagt,
daß den Heiden, maßvoll wie sie waren, der menschliche Typus
des Frömmigkeitsvirtuosen fremd gewesen sei und daß ihre Liebe zu den Göttern keine übertriebenen Formen angenommen
habe. In diesen beiden Punkten schickt sich Aristides nun an,
uns Lügen zu strafen: Dieser Hypochonder ist auf seine Weise
ein heidnischer Heiliger (so wie später Julian[335]), der zu Asklepios ein sehr persönliches und inbrünstiges Verhältnis pflegt. Er
erzählt uns seine Autobiographie und die Einzelheiten seiner
Krankheiten nur, um die Größe und die Macht des Gottes, der
ihn beschützt und heilt, zu verherrlichen.[336]

Diese letzte Blütezeit des Paganismus neigt sich, zumindest in
den gehobenen Kreisen, ihrem Ende zu. Der Neuplatonismus
der letzten Heiden gründet sich nämlich auf eine Glaubensform,
die uns hier zum ersten Mal begegnet: »Man hat Überzeugungen« – und das ist symptomatisch: Konnte man denn einer Lehre von Gebildeten blind Glauben schenken? Diese Frage stellte
sich bereits hinsichtlich der Astralreligion (dieser Religion der
Intellektuellen, wie sie von Pierre Aubenque genannt wird),
nach der seit Platon die Sterne als Gottheiten betrachtet wurden.
Für den Neuplatonismus und für Kaiser Julian (wie bereits für
Plutarch) ist die Frömmigkeit das höchste Gut der Seele und der
Grund dafür, daß man die Götter »ständig aufsucht«.[337] Doch

lassen wir nun einmal die großen *Homerischen Hymnen*, die über 1000 Jahre jüngeren *Hymnen* des Neuplatonikers Proklos oder die Reden Revue passieren, die Julian, der selbsternannte Lehrer des Paganismus, zum Lob der Göttermutter oder des Gottes Sol, des großen Vermittlers, gehalten hat. Der Bericht von Heldentaten, Gunstbeweisen oder Irrwegen einer Gottheit in den *Homerischen Hymnen* verherrlichte die Persönlichkeit des Gottes und rief in den Zuhörern ein Moment der Begeisterung hervor. In seinen Reden mit ihrer fieberhaften Anhäufung von diffusen Theologemen kultiviert Julian seine eigenen Emotionen und facht das Feuer seiner Leidenschaft weiter an. Hier zeigte sich eine neue Form der Frömmigkeit. Dabei wurde ein Leben im Zustand der Begeisterung als Selbstzweck angestrebt. Auch bei Plotin, für den die Beziehung des Menschen zu dem *Einen* zwar einseitig ist, kommt die Frömmigkeit dennoch aus der Tiefe der Seele, liefert die Individualität dem Absoluten schutzlos aus und vollzieht sich »von Einem zu Einem«, *mónos pros mónon*. Das ist die große Neuerung: Die Frömmigkeit ist in asketische, spirituelle und manchmal sogar mystische[338] Dimensionen vorgedrungen. Denn wenn ich richtig sehe, sind Aelius Aristides[339] und später Plotin die ersten Heiden, die von ekstatischen Erfahrungen berichten.

Wenn man diese Spiritualität mit den Überzeugungen der letzten Paganen vergleicht, ist das Bild eher enttäuschend. Die Neuplatoniker und die letzten gebildeten Heiden verweigerten sich jedem Fortschritt und reagierten nur noch: Sie wappneten sich gegen Eindringlinge. Indem sie die Götter auf abstruse Weise interpretierten (Merkur ist nicht mehr der Gott der Redner und Kaufleute, sondern der Verursacher von Gemütsregungen), konnten sie den Polytheismus, den Anthropomorphismus und die Mythologie wieder für sich reklamieren, all die Elemente, die es den Gebildeten seit Jahrhunderten schwermachten, an den Paganismus zu glauben. Sie werden sich nach vergessenen Gottheiten und merkwürdigen Riten[340] umschauen und greifen auch wieder zur Opferschau. Sie sind entschlossen, an alle Götter zu glauben und noch an etwas mehr. Einmal wollte der Rhetor Libanios mit dem Schiff nach Athen zurückkehren, um dort seine Vorlesungen zu halten. Doch da das Meer zu bewegt war, betete er zu den 50 Nereïden und deren Vater, woraufhin das Wetter wieder schön wurde.[341] Nereus und seine Töchter hatten jedoch niemals zu den Göttern gezählt und waren auch niemals kultisch verehrt worden. Sie waren fiktive Gestalten der Fabel und des üblichen Seemannsgarns.

Aufgrund der menschlichen Mittelmäßigkeit war der »historische« Konflikt zwischen Heiden und Christen in der Mehrzahl der Fälle niemals größer als der zwischen einer Mittelinks- und einer Mitterechtspartei. Hingegen war die Gruppe der überzeugten Heiden, die eines Julian und eines Libanios, wegen ihres doktrinären und voluntaristischen Charakters extremistisch und reagierte lediglich auf Bedrohungen von außen. Statt einfach nur man selbst zu sein, blieb man seinen Überzeugungen treu. Dies läßt sich von den christlichen Texten der damaligen Zeit nicht behaupten: Die christlichen Extremisten agierten spontan, waren dann aber von ihren internen Streitigkeiten zu sehr in Anspruch genommen, um entschlossen nach außen zu treten. Mit dem ausgehenden Paganismus war es so wie mit der gesprungenen Vase, von der ein Dichter sagt: »Nicht berühren, sie ist beschädigt.«

Exkurs: Die Religiosität (das religiöse Empfinden) – eine »virtuelle Partei« der Mehrheit

Darf ich in diesem Zusammenhang noch eine zweite und letzte Zwischenbemerkung einschieben? Wenn man Gläubigkeit und Unglauben in irgendeinem Jahrhundert untersucht, dann lehrt die Erfahrung, daß in den einzelnen Epochen die Verteilung der

Frequenzen und Intensitäten in etwa gleich bleibt. Trotz der ansonsten beträchtlichen Unterschiede zeigt sich bei der statistischen Verteilung zugunsten der einen oder anderen Seite kaum eine Veränderung.

Vielleicht in stärkerem Maße als andere soziale Fakten ist die Religiosität weder ein individuelles noch ein soziales Phänomen. Es handelt sich weder um einen kollektiven *habitus* noch um eine zufallsbedingte individuelle Variable. Vielmehr ist es so, daß sich die Bevölkerung in ungleicher Weise auf zwei »virtuelle Parteien« verteilt. Die Religiosität ist ebenso wie die Musikalität nicht allen Menschen gegeben (andererseits haben viele durchaus ein religiöses Empfinden, wenn es auch nur schwach ausgeprägt sein mag). Für eine dieser Parteien ist die Religion je nach Epoche eine fest verankerte Tradition, der man möglicherweise nur mit einem positiven Vorurteil und passiver Zustimmung begegnet. Für die andere Partei hingegen ist sie gleichgültig, fremd und bisweilen auch verhaßt. Dies ist eine weitere Konstante: Selbst in sogenannten Epochen des Glaubens gibt es eine religiöse Indifferenz, ja sogar eine feindliche Ablehnung der Religion, Einstellungen, die oft wortlos oder unbewußt bleiben, sich aber durch Nuancen im Verhalten verraten.[342]

Von entscheidender Bedeutung ist die Tatsache, daß die »virtuelle Partei«, die der Religion mehr oder weniger wohlwollend gegenübersteht, vermutlich immer die Mehrheit stellt. Allein dies könnte schon erklären, weshalb die Religionen in fast allen Gesellschaften eine so große Rolle spielen. Selbst in unserer Zeit genießt die Religion im Abendland weiterhin große Sympathien,[343] und dies sogar dort, wo immer weniger Menschen ihren Glauben praktizieren und wo viele tage- oder gar jahrelang überhaupt nicht an die Religion denken. Mir ist bewußt, daß die wahrhaft Frommen zu allen Zeiten genauso selten sind wie die wirklich musikalischen Menschen und daß in den sogenannten Epochen des Glaubens die Frömmigkeit für die Mehrheit nur in der Achtung der Tradition besteht oder einem gewissen Pflicht-

gefühl unterliegt.[344] Doch selbst heutzutage verbirgt sich hinter
der religiösen Indifferenz oftmals eine positive Einstellung: Man
begegnet der Religion mit Respekt, Wohlwollen, Zuneigung und
einer grundsätzlichen Sympathie, und sie weckt zumindest Interesse und Neugier: Man eilt an den Stadtrand von Paris, um
den Papst zu sehen und zu hören. Man erklärt, selbst nicht religiös zu sein, vermeidet es aber, sich als ungläubig zu bezeichnen
und eine allzu schroffe Sprache zu führen, die den anderen in
seinem Innersten verletzen könnte. In politischen Fragen wäre
man weniger zurückhaltend.

Diese positive Voreingenommenheit hängt mit einer Besonderheit zusammen, die nicht nur den Religionen zugute kommt:
Wir lassen uns von (z. B. religiösen, kulturellen oder ethischen)
Werten beeindrucken, auch wenn wir sie nur erahnen und von
ferne wahrnehmen. Wenn diese Werte sprechen, gibt es, um
Bergson zu zitieren, »im Innersten der meisten Menschen etwas,
das ein unmerkliches Echo hervorruft«, das vage, aber sehr spezifische Gefühl einer »ganz anderen« Realität. Nein, wir sollten
auch nicht spöttisch lächeln, wenn sich ungebildete Touristen
durch Bildergalerien führen lassen. Selbst wenn es ihnen nicht
beschieden ist, eines Tages alles zu entdecken, werden sie etwas
gespürt haben, und dieses Gespür geht über die Erfahrung hinaus, einmal dem Einfluß der »herrschenden Kultur« ausgesetzt
gewesen zu sein.

Die Religiosität ist nicht universal, sie ist weder ein anthropo-
logisches Merkmal noch der *habitus* eines historisch-sozialen
Augenblicks, sondern sie ist majoritär. Warum sollte man sich
nicht mit dieser empirischen Feststellung begnügen, die die Alternative »Individuum oder Gesellschaft« vermeidet? Die Existenz »virtueller Parteien« könnte also ungeklärte soziale Gegebenheiten erhellen; jenseits eines holistischen Soziologismus und
jenseits einer zufälligen Freiheit ist, wie Quételet und Merleau-
Ponty betonen, die statistische Wahrscheinlichkeit eine Realität.[345] Aufgrund einer der Spezies eigenen Disposition sind man-

che individuellen Merkmale weiter verbreitet als andere (auch wenn sie je nach Epoche variieren können). Unter den verschiedenen *habitus* eines historisch-sozialen Augenblicks ist die Gemeinschaft infolge der Verschiedenheit der Individuen und ihrer statistischen Wahrscheinlichkeit in »virtuelle Parteien« aufgeteilt, von denen sich jede in der gesamten Gesellschaft durchsetzen möchte.[346] Man kann davon ausgehen, daß in der Antike die Menschen, denen es beim Gedanken an die Götter warm (und etwas ängstlich) ums Herz wurde, zahlreicher waren als die, die nichts empfanden. In anderen Epochen beschränkt sich die positive Einstellung auf die Achtung der Religion und auf das Gefühl, daß es irgendetwas »anderes« und Erhabenes geben müsse. Diese vagen, aber von den meisten Menschen empfundenen Gefühle reichen aus, um beträchtliche historische Auswirkungen zu zeitigen, dann nämlich, wenn die religiöse »Partei« sich in der ganzen Gesellschaft durchsetzen kann, wie es bis in die jüngste Zeit immer wieder der Fall war. Was die individuelle Wahl angeht: ihre Motive sind in der unzugänglichen »Black Box«, von der die Psychologen reden, verborgen. Die Anhänger des Augustinus und die Calvinisten haben dem mit der Prädestinationslehre auf ihre Weise Rechnung getragen.

So besteht die Realität aus »virtuellen Parteien«, es gibt eine größtenteils positive Einstellung gegenüber der Religion, die aber nicht besonders intensiv zum Tragen kommt. Während bei den meisten Menschen eine vage Religiosität vorhanden ist, ist sie nur bei einer Minderheit stark ausgeprägt. Natürlich gibt es Heilige, glühende Eiferer, Mystiker und bewundernswerte religiöse Texte, doch die Frömmigkeit der Majorität läßt sich durch diese Extreme nicht erklären, so wie auch die Produktion von Tausenden von Romanen nicht auf die Liebe zur hohen Literatur zurückgeführt werden kann. Selbst in einer Bevölkerung, die die Religion weiterhin mehrheitlich praktiziert, achten die meisten Gläubigen die Riten nur aus Pflichtgefühl, wie Scheid erklärt,[347] möglicherweise nicht ohne sich ein wenig zu langweilen.

Dennoch können diese identitätsstiftenden Gepflogenheiten auf
eine nicht weiter erklärbare Weise fest in ihnen verwurzelt sein.
Die Wirkmächtigkeit eines Gefühls entspricht nicht der erlebten
Intensität, wie eine Illusion à la Madame Bovary es uns glauben
machen möchte. Man kann seine Religion für wichtig halten
und sogar für sie in den Tod gehen, ohne sehr religiös zu sein.[348]
Die Werte mögen in den Herzen noch so hohe Flammen schlagen, abzulesen sind sie doch eher am Verhalten.

Fazit: Wenn man die Glanzpunkte, die herausragenden Son-
derfälle, außer acht läßt und sich auf die großen Massenauswir-
kungen beschränkt, könnte sich eine Religionssoziologie an
zwei Prinzipien von entgegengesetzter Qualität orientieren, dem
Konformismus und der religiösen Sensibilität. Erstens: Jede
Gruppe hat ihre identitätsstiftenden Gepflogenheiten, die von
den meisten ihrer Mitglieder respektiert werden; sie praktizieren
die Religion genauso wie sie sich auch an die anderen Sitten halten. Zweitens: Man ist für bestimmte Werte empfänglich, die
man jedoch nur dunkel erahnt und nicht zur Maxime des Han-
delns erhebt; dies reicht aus, um einer »virtuellen Partei« anzu-
gehören und derjenigen Partei zur Mehrheit zu verhelfen, die
der Religion gegenüber eher positiv eingestellt ist.

Gab es eine Religiosität der Stoa?

Es könnte so scheinen, als seien in der Stoa Moral und Religion
eine besonders enge Verbindung eingegangen. Zumindest waren sie hier auf eine dritte und neuartige Weise miteinander verknüpft: Die Moral hatte ihren Ursprung in einem von der Vorsehung bestimmten Kosmos. Die Stoiker verkündeten, daß die
Realität geordnet und gewissen Regeln unterworfen sei. Wie
Epiktet galant bemerkt,[349] sei es nicht rechtens, einem anderen
die Frau wegzunehmen; wenn bei einem gut organisierten Ban-

kett jedem Gast ein bestimmter Anteil an den Speisen zustehe, dürfe man sich auch nicht an der Portion seines Nachbarn vergreifen. Der höchste Gott hatte den Kosmos geschaffen und die Menschen darauf vorbereitet, die Rollen, die ihnen innerhalb dieser Ordnung zugewiesen waren, zu erfüllen. Es lag im eigenen Interesse, diese Regeln zu befolgen, nicht infolge eines kategorischen Imperativs, sondern im Sinne des Eudämonismus: Nach stoischer Auffassung war nämlich derjenige glückselig, der allen seinen Pflichten nachgekommen war. Ein etwas banaler Vergleich mag dies verdeutlichen: Der Kosmos ist wie eine gut organisierte Stadt, in der manche Straßen von umsichtigen Behörden zu Einbahnstraßen deklariert worden sind. Für einen guten Bürger der kosmischen Stadt, der »Stadt des Zeus«, ist es selbstverständlich, diese Regelung zu respektieren. Er wird »glücklich« sein, wenn er, auch wenn es ihm Mühe macht, die Aufgaben (oder »Pflichten«) erfüllt, die zur Aufrechterhaltung dieser göttlichen Ordnung beitragen. Eine solche Sicht der Welt kann die zahlreichen Leser ansprechen, die sich für die Ethik begeistern können, doch wenn man vage Vorstellungen ablehnt, sind ethische und religiöse Interessen zwei verschiedene Dinge.

Es wäre ein müßiger Streit um Worte, wenn man sagte, daß das Wort »Religion« in einem engen Sinn verstanden werden müsse, oder wenn man im Gegenteil festsetzen würde, daß mit »Religion« jedes leidenschaftliche Gefühl für etwas Nicht-Prosaisches – Moral, Kultur, Poesie, Geschichte usw. – bezeichnet werden könne. Je nach der Bedeutung, die man mit diesem Begriff verbindet, ist Spinoza ein entschiedener Pantheist, Naturalist und Atheist, ein übersteigerter Deist oder ein mystischer Monotheist. Mit seinem unveränderlichen und unpersönlichen Kosmos ist Plotin gewiß ein Mystiker,[350] aber ist er auch ein *homo religiosus* im eigentlichen Sinne? Ist es Religion, mit den Stoikern zu glauben, daß eine Ordnung, Wirklichkeit und Imperativ zugleich, existiert und daß unser höchstes Gut darin besteht, sich dieser Ordnung quasi pflichtgemäß zu fügen?[351] Ist es Religion, wenn man eine Art Patentrezept für das »Glück« befolgt und sich gleichsam einer Fatalität unterwirft, gegen die man sich nicht wehren kann? Wir wollen das Wort »Religion« hier in einem sehr engen Sinn verstehen, um Nuancen zu unterscheiden, denen der Leser dann selbst einen Namen geben kann.

Die Stoiker, so können wir nun sagen, sind voller Inbrunst und Achtung, sie haben ein inneres Erleben, sind asketisch und mögen sich noch durch vieles andere mehr auszeichnen, aber diese pantheistischen Rationalisten haben keinen Sinn für die Heiligkeit und übrigens auch nicht für das Göttliche. Ihre Götter sind Naturelemente (aber trotzdem denkende Wesen): Neptun ist das Wasser, und der größte Gott, von ihnen oft Zeus genannt, ist das Feuer, dessen Denk- und Schöpferkraft den Kosmos ordnet; dieses schöpferische Feuer entspricht in etwa dem großen Uhrmacher Voltaires, oder besser gesagt, es ist nichts anderes als die Weltseele und das Gute in Personalunion. In der Stoa, schreibt Simmel, gibt es das menschlich widersprüchliche Verlangen, »in den göttlichen Weltplan einbezogen zu sein und aus dessen Größe und Schönheit einen Wert auf sich überzuleiten.«[352] Dieser Widerspruch liegt auch den Gefühlen Mark Aurels zugrunde, dem es niemals gelingt, sein Ich und seine Todesfurcht zu vergessen, obwohl er es aus Respekt vor dem sublimen kosmischen Plan immer wieder versucht. Er betrachtet das Gesetz der Welt und des Todes mit einer meist traurigen Resignation und findet nur selten einen lyrischen Ton.[353]

Insgesamt gesehen gilt für die stoische Religion das, was Georg Simmel über den Gott des Pantheismus sagt: »Dieser Gott des Pantheismus ist aber nicht der Gott der Religion, ihm fehlt jenes Gegenüber, dessen der Mensch bedarf, um seine religiöse Stimmung auszugestalten.«[354] Man hat mit diesem Gott keine persönlichen Beziehungen, man bittet ihn nicht um eine Gunst, man tritt in keinen Dialog mit ihm. Die Welt der Stoiker ist

ebenso farblos und kalt wie ihre Vorstellung von den Göttern.
Ihre Lehre zeugt hingegen von einer Sensibilität für das Sublime
des Kosmos und ihrer eigenen Existenz. Der *Zeus-Hymnus* des
Kleanthes[355] ist eine enthusiastische philosophische Allegorie,
die sich an dem Vorbild der Tempelhymnen orientiert. Man ver-
nimmt ein Vibrato, aber es ist das der intellektuellen Trunken-
heit, die sich daraus ergibt, daß man die Wahrheit des Ganzen
kennt und weiß, daß man an diesem großen Ganzen teilhat, indem man sich von ihm forttragen läßt und alles durch und für
dieses Ganze erleidet – aus resignativer Liebe zu diesem Ganzen, das man als unausweichlich und gut erkannt hat.

Im Unterschied zu dem fernen Einen oder Guten eines Plotin
ist das Walten des stoischen Gottes in der Ordnung der Dinge
und in dem Ablauf der Ereignisse unmittelbar sichtbar. Diese
Weltseele, die nicht als solche bezeichnet wird, ruft kein Empfinden für das Göttliche hervor, sondern man hat das Gefühl,
an einer Macht teilzuhaben und von ihr erfaßt zu werden, während man mit ihr zusammenarbeitet; man hat das Gefühl, durch
diese Macht legitimiert und »in den Sinn« des Kosmos inte-
griert zu sein.[356] Auf diese Weise wird der Machtwillen verherr-
licht, der manchmal in eine enthusiastische Selbstaufopferung
wie bei Christus umschlägt. Wie man weiß, fällt der Kosmos
mit allem, was zu ihm gehört, in regelmäßigen Abständen der
Zerstörung anheim, bevor das schöpferische Feuer ihn neu ent-
stehen läßt und ihm seine frühere Form zurückgibt. Seneca
denkt oft daran: »Man würde das Leben zu sehr lieben, wenn
man nicht bereit wäre, zusammen mit der ganzen Welt unterzu-
gehen.«[357]

Weder Seneca noch Epiktet leben die Überzeugungen der
Stoa als frommen Glauben. Die philosophische Kritik hat den
Anthropomorphismus unmöglich gemacht. Damit hat sie auch
der Religion in den gebildeten Kreisen den Todesstoß versetzt.
Eine Ausnahme waren nur die letzten Heiden, die Volunta-
risten, die glaubten, die Religion retten zu können, indem sie sie

wie Libanios übersteigerten oder indem sie ihr wie Proklos
mehr Tiefe gaben. Das große Gewicht, das man auf die Ethik
legte, war genauso zerstörerisch:[358] Wenn man von einer Religion erwartet, daß sie den Menschen oder den Bürger moralisch
bessert, beraubt man sie ihrer eigentlichen Bedeutung, und man
geht des Besten, was sie zu bieten hat, verlustig. Das war bei
Kritias der Fall, das ist so bei Horaz in seiner Phidyle[359] gewid-
meten Ode, mit der wir uns oben befaßt haben, und das wird
auch bei Voltaire nicht anders sein.

Jenseitsvorstellungen und *moods*

Der Leser wird sich vielleicht fragen, wieso im Zusammenhang
mit der religiösen Moral nicht von den Belohnungen und Strafen
im Jenseits die Rede war, nicht von den gepeinigten Verbrechern
in der Unterwelt und nicht von den Vorstellungen, die man sich
vom Dasein nach dem Tode machte. Der Grund dafür ist, daß all
dies nichts mit der eigentlichen Religion zu tun hatte. Der Paganismus ist keine Heilsreligion, die das Leben und den Tod in einer einzigen Synthese zusammenfaßt. Nicht jede Religion beschäftigt sich notwendigerweise mit dem Tod und dem Jenseits.
Der Kult der Götter und der Kult der Toten sind zwei verschiedene Dinge. Man faßt sie nur zusammen, weil es sich in beiden
Fällen um »Glaubensvorstellungen« handelt, die jedoch nicht
auf dieselben Wurzeln zurückgehen: Das ursprüngliche Element
dieses Konglomerats, das die Religion darstellt, ist das Empfinden des Göttlichen, des »Heiligen«, während, wie wir noch sehen werden, der Totenkult und die Todesvorstellungen auf einer
besonderen Sensibilität gegenüber den toten Körpern basieren.
    Es gab natürlich Doktrinen über das Jenseits, die sich in der
großen Lehre der Initiationen, der Mysterien, und in der mit ihnen verbundenen großen Hoffnung manifestierten, aber auch

hier müssen wir eine weitere Differenzierung vornehmen.[360] Die Initiationen waren die bedeutendste religiöse Erfahrung, die man in seinem Leben machen konnte und an der alles andere gemessen wurde.[361] Die orphischen Mythen oder die dionysischen Initiationen, zu denen eine Minderheit der wohlhabenden Gebildeten Zugang hatte, versprachen die Gunst der Götter im Jenseits und ein Schicksal, das attraktiver war als das schattenhafte passive Halbleben eines normalen Toten. Sie wiesen den Weg ins Jenseits und versorgten den Initiierten mit dem erforderlichen Passwort. Dieses unterirdische Paradies kannte allerdings keine ewige Hölle. Nach seinem Tod wurde der Initiierte, nachdem er die vorgesehene Strafe für seine Missetaten abgebüßt hatte, glückselig und unsterblich und lebte im Haus der Götter, die nun zu seinen Eltern geworden waren. Schlimmstenfalls mußte er eine Art Fegefeuer über sich ergehen lassen, aber er konnte nicht für immer verdammt werden. Nach seiner Läuterung wurde er in den Kreis der Glückseligen aufgenommen. Die Frage des ewigen Heils oder der ewigen Verdammnis, dieses tragische Dilemma der Christen, stellte sich nicht.

Die Mysterien waren keine Heilslehre, wie man früher behauptet hat, und erst recht keine hochspirituelle Offenbarung, sondern eine Art Freimaurertum des Jenseits und sonst nichts. Sie garantierten den Initiierten nicht das Heil, sondern ein privilegiertes Dasein im Jenseits, das dank der Protektion durch den Gott, in dessen Kult man eingeweiht war, substantiell glücklicher war als das der anderen.[362] Manche Christen (darunter auch Kaiser Konstantin höchstpersönlich) zögerten ihre Taufe des öfteren bis zum Tod hinaus: Sie verstanden die Taufe als eine Initiation, die sie mit dem Heil verwechselten. Der Getaufte glaubte ebenso wie der Initiierte, daß er zu einem neuen Leben geboren, daß er »wiedergeboren«, *renatus*, sei und daß die Vergangenheit nicht mehr zähle. Diese Wiedergeburt war teuer, da man für die Initiation viel Geld bezahlen mußte.

Die Phantasie des Volkes bildete keine metaphysischen Erzählungen aus. Die Menschen mußten auf ihr eigenes geistiges Potential zurückgreifen, um sich von dieser unergründlichen Sache, die man nicht einschätzen konnte, ein Bild zu machen. Für sie war der Aufenthaltsort der Toten ein trauriges Schattenreich, wo das Leben verlangsamt und freudlos vonstatten ging. Das ist die Unterwelt Homers oder der *sheol* der jüdischen Bibel. Die Verstorbenen hatten unter der Erde immer noch dasselbe Aussehen wie zu Lebzeiten, aber dieses rein visuelle Schattenbild hatte alle körperliche Substanz verloren. Bei dem Versuch, einen Toten zu umarmen, hätten die Arme ein Nichts umschlossen. In der Vorstellung der Menschen verlangsamte sich das Leben, um schließlich in die Unbeweglichkeit des Leichnams überzugehen. Nein, diese Form des Jenseitsglaubens spendete wenig Trost und war nicht dazu angetan, sich über die Realität hinwegzutäuschen, und ein solcher Glaube hatte nichts vom »Opium für das Volk«. Das ist so lange nicht verwunderlich, wie man nicht postuliert, daß die die Religion oder den Tod betreffenden Überzeugungen eine nützliche Illusion darstellen, daß sie von existentieller, ja sogar darwinscher Bedeutung sind, d. h., daß sie das metaphysische Rätsel der Welt erklären oder die Menschen im Hinblick auf die Zukunft und den Tod beruhigen können. In Wahrheit entspringen diese Überzeugungen bei vielen Menschen vielleicht nur einem natürlichen und unvoreingenommenen, aber völlig nutzlosen Hang der Phantasie. Es ist fraglich, ob der Glaube an die Unsterblichkeit der Seele stark genug ist, um die Menschen über den Tod hinwegzutrösten und den Wunsch nach Ewigkeit zu befriedigen. Statt dessen investiert man lieber in Pflichtgefühl, Frömmigkeit, Leistung oder in seine Nachkommenschaft. Um dies an einem Extremfall zu verdeutlichen: Die Märtyrer jedweder Couleur lassen sich töten, um ewigen Ruhm zu erlangen, nicht aber weil sie von der Unsterblichkeit ihrer Seele felsenfest überzeugt sind.

Seit dem 5. Jahrhundert oder vielleicht auch seit jeher kursierten indes neben den Überzeugungen von einigen wenigen Initi-

ierten und Sektierern sowie neben dem allgemeinen Glauben an
ein reduziertes Leben in der Unterwelt auch Geschichten, die
sich mit den Qualen, die die Verbrecher im Hades erwarteten,
mit der Rache der Götter oder den Strafen der Gottlosen befaß-
ten.[363] Diese Überzeugungen sollten vor allem den gegenüber
den Missetätern gehegten Groll befriedigen und im kollektiven
Bewußtsein für Genugtuung sorgen. Man wollte sagen können:
»Als dieser Verbrecher starb, wurde er von den schlimmsten inneren Qualen heimgesucht, weil er, als er das Leben verließ,
wußte, daß er von den himmlischen Göttern gehaßt wurde und
den Haß der Götter der Unterwelt zu spüren bekäme.«[364]

Es waren wenig stichhaltige Überzeugungen, an die man auch
nur halbherzig glaubte. Nach der gängigsten Vorstellung war
der Tod ein ewiger Schlaf, d. h. ein Halbleben. Sie war weiter
verbreitet als der Glaube an ein dionysisches oder sonstwie ge-
artetes Jenseits.[365] Daher wäre es unangebracht, von den antiken
Jenseitsvorstellungen als von einer ausgefeilten Lehre zu sprechen: Die Menschen waren sich unsicher, und oft überwog die
Einsicht, daß man nichts wisse. Juvenal brandmarkt eine Ungläubigkeit, die er für relativ neu hält.[366] Plutarch vertritt die
Auffassung, daß der Glaube an ein Weiterleben nützlich sei, weil
er die schlechten Menschen daran hindere, Böses zu tun, behauptet aber mit einiger Herablassung, daß »nur wenige diese
Ängste haben; es handelt sich um das Geschwätz von Klatsch-
weibern und Ammen, um Fabeln und Märchen.«[367] Fabeln, die
es nicht wert sind, daß sich die Intellektuellen der Zweiten So-
phistik[368] und die Philosophen[369] mit ihnen beschäftigen. Nach
Horaz sind die *fabulae Manes* die Seelen der Toten, von denen
man redet, ohne Genaueres zu wissen. Im Hinblick auf das Jenseits gab es im Prinzip eine tiefe Kluft zwischen dem Aberglauben des Volkes, das an ein reduziertes Weiterleben der Verstorbenen glaubte, und dem Skeptizismus der gebildeten Kreise.
Ohne sich der Gottlosigkeit schuldig zu machen oder einen
Skandal hervorzurufen, konnte Caesar, selbst Pontifex maximus,

mitten im Senat verkünden, daß es nach dem Tode nichts mehr gebe.[370] Der Glaube an ein Weiterleben war keineswegs der Ausdruck eines erhabenen Spiritualismus, sondern wurde oft nur als Naivität betrachtet.[371] Es war eine Frage der gesellschaftlichen Würde: Die Angehörigen der Oberschicht waren es sich schuldig, ihre Überlegenheit auch durch ihre Hellsichtigkeit unter Beweis zu stellen.

Wie soll man in der Tat ernsthaft und getrost an ein Jenseits glauben, von dem man nichts wissen kann? Kann man anders daran glauben als an ein Gerücht oder an eine Religion, zu der man sich bekennt? All diese Überzeugungen gehören in den Bereich dessen, was J.-C. Passeron[372] als *moods* bezeichnet, Dinge, die man nicht recht einschätzen kann, deren Beurteilung Schwankungen unterworfen ist, abhängig von der Stimmung, dem Gesprächspartner oder den Umständen. Auf genauso schwankenden Füßen wie der damalige Jenseitsglaube steht heute der populäre Glaube an außerirdische Wesen oder Zeitungshoroskope – die Leute sind längst nicht so leichtgläubig, wie man es ihnen nachsagt. Bei den Gebildeten ist die Unsicherheit sogar noch größer.

Glaubte man wirklich, daß man die Verstorbenen in ihren Gräbern mit Nahrung versorgen konnte?

Der Historiker hat jedoch die Hoffnung, daß ihm die Begräbnisriten, die Ehren, die man den Verstorbenen erwies, über die dahinterstehenden Überzeugungen verläßlichere Auskünfte geben als verbale Zeugnisse. Bei vielen Völkern werden Lebensmittel auf den Gräbern niedergelegt. Ist das kein Beweis für ihre Annahme, daß die Verstorbenen unter der Erde weiterleben? Leider sind Taten, so würde ein eher nüchterner Schüler Voltaires vorbringen, noch weniger beweiskräftig als Worte. Wenn wir ein Grab mit Blumen schmücken oder wenn die Menschen der Antike Lebensmittel niederlegen, denken weder wir noch sie, daß die Toten ihren Duft wahrnehmen oder sich an den Speisen laben.[373] Die Toten wird man nicht aus der gleichen Einstellung heraus mit Nahrung versorgen wie einen Menschen, der Hunger hat. Dies würde jeder Realität widersprechen. Deshalb verpflegte man die Verstorbenen auch nur einmal im Jahr, an dem durch den Ritus festgelegten Tag. Denn das, was wir hinsichtlich des Übernatürlichen sagen oder tun, ist auf einer anderen Ebene angesiedelt als unsere offenbar identischen Gesten und Worte, die sich auf die empirische Welt beziehen.[374] Die Begräbnisriten, würde unser Voltaire-Schüler folgern, sind nur Gesten des Trostes, Formen der Totenverehrung oder Metaphern für die Zuneigung, die durch die Erinnerung an den Verstorbenen wachgerufen wird. Man vollzieht diese Riten, ohne jedoch recht an sie zu glauben.

Leider steht dieses schöne kohärente Gedankengebäude des Intellektualismus im Widerspruch mit eindeutig belegten Fakten, die nichts Metaphorisches an sich haben wie beispielsweise der Reliquienkult seit dem Ende der christlichen Antike (der geringste Kontakt mit den heiligen Körpern ließ die Kranken gesunden, und die Reliquien boten den Städten, in denen sie aufbewahrt wurden, Schutz). Fast immer riefen Leichname »irrationale« Reaktionen hervor, und diese waren nicht auf einen bestimmten Glauben, auf eine bestimmte Jenseitslehre, zurückzuführen. Es verhielt sich genau umgekehrt: Die Lehre gründete sich auf diese Reaktionen und war lediglich deren nachträgliche Rechtfertigung. Aus diesem Grund war man auch, je nach den *moods*, nur halbherzig von ihr überzeugt. Die damalige Rationalisierung unterschied sich von der der heutigen Historiker und verlief in umgekehrter Richtung: »Die Gegenwart des Toten«, sagte man sich, »ruft uns mit unwiderstehlicher Macht dazu auf, ihn zu nähren und zu verehren; *folglich* lebt der Tote unter der Erde weiter.« Der moderne Historiker würde sagen: »Die Menschen der Antike glaubten, daß der Tote unter der Erde weiterlebt, *folglich* versorgten sie ihn mit Speisen.« Die erste Reaktion hatte allerdings nichts von einer Rationalisierung; sogar bis heute haben viele von uns das Gefühl, daß der Tote in seinem Körper noch irgendwie vorhanden ist. Manche Leute »besuchen« (wie man sagt) ihre Toten auf dem Friedhof, weil sie – obwohl sie nicht an ein Weiterleben unter der Erde oder vielleicht im Himmel glauben – ihren Verstorbenen nicht aufgeben, ihn nicht allein lassen, nicht vernachlässigen wollen. Vor dem Grab erfaßt sie eine gewisse Rührung, und sie haben, ohne wirklich daran zu glauben, das Gefühl, dem Toten nahe zu sein. Für andere Menschen hingegen, deren Schmerz über den Verlust nicht geringer ist, ist der Anblick des Grabes mit der bitteren Enttäuschung verbunden, daß sie überhaupt nichts empfinden können. Auch in der Antike dürften die individuellen Reaktionen sehr unterschiedlich gewesen sein.

Wo nun war die Wahrheit zu finden? In den Glaubensvorstellungen, die allerdings schwankend waren? Oder in einer gefühlsmäßigen Reaktion, die präkonzeptuell ist, der logischen Verbalisierung vorangeht[375] und mit keiner »Überzeugung« verbunden ist? Der Philosoph Wittgenstein hat diese Aporie aufgelöst:[376] Wie er nahelegt, ging es nicht um die Umsetzung von Jenseitsvorstellungen und die Versorgung der Toten mit Nahrungsmitteln; es handelte sich auch nicht um symbolische Gesten, die die Verstorbenen einfach nur ehren sollten, sondern um etwas Drittes: Verhaltensweisen, denen keine Meinung zugrunde liegt. Denn es gibt solche Verhaltensweisen, die sich selbst genügen und keine Glaubensüberzeugungen voraussetzen, deren praktische Umsetzungen sie wären und die sie erläutern würden. Sie sind auf einer prädoktrinären Gefühlsebene angesiedelt. Manche Dinge, die Götter, das Übernatürliche, das vergossene Blut oder ein Leichnam haben ihren ganz eigenen Status. Sie führen zu spontanen Verhaltensweisen, die durch die Sache selbst, nicht aber durch eine mit ihr verbundene Überzeugung ausgelöst werden. Wir verhalten uns so, wie wenn wir in unserem Inneren instinktiv spürten, daß der Leichnam, obwohl er sich nicht mehr bewegt, noch immer lebt und empfindet.

Trotzdem unterscheiden sich diese Verhaltensweisen, wie wir gesehen haben, ein wenig von den scheinbar analogen Verhaltensweisen, die sich auf die empirische Welt beziehen: Sie lassen es bei »symbolischen« Gesten bewenden. Hernach kommt es häufig vor, daß eine Lehre oder eine Rationalisierung explizit in Worte faßt, was diese Gesten zu implizieren scheinen, nämlich daß der Tote in irgendeiner Weise lebt. Daraufhin werden den Verhaltensweisen Glaubensüberzeugungen hinzugedichtet. Zuerst aber kommt die Sensibilität, nicht der Glaube, der erst eine sekundäre Rationalisierung darstellt. Infolgedessen läßt sich nur selten ein Wandel in den Bestattungsritualen durch eine veränderte Jenseitsvorstellung erklären, die dann in den Riten ihren Niederschlag fände.[377]

Gleichwohl will ich nicht in Abrede stellen, daß der Mensch zu einem starken Glauben fähig ist, und ich will auch nicht behaupten, daß alles nur auf Rationalisierungen und *moods* zurückzuführen sei: Ich möchte im Gegenteil zwischen den Verhaltensweisen einer ursprünglichen Sensibilität, aus denen unter Umständen rational begründete Glaubensüberzeugungen erwachsen können, einerseits und den Glaubensüberzeugungen andererseits unterscheiden, die ursprünglich sind und zu Verhaltensweisen führen, die sich durch diese Überzeugungen erst eigentlich erklären lassen.[378] Die Sensibilität ist ursprünglich, wenn etwa einer unserer Zeitgenossen einem Verstorbenen, der ihm nahestand, das Lieblingsbuch oder die Lieblingsplatte mit in den Sarg legt. Deshalb glaubt er noch lange nicht, daß dieser das Buch lesen oder die Platte hören wird. Er folgt seinem Gefühl, nicht aber einer Überzeugung, die er gar nicht hat[379] (andernfalls würde es sich um eine intellektuelle Vorstellung handeln und wäre somit den *moods* entsprechend Schwankungen unterworfen). Unser Schüler Voltaires hat sich also geirrt: Jene

Grabbeigabe ist weder eine dem Verstorbenen erwiesene Ehre noch eine Geste, mit der sich der Überlebende selbst tröstet: Man möchte wirklich dem Verstorbenen eine Freude machen, »glaubt« aber gefühlsmäßig daran nur implizit und greift zu symbolisch gemeinten Gesten.

Die Angst vor der Unterwelt und der »gute« (oder fromme) Tod der Heiden

Für einen Historiker liegt folglich der eigentliche Kern des Totenkultes nicht in diesem oder jenem Jenseitsglauben, sondern in diesem ursprünglichen Gefühl, das sich mehr in dem offenbart, was man tut, als in dem, was man darüber sagt,[380] und das sich im Laufe der Jahrhunderte gewandelt hat. Während es heutzutage weniger stark ausgeprägt und weniger verbreitet ist als früher, wurden in der Antike sehr viele Leute von ihm beherrscht. Infolgedessen war, obwohl man vom Jenseits nichts wissen konnte, die Ungläubigkeit weniger verbreitet als der Glauben, und dieser Glauben, obgleich von den *moods* abhängig, ließ selbst die Gebildeten vor den Höllenstrafen erzittern. Es gab unter ihnen Abergläubische, »furchtsame Menschen, die sich von dem Märchen über das Weiterleben der Toten täuschen ließen«.[381] Plutarch erzählt drei verschiedene Legenden über das Jenseits und das Seelengericht. Diese frommen Phantasien nährten die Neugier der Zeitgenossen, aber auch ihre Ängste. Von Demokrit[382] bis Lukrez, Seneca[383] und Lukian bemühten sich die Ungläubigen, ihre Leser zu beruhigen, die furchterregenden Fabeln zu leugnen oder sie zu parodieren, was vermuten läßt, daß ihre Leser manchmal davon stark beeindruckt waren. Uns scheint es erstaunlich, daß solche Ammenmärchen bei den Gebildeten Glauben fanden. Doch in der Antike war es allgemein anerkannt, daß manche Personen oder Philosophenschulen privilegiert waren und ein geheimes Wissen besaßen, das man nur aus ihrem Mund erfahren konnte. Deshalb lauschte man auf alles, was über dieses Wissen gemunkelt wurde und nahm alle Gerüchte darüber begierig auf. Was heute als esoterischer Aberglaube einiger etwas spinnerter Sekten gilt, besaß damals seine intellektuelle Würde.

Dennoch läßt sich bezweifeln, daß allein aufgrund dieser Ängste die niederen Instinkte in Schach gehalten und viele Ehebrüche oder Einbrüche verhindert wurden.[384] Überzeugungen und Triebe sind zweierlei,[385] und die Triebe werden in der Gegenwart ausgelebt: »Das Paradies ja, aber so spät wie möglich«. Auch die Hölle liegt in weiter Ferne, so wie der Krebs für den Raucher. Wenn es einer Religion gelingt, den Menschen Werte oder Verbote zu vermitteln, dann geschieht dies durch die Pragmatik ihrer Verkündigung, durch ihre Autorität, ihre Beharrlichkeit, die so ausdauernd ist wie die, die Phönix und Priamos gegenüber Achill an den Tag legten und die, die in den christlichen oder buddhistischen Predigten zum Ausdruck kommt; diese erfolgreiche Vermittlung ist also auf eine Beeinflussung des Unterbewußtseins zurückzuführen, nicht aber auf den spezifischen Inhalt und die Argumente dieser Verkündigung: Die Mythen und Vernunftgründe, von denen die Menschen überzeugt werden sollen, vermögen gegen die Begierden und die Furcht vor dem Tod nur wenig auszurichten.

Jeder Gebildete hatte die Wahl zwischen dem Skeptizismus der elitären Gesellschaft und der Esoterik der elitären Bildung. Am Anfang von Platons *Staat* erklärt der ehrwürdige Greis Kephalos: »Wenn man sich seinem Tod nahe glaubt, dann überkommen einen Furcht und Bedenken über Dinge, über die man sich früher nicht sorgte. Die Mythen vom Hades, so oft erzählt [*hoi legómenoi mýthoi*] – wer hier Unrecht getan, der müsse dort büßen – und so oft bisher verspottet: jetzt quälen sie die Seele, ob sie nicht doch wahr seien!«[386]

Dennoch wollen wir einmal davon ausgehen, daß die Schrecken der Hölle lediglich Hirngespinste sind, und wollen auch

daran denken, daß die Götter nur in bestimmten Situationen
mit den Menschen Kontakt haben, so wie es zum Beispiel zwischen Schuldner und Gläubiger der Fall ist. Wie also kann ein
überzeugter Heide einen – wie es im Christentum heißt – »guten Tod« sterben? Auch darüber gibt uns der alte Kephalos
Auskunft: Wenn man stirbt, darf man weder den Menschen
noch den Göttern etwas schuldig geblieben sein; »wenn man
nicht Gott ein Opfer noch Menschen Geld schuldet«, kann man
»ohne Furcht hinübergehen«.[387] Daran hielt sich auch Sokrates,
nachdem er den Schierlingsbecher getrunken hatte: »[...] wir
sind dem Asklepios einen Hahn schuldig, entrichtet ihm den,
und versäumt es ja nicht.«[388] So wird es ebenfalls ein Zeitgenosse der römischen Triumvirn halten, der Vater des Historikers
Nikolaus von Damaskus: »Im Sterben gab er seinem Sohn und
seinem Bruder nur die Anweisung, nach seinem Tod das Rauchopfer darzubringen, das er Zeus einst versprochen hatte. Damit
wollte er, wie ich glaube, zum Ausdruck bringen, daß man den
Göttern gegenüber fromm sein müsse, selbst wenn man stirbt
und auf ein Weiterleben nicht hoffen kann.«[389] Man muß also
seinen göttlichen Gläubigern gegenüber fromm und rechtschaffen bleiben, selbst wenn man nichts mehr, weder Glück noch
Unglück, von ihnen zu erwarten hat (diese Zeilen implizieren,
daß der Vater des Nikolaus an kein Jenseits glaubte, in dem die
Götter ihre säumigen Schuldner bestrafen könnten). Das römische Recht beweist dieselbe Rechtschaffenheit: Ausnahmsweise
mischt es sich in die Beziehungen zwischen Menschen und Göttern ein, wenn es vorschreibt, daß der Erbe ein vom Verstorbenen abgelegtes Gelübde einlösen muß.[390]

Um einen »guten Tod« zu sterben, einen Tod ohne Gebete,
geben die Heiden den Göttern und Menschen das, was sie ihnen
noch schuldig sind, bevor sie von beiden für immer Abschied
nehmen. Jeder, der die Welt verläßt, trennt sich von den Göttern: Menschen und Götter haben unterschiedliche Existenzen
und Interessen. Außer bei einigen Initiierten hatte das Jenseits

wenig mit der Religion zu tun. Außerdem waren die *moods* hinsichtlich der Unterwelt starken Schwankungen unterworfen, so daß die Grabinschriften selten auf diese unsicheren Überzeugungen Bezug nahmen. Selbst die Verstorbenen, die sich ausdrücklich als Anhänger des Dionysos oder als Priester dieses Gottes bezeichnen, sprechen nicht von einem besseren Schicksal,[391] das sie in einem möglichen Jenseits erwartet.

Das Epitaph eines römischen Priesters des orientalischen Gottes Sabazios hat die christlichen Gelehrten in Staunen und Entrüstung versetzt: »Iß, trink, amüsiere dich und komme zu mir. Mach dir, solange du lebst, eine gute Zeit, sie wird mit dir dahingehen. Hier ruht Vincentius, Priester des Gottes Sabazios, der mit reinem Herzen die heiligen göttlichen Riten zelebriert hat.«[392] Ein Initiierter, der dank seines Gottes in der Unterwelt Bankette feiern wird, muß nicht auf die Bankette in dieser Welt verzichten. Nichts ist so banal wie der Rat, der auf den Grabmalen gewöhnlicher Toter den Passanten gegeben wird: Sie sollen die Freuden des irdischen Lebens genießen.[393] Daraus darf man jedoch nicht schließen, daß der Kult des Sabazios mit Orgien verbunden gewesen sei. Wenn Vincentius von seinem Recht Gebrauch gemacht haben sollte, seine Statue im Heiligtum seines Gottes zu errichten, hat der Künstler ihm gewiß die versunkenen Züge gegeben, von denen wir oben gesprochen haben. Wir wollten unsere Ausführungen bewußt mit diesem Text enden lassen: Er zeigt uns nicht einen der religiösen Höhepunkte der Menschheitsgeschichte, sondern läßt uns das weite Feld erkennen, in dem der Durchschnittsgrieche oder -römer lebte und in dem sich in jeder Epoche die Mehrzahl der Menschen bewegen, seien sie nun gläubig oder nicht.

Schluß

Kommen wir nun auf unsere Ausgangsfrage zurück und fassen wir zusammen. Warum sind Religion und Moral eine Verbindung eingegangen? Die Anbetung heiliger (wenn auch nicht immer vorbildlicher) Wesen ist eine Sache, die Errichtung von Geboten und Verboten eine andere. Eine Heilsreligion nimmt die Moral für sich in Anspruch. Der Paganismus seinerseits hat sich oft auf die Götter berufen, um eine *per se* existente Moral zu stützen. Dies geschah auf dreifache Weise. Eine unmittelbare Verbindung ergab sich aus dem Anthropomorphismus, der in den Dienst des moralischen Drucks gestellt wurde, den eine Gemeinschaft auf ihre Mitglieder ausübt. Dennoch blieb das Verhältnis zwischen den Göttern und den Menschen meistens deren Privatangelegenheit, aus der sich der Staat lieber heraushalten wollte. Später, mit der *paideía* (einer, wie mir scheint, eher religiösen Reform als einer Schule im Sinne Voltaires), beruhte die Verbindung zwischen Religion und Moral darauf, daß alle Gebote in dem geeinten inneren Ich einer vollkommenen Persönlichkeit internalisiert wurden, wobei die Frömmigkeit die Ausübung einer der Tugenden darstellte. Mit der Metaphysik haben sich Religion und Moral in der normativen Vision eines Kosmos vereinigt, der unseren Wünschen entspricht und folglich als ein Werk der Vorsehung gilt. Aber in Ermangelung eines persönlichen Gottes lief dieser Glaube an die Providenz Gefahr, sich in einem kalten moralisierenden Deismus zu erschöpfen.

Der Paganismus diente der Moral nur als Argument, als schmückendes Beiwerk oder als Unterstützung. Er war niemals dazu angetan, das Gewissen eines Schuldigen zu belasten, er drohte nicht mit ewiger Verdammnis. Zwar durfte man ein Heiligtum nur mit reinem Herzen und reinen Händen und erst nach einer Periode der Enthaltsamkeit betreten, aber all das betraf nicht das ganze Leben: Man wird in der Antike niemanden finden wie König Ludwig XV., der zwischen Ausschweifungen und Phasen der Frömmigkeit, geprägt von Schuldgefühlen und Angst vor Verdammung, ständig hin- und hergerissen wurde. Wenn die Furcht vor den Göttern bei einem Heiden zu Gewissensbissen und Ängsten führte, dann lag dem die Sorge zugrunde, daß ein Gott demnächst ein Unglück über ihn verhängen könnte, weil er ein Opfer versäumt, gegen einen Ritus verstoßen oder ein Gelübde nicht erfüllt, nicht aber, weil er gesündigt hatte. In den Augen der Menge bestand die Frömmigkeit vor allem darin, den Göttern – aus kluger Vorsicht oder auch aus Liebe – die ihnen geschuldeten rituellen Ehren zu erweisen. Die Riten sind performative Akte, aber sie bezeichnen nichts (daraus beziehen sie ihre Wirkmächtigkeit), und so kann ein christlicher Denker, Laktanz, schreiben: »Der Kult der Götter enthält […] keine Weisheit […], da man hier nichts lernt, was dazu beitragen könnte, die Moral zu verbessern und das Leben zu gestalten.«[394]

Anmerkungen

1 Mein Dank gilt Jean-Pierre Cèbe, Françoise Frontisi, Lucien Jerphagnon, François Lissarrague, Dr. Françoise Mareschal, Claudia Moatti, Jean-Claude Passeron, Schwester Marguerite Peyras DMC, Didier Pralon, John Scheid, Joël Thomas, André Vauchez an der École Française de Rome sowie Stéphane Verger und meinen Studenten an diesem Institut. *Errors are mine.*

2 H. Bergson, *Les Deux Sources de la morale et de la religion*, Paris [8]2000; deutsch: *Die beiden Quellen der Moral und der Religion*, Olten / Freiburg i. Br. 1980, S. 204. Übers. E. Lerch.

3 G. Simmel, *Einleitung in die Moralwissenschaft*, Berlin 1892 (Aalen 1983), Bd. 1, S. 451; M. Nilsson, *Geschichte der griechischen Religion*, Bd. 1, München [3]1967 (Handbuch der Altertumswissenschaften V,2), S. 418 und 622; ders., »Die Griechengötter und die Gerechtigkeit« in: M. Nilsson, *Opuscula selecta*, Lund 1960, Bd. 3, S. 303–321; vgl. John Scheid in seiner *Leçon inaugurale* (Antrittsvorlesung) im Collège de France (2002), S. 24 f.: »Auch wenn die religiösen Verhaltensweisen universeller Natur sind, so weisen sie doch eine grenzenlose Vielfalt auf, und die Geschichte beruht auf dieser grenzenlosen Vielfalt, nicht aber auf der vagen Universalität der Verhaltensweisen […]. Ein Römer, der seine Religion praktiziert, ist weder am Weiterleben seiner Seele noch an ihrem Heil interessiert.«

4 Dazu nur einige Andeutungen: Das uralte Kultlied der Arvalbrüder (*Carmen Arvale*) ist ein Paian nach griechischem Vorbild (E. Norden, *Aus altrömischen Priesterbüchern*, Lund 1939), das Wort *triump[h]us* ist griech. *thríambos*, das Verb *ovo* entspricht dem griechischen *euoí* (und dem französischen *évohé*). Im 6. und 5. Jahrhundert vor unserer Zeitrechnung waren die römischen Tempel mit Statuen der behelmten lächelnden Athene geschmückt, sie zeigten Herakles in der Götterversammlung (Sant'Omobono) oder mit verwundeten Amazonen (Esquilin). Im 4. Jahrhundert gab es wie bei den Griechen Terrakotta-Statuetten der Aphrodite und des Eros als Grabbeilagen (Via Salaria, vgl. *Enciclopedia dell'arte antica*, Supplemento, Rom 1970, S. 665). Die Fassade des Scipionengrabs (nach 200) ist griechisch (Hans Lauter, *Die Architektur des Hellenismus*, Darmstadt 1986, S. 131). Der »römische Geist« war auch für die Mythologie durchaus empfänglich: Die etruskischen Städte haben ebenso wie Rom früh damit begonnen, sich griechische Mythen einzuverleiben, die dann ihren internationalen Siegeszug antraten. »Die römischen Götter erscheinen überall als Travestien griechischer Gottheiten, und während vieler Jahrhunderte haben die Römer ihre Götter immer nur in dieser griechischen Verkleidung dargestellt« (A. Grabar). Allerdings »betrifft die Hellenisierung nur die plastischen Formen, nicht aber die Kulte selbst« (C. Rolley); die Mythologie fand nur sehr

schwer Eingang in den eigentlichen Kult und seine Riten. Die Römer hatten eine Abneigung gegen Götter-Genealogien und Verwandtschaftsbeziehungen zwischen den Gottheiten: Die seit 432 v. Chr. bestehende Verbindung zwischen dem griechischen (etruskischen) Apoll und seiner Mutter Latona stellt eine Ausnahme dar; erst sehr viel später wird Apoll nach griechischem Vorbild mit seiner Schwester Diana in Zusammenhang gebracht (G. Radke, *Zur Entwicklung der Gottesvorstellung in Rom*, Darmstadt 1987, S. 34 f., vgl. auch S. 67, 179, 218). Andererseits hat die *paideía* die griechische Religion, zumindest in den gebildeten Kreisen, stark verwandelt; da die gebildeten Römer die Kultur der gebildeten Griechen übernahmen, teilten sie auch deren Vorstellung von den Göttern.

5 In der *Theogonie* Hesiods gebiert Gaia, die Erde, Götter wie Menschen; vgl. Philodemos, *De dis* (*Über die Götter*) III, col. G, 5,25; Sextus Empiricus, *Gegen die Wissenschaftler* 9,139.

6 Cicero, *De officiis* 2,3,11; Galen, *Protreptikos* 9 (*Galeni Opera*, Bd. I, S. 21, Kühn).

7 H. Lloyd-Jones, *The Justice of Zeus*, Berkeley / Los Angeles / London 1971, S. 161.

8 Plinius der Jüngere, *Briefe* 6,20.

9 Vgl. P. V., »Inviter les dieux, sacrifier, banqueter«, in: *Annales. Histoire, sciences sociales* 2000, S. 4 (Artemidor von Daldis) und S. 41 (Horaz). Die lateinischen Begriffe sind *invitare deum* oder *cena deorum*.

10 H. Bergson (wie Anm. 2), S. 144–153; O. Leroy, *La Raison primitive: essai de réfutation de la théorie du prélogisme*, Paris 1927, bes. S. 242–266.

11 Hesiod, *Theogonie* 901 f. Auf diese Verse werden wir später noch zurückkommen.

12 J. Scheid, *Religion et Piété à Rome*, Paris 2001, S. 74.

13 G. Wissowa, *Religion und Kultus der Römer*, München 1971 (Handbuch der klassischen Altertumswissenschaft IV,5), S. 390 und Anm. 1. Vgl. Plautus, *Mostellaria* 524: *pax est mihi cum mortuis*.

14 In *Gnomon* 2003, S. 708, fügt J. Scheid hinzu: »Es gab in der römischen Welt weder *eine* römische Religion noch *eine* zentrale religiöse Autorität, sondern eine Vielzahl von Autoritäten, Vorschriften und Konzeptionen, die ein globales Ganzes bildeten, aber nicht ein und derselben Autorität unterstanden.«

15 Davon ausgenommen (eine scheinbare Ausnahme, die lediglich die Regel bestätigt) sind Heiligtümer oder Kultbilder, die als »Filiale« (*aphídrȳma*) eines großen renommierten Tempels gestiftet wurden; oder die Fälle, in denen das heilige Gesetz eines Heiligtums zum Ausdruck bringt, daß es mit dem eines berühmten Heiligtums identisch ist. Dabei fallen mir wieder die zahlreichen Läden in einer Straße im New Yorker Stadtteil Harlem ein, wo die »Verkäufer« verschiedener Kulte ihre jeweiligen Doktrinen im Schaufenster ausstellen.

16 Valerius Maximus 1,8,2; Thukydides 2,47,4.

17 Beispiele für derartige Strafen nennt L. Robert, *Nouvelles Inscriptions de Sardes*, Paris 1964, Bd. 1, S. 30. Vgl. auch den griechischen Wortlaut ein-gelöster Gelübde, ebd., S. 30 und Anm. 4; S. 35, Anm. 4; S. 39, Anm. 5; S. 54, Anm. 1. Diese Inschriften (*kat'euchén* oder *euxámenos*) entspre-chen dem lateinischen *votum solvit libens merito.* Vgl. F. T. van Straten, »Gifts for the Gods« in: H. S. Versnel (Hrsg.), *Faith, Hope and Worship*, Leiden 1981, S. 65; J. Scheid, »Les aléas de la *voti sponsio*«, in: *Scienze dell' antichità* 3–4, 1989–1990 (*Atti del convegno internazionale »Anathe-ma«*), S. 773. Bei den Gelübden gibt es zwischen Griechenland und Rom keinen Unterschied, sondern es gilt stets dasselbe Prinzip: »Ich gebe dir, Gott, weil du mir gegeben hast«. Vgl. z. B. die Gelübde des Diomedes in *Ilias* 10,291, des Odysseus in *Odyssee* 13,356, des Eteokles in *Sieben ge-gen Theben* 271 oder das der Hekale bei Philochoros, das Plutarch, *Leben des Theseus* 14,3, zitiert. Um 350 v. Chr. erfüllt ein gewisser Trochilos in Pharsalos nach seiner Ernennung zum Archonten das Gelübde, das er ge-geben hatte, um dieses Amt zu erhalten (*Revue des études anciennes*, 1964, S. 307); eine entsprechende lateinische Formulierung lautet *quod miles voverat, veteranus solvit* (*Latomus* 23, 1964, S. 34). Wenn man einen Gott um etwas bittet, schreibt man seinen Namen auf eine kleine Tafel, die man dem Gott auf die Knie legt (Juvenal 10,55 und 12,100; Prudenz, *Apotheosis* 457). Man kann auch im voraus den Göttern eine Opfergabe darbringen, z. B. um einen Sohn zu bekommen (Diogenes Laërtios 6,64). Außerdem kam es vor, daß man den Göttern opferte, um ihnen seine Lie-be oder Dankbarkeit zu zeigen und sich, unabhängig von jedem Gelübde, ihre Gunst zu sichern.

18 In der Kaiserzeit erscheint einem Reisenden während seines Aufenthaltes in Halai, einer für ihren Artemistempel berühmten Hafenstadt in Attika (Euripides, *Iphigenie im Taurerlande* 752), im Traum (*ex viso*) die Göttin und fordert ihn auf, ein Gelübde abzulegen. Nach seiner glücklichen An-kunft im dalmatischen Aenona erfüllt er das Diana gegebene Gelübde (*Corpus Inscriptionum Latinarum*, Bd. 3, 2970). Zu den Gelübden von Reisenden vgl. *Poikilia: études offertes à Jean-Pierre Vernant*, Paris 1987, S. 391, Anm. 9 und 10. Seeleute schrieben ihren Dank an die Götter auf einen Felsen (z. B. *Inscriptiones Graecae* XII 5,871).

19 Zu den zahlreichen Votivgaben mit der Inschrift *servus vovit, liber solvit* vgl. *Latomus*, 1964, S. 32. Bei Horaz weiht ein Freigelassener seine Skla-venkette den Laren (*Satiren* 1,5,65), bei Martial (3,29) dem Gott Saturn, in dessen Tempel die Personenstandsregister aufbewahrt waren.

20 A. Beschaouch, in: *Comptes rendus de l'Académie des inscriptions*, 1975, S. 112: »*pro comperta fide et pro servata salute*«.

21 Epiktet, *Gespräche* 1,19,24.

22 R. MacMullen, *Christianizing the Roman Empire*, Boston 1984, S. 13.

23 Belege finden sich in meinem Buch *La Société romaine*, Paris 1991, S. 290. Aber existiert diese Gutwilligkeit überhaupt? *Si qua est caelo pietas* … (*Aeneis* 2,536 und 5,688). Weitere Belegstellen bei Françoise Dunand in: G. Dorival / D. Pralon (Hrsg.), *Nier les dieux, nier Dieu*, Aix-en-Provence 2002, S. 74 f.

24 Euripides, *Elektra* 200.

25 Ders., *Herakles* 1307. Plautus, *Poenulus* 449–452.

26 Sueton, *Caligula* 5; L. Friedländer, *Darstellungen aus der Sittengeschichte Roms*, 9. Aufl., Leipzig 1920, Bd. 3, S. 196 f.; vgl. P. V., wie Anm. 23, S. 282–288; vgl. ferner Dion von Prusa (D. Cocceianus) 38,20; Epiktet 2,22,17 und 3,4,8; Libanios, *Reden* 20,12 und 33,33 (die *katá tōn theōn rhḗmata* sind »gegen die Götter ausgestoßene Verwünschungen«); zu Beispielen für Kritik, die auch am Christengott geäußert wird, vgl. P. Veyne, *L'Empire gréco-romain*, Paris 2005, S. 284, Anm. 10; vgl. außerdem Salvian, *De gubernatione Dei* 4,11 (J.-P. Migne, *Patrologia Latina*, Bd. 53, Sp. 83): Die Blasphemiker bezichtigen Gott der Nachlässigkeit, der Zerstreutheit, der Indifferenz und Unbarmherzigkeit und werfen ihm vor, die Welt nicht zu regieren.

27 Ammianus Marcellinus 24,6 (Ende). Es ist erstaunlich, daß Julian als überzeugter Neuplatoniker mit einem Gott auf ebenso streitbarem Fuße steht wie ein Heide der alten Zeit. Liegt es an seiner Lektüre des Porphyrios, der mehrere Klassen von Göttern unterscheidet, von denen zumindest einige ihren Trieben und Launen unterworfen sind (Augustinus, *Gottesstaat* 10,9 [Ende])? In seinem *Brief an Anebon*, vierte Aporie, fragt sich Porphyrios, ob die Götter *empatheís*, »leidensfähig«, seien (*Lettera ad Anebo*, hrsg. von Giuseppe Faggin, Florenz 1954, S. 40).

28 *Papyrus Oxyrhynchus* VII, 1065 bei L. Mitteis / U. Wilcken, *Grundzüge und Chrestomathie der Papyruskunde*, Hildesheim 1963, Bd. 1,2, S. 149, Nr. 120 (3. Jh. n. Chr.).

29 Euripides, *Helena* 1140.

30 Ders., *Hippolytos* 1327; *Bakchen* 1348; *Andromache* 1164.

31 Ders., *Der Wahnsinn des Herakles* 212, 347.

32 Ders., *Ion* 252 (*tolmḗmata theōn*); *Helena* 1105 (die Göttin ist nicht *metría*).

33 Ebd. 711 und 1137; *Iphigenie im Taurerlande* 476.

34 Epiktet, *Gespräche* 3,4,8: Die Bauern und Seeleute beschimpfen ständig Zeus und Caesar; *Handbüchlein* 31,4. Euripides, *Hippolytos* 1146 (»Ich zürne den Göttern«); *Der Wahnsinn des Herakles* 759; *Ion* 355, 436 (»Ich muß Phoebus zurechtweisen: Was fällt ihm ein?«), 877 f. und 931; *Elektra* 1246.

35 *Thaumázō se, Zeu.*

36 Valerius Maximus 4,7 *Praefatio*; 1,1,15: *magnus Caelestibus iniectus est rubor.*

37 *Fabel* 48, Chambry (Budé): *L'Homme mordu par une fourmi et Hermès.*
38 Euripides, *Elektra* 1355. Dieser Gedanke steht hinter Petron 114,5: Schuld an dem Sturm hat Enkolp, der den Schleier einer Göttin entwendet hatte und dann durch einen dummen Zufall ein Schiff bestiegen hatte, das den Namen und das Bild ebendieser Gottheit, der Schutzgöttin dieses Schiffes, trug (in den *Tristien* geht Ovid an Bord der *Minerva* und bittet die Göttin gleichen Namens um eine glückliche Überfahrt). Als auf einer Seereise die Wellen höher schlagen, fragt sich der Feigling Theophrasts (*Charaktere* 25,2) besorgt, »ob einer von den Passagieren etwa uneingeweiht sei«. Vgl. den umgekehrten Fall bei Horaz, *Oden* 3,2,25–29.
39 Zeus wird in *Ilias* 14 zum Narren gehalten; vgl. ferner die Götterversammlung auf dem Fries des Schatzhauses von Siphnos in Delphi: Athene, jung und rebellisch (man fühlt sich an das Mannweib in *Ilias* 21 erinnert), wendet sich heftig gegen ihre göttlichen Widersacher, die hinter ihr sitzen, und hält ihnen, um ihnen zu trotzen oder um sie zu ärgern, ihren spitzen Ellbogen unter die Nase. Hinsichtlich des parodistischen Umgangs mit dem Heiligen scheint das nachsichtige Urteil von A. Lesky (*Geschichte der griechischen Literatur*, Bern ²1963, S. 486) und von J.-P. Cèbe (*La Caricature et la Parodie dans le monde romain antique des origines à Juvénal*, Paris 1966, S. 67: »ein harmloser Spaß«) angemessener als die Strenge M. Nilssons (*Geschichte der griechischen Religion*, Bd. 1, S. 779 und 143).
40 Trimalchio trägt einen 10 Pfund schweren goldenen Armreif, den er aus dem – Merkur gestifteten – Zehnten seiner Gewinne hatte anfertigen lassen (Petron 67,8 mit dem Kommentar Friedländers). Im Notfall wird er das Gold vermutlich verkaufen, aber dem Gott versprechen, es ihm so bald wie möglich zurückzugeben: So jedenfalls verfuhren die Athener mit dem Schatz der Athene. Die Tote des Sarkophags von Simpelveld trägt einen ihrer Juno geweihten goldenen Ring, *IUNONI MEAE*, vgl. P. V., »Offrande, solennisation et publicité dans les ex-voto gréco-romains«, in: *Revue archéologique* 2, 1983, S. 296 f. Genauso läßt sich meines Erachtens auch die aus massivem Gold bestehende Statuette eines *togatus*, des Glanzstücks des Museums von Ljubljana, erklären: Sie stellt den *genius* eines Familienvaters dar, der dafür seine Ersparnisse verwendet hatte. Er bewahrt sie in seinem Lararium auf und kann sie sich, wenn er Geld braucht, von dem Gott ausborgen.
41 Im Deutschen gibt es dafür das Wort »das Heilige«. Das ist auch der Titel einer phänomenologischen Studie von Rudolf Otto, den die französische Sprache nur mit *Le Sacré* (Übers. A. Jundt, Paris 1995 [coll. »Petite bibliothèque Payot«]) wiedergeben kann.
42 Das ist die berühmte Theorie von E. Durkheim, *Les Formes élémentaires de la vie religieuse*, Paris 1912, S. 586–588 (deutsch: *Die elementaren Formen des religiösen Lebens*, Frankfurt a. M. ²1998). Doch die Götter sind

nicht nur heilig, unberührbar und getrennt vom Rest der sozialen Dinge: sie sind anbetungswürdig. Ein Heiligtum ist heilig, aber nicht das Heiligtum wird angebetet, sondern der Gott. Das Heilige ist ambivalent, es kann verflucht werden, das Göttliche jedoch niemals. Das Göttliche hat nichts Profanes, aber der Umkehrschluß gilt nicht: Was heilig ist, ist noch nicht göttlich. Das Heilige markiert einen sozialen oder ethischen Schnitt, das Göttliche ist eine Qualität *sui generis*, sie ist ausreichend spezifisch, um die Existenz des Wortes »Religion« zu rechtfertigen, selbst wenn das Bewußtsein des Göttlichen in den konfusen und variablen Konglomeraten der verschiedenen Religionen im allgemeinen nur einen beschränkten Raum einnimmt. Man würde die Phänomene gleichschalten, wenn man die Religion auf das Heilige reduzierte, auf diese ambivalente Grenze zwischen den sozialen Dingen, auf diese Macht, die auf das Profane einwirkt. Das Heilige, eine anonyme, gesichtslose Macht, würde nicht ausreichen, um die Gefühle und Verhaltensweisen hervorzurufen, die nur eine Gottheit als Person (oder manchmal eine personifizierte und divinisierte Abstraktion) hervorrufen kann.

43 Daraus ergibt sich eine amüsante Konsequenz: Es ist unmöglich, einen sechsten Sinn zu beschreiben, der zu unseren anderen fünf Sinnen hinzukommen könnte: Keinem Science-fiction-Autor ist dies bisher gelungen. Manche Hunde sind in der Lage, in der Luft eine statische Elektrizität wahrzunehmen, aber wir können uns nicht vorstellen, auf welche Weise sich dieses Phänomen in ihrem Bewußtsein abbildet und um welche Qualität es sich handelt. – Eine andere Erfahrung als die Erfahrung des Göttlichen bringt mich zu der Überzeugung, daß unsere Intentionalität spezifische Neigungen hat. Diese andere Erfahrung ist die Furcht vor Gespenstern, die Rudolf Otto ebenfalls erwähnt. Wenn sich die Existenz von Gespenstern durch physikalische Experimente, Fotos oder den Geigerzähler beweisen ließe, würden sie ihre besondere Eigenheit verlieren, wären nicht mehr übernatürlich und würden keine Furcht mehr einflößen.

44 Die Außerirdischen, an die einige heutige Sekten glauben (ihr Glaube ist so stark, daß sie auch vor einem kollektiven Selbstmord nicht zurückschrecken), sind gewiß von dieser göttlichen Aura umgeben. Da nach Stendhal »jede kleine Wahrheit« für einen Historiker oder Soziologen instruktiv ist, kann der Autor dieses Buches, der für Religiöses nicht empfänglich, aber ein aufmerksamer Beobachter ist, bezeugen, daß er zweimal in seinem Leben eine Erfahrung des Göttlichen gemacht hat: Einmal, mit Tränen in den Augen, bei der Ankunft der Außerirdischen am Ende des Films *Unheimliche Begegnungen der dritten Art*. Bei dem anderen Mal handelt es sich um eine der seltenen einzelnstehenden Erinnerungen, die, wie man weiß, aus der frühesten Kindheit stammen: Ein höheres, überlebensgroßes Wesen kommt entschlossen auf mich zu und schenkt mir ein

unaussprechlich gütiges Lächeln: Meine Großmutter reicht mir ein Fläschchen Milch. Wie Jean Piaget glaubt, hat das religiöse Empfinden »seine Quelle in der Beziehung zwischen dem Kind und seinen Eltern; es ist das eigentliche kindliche Empfinden« (*La Représentation du monde chez l'enfant*, Paris 1926, S. 297 und 317; deutsch: *Das Weltbild des Kindes*, Stuttgart 1978). Allerdings ist schwer vorstellbar, daß eine Qualität das Produkt einer psychologischen Projektion sein könnte; man würde eher annehmen, daß das Kind in seinen Eltern das Göttliche entdeckt. Gegen Piaget kommt die Kritik G. Simmels zum Tragen: Die Religiosität ist »eine primäre, nicht weiter herleitbare Kategorie« (*Die Religion*, Frankfurt a. M. 1912, S. 96 = G. S., *Gesamtausgabe*, hrsg. von O. Rammstedt, Frankfurt a. M. 1995, Bd. 10, S. 116), und jeder Versuch, sie von etwas anderem herzuleiten, z. B. von Furcht, Liebe oder Angst, kann niemals den Sprung zu dieser ganz anderen Qualität des religiösen Empfindens erklären (S. 100).

45 Daraus folgt nicht, daß etwas existiert, was einen das Göttliche erahnen läßt: Keine intellektuelle Intuition, in dem Sinne, wie der Begriff von den Philosophen verstanden wird, läßt Gott sichtbar werden etwa so, wie ich das, was ich vor Augen habe, intuitiv erfasse, so wie ich weiß, daß ich denke, oder so, wie ich in einer Halluzination glaube, Gespenster zu sehen.

46 Ovid, *Fasten* 5,433 *digitis, medio cum pollice, iunctis*; Vitruv 4,5: »Wenn man an einem Tempel vorbeikommt, grüßt man ihn.« Vgl. *Revue archéologique* 1, 1985, S. 52 und die Richtigstellung in *Metis* 5, 1990, S. 25, Anm. 22. Minucius Felix, *Octavius* 2,4; Apuleius, *Apologie* 56,4. Auf einem Daphne-Mosaik, auf dem Jäger vor einer Diana-Statue zu sehen sind, führt einer der Männer die Finger zum Mund und wirft der Skulptur einen Kuß zu (*A Handbook of Roman Art: A Survey of the Visual Arts of the Roman World*, hrsg. von M. Henig, Oxford 1983 [1955], S. 120 und Anm. 35 sowie Tafel 1. Selbst der Dyskolos des Menander (Prolog 10 f.) grüßt Pan, als er an seinem Bild vorbeikommt. Nicht zugänglich war mir G. Amad, *Le Baiser rituel: un geste de culte méconnu*, Beirut 1973.

47 *Nikomachische Ethik* 8, 1162a 4: »Die Liebe [*philía*] der Kinder zu den Eltern ist wie die der Menschen zu den Göttern eine Hingebung an das Erhabene und Überlegene« (Übers. A. Lasson). Vgl. auch Dion von Prusa 12, *Olympische Rede* 42. Aristoteles schreibt zwar andernorts, daß es unsinnig wäre zu sagen, man liebe Zeus (zitiert von E. R. Dodds, *The Greeks and the Irrational*, Berkeley 1953, S. 35), doch trotz Dodds läßt sich daraus nichts für die Gefühle der gewöhnlichen Leute ableiten (H. Lloyd-Jones, wie Anm. 7, S. 33). Es handelt sich hier um die Theorie eines Philosophen: »Derjenige, der sich selbst genügt, braucht keine fremde Hilfe und keine Freundschaft, und das ist bei einem Gott der Fall: Er

hat keine Freunde und bedarf ihrer auch nicht« (*Eudemische Ethik* 7, 1244b).

48 Dieses Gefühl einer metempirischen Sicherheit ist nicht auf die Religionen beschränkt. René Char fand dieses Gefühl in der Dichtkunst (»die Sicherheit ist ein Parfum«, schreibt er), und der christliche Historiker H.-I. Marrou sagte mir, daß für ihn die Arbeit wie ein Gebet sei.

49 Euripides, *Hippolytos* 73 f. Übers. E. Buschor. Artemis ihrerseits empfindet für Hippolytos tiefe Freundschaft (V. 1394–1398). Diese Fiktion erinnert an eine andere, von Achtung und Sympathie getragene persönliche Beziehung, an die Freundschaft Athenes zu Odysseus (vgl. die erstaunliche Szene *Odyssee* 13,186–354). Es handelt sich in beiden Fällen um epische oder tragische Fiktionen. Andererseits wäre die Liebe des Hippolytos zu Artemis für die Zuschauer der Tragödie unverständlich gewesen, wenn sie völlig außerhalb der realen Erfahrungswelt der Athener gelegen hätte.

50 Artemidor, *Onirocriticon* 2,36 (S. 162, Pack). Vgl. den Humor Ciceros, *De natura deorum* 1,19,81. Zum Traum vgl. *Poikilia*, wie Anm. 18, S. 384–388.

51 Ebenso unterhielten die unzähligen apokryphen Märtyrerakten (deren Inhalt sich mit *sex, sadism and snobism* umschreiben läßt) ihre Leser und gaben der tiefempfundenen mittelalterlichen Frömmigkeit Nahrung.

52 Die Achäer bereiten sich auf die Schlacht vor: »Andere opferten anderen [*állos állö(i)*] der ewigwährenden Götter, flehend, dem Toben der Schlacht zu entgehen« (*Ilias* 2,400 f.; Übers. J. H. Voß).

53 Philostrat, *Imagines* 1,15: »Ariadne wurde, während sie schlief, von dem untreuen Theseus verlassen […]. Deine Amme hat dir bestimmt diese Geschichte erzählt, denn die Frauen dieses Standes kennen sich in solchen Dingen aus und weinen heftig, wenn sie solches erzählen.«

54 Vgl. die ansprechende Darstellung des heiligen Augustinus, *Gottesstaat* 6,7. Zu den uralten Gottheiten Larentia und Tarpeia vgl. G. Wissowa, wie Anm. 13, S. 233; G. Radke, wie Anm. 4, S. 164 und 296.

55 Juvenal 10,289; Plutarch, *De superstitione* 170b.

56 Man wählte sich eine Gottheit meist nach ihrem Spezialgebiet aus (Medizin, Geburt, Jagd, Handel, Seefahrt …) oder entschied sich für eine, die für ihre wirksame Hilfe oder ihr wohlwollendes Entgegenkommen bekannt war; es konnte auch ein Gott sein, der einem räumlich am nächsten war und von daher als selbstverständlicher Beschützer in Frage kam – der Gott der Heimatstadt, des Stadtviertels oder der Straße, in der man wohnte (mehrere Texte sprechen in scherzhaftem Ton von einem Gott als Nachbarn), oder aber der Gott der Gegend, in der man sich für längere oder kürzere Zeit aufhielt.

57 »Mir nach, mir nach und preist / Die himmlische Tochter, / Der wir zu eigen, / Artemis!« sagt Hippolytos bei Euripides (*Hippolytos* 58–60,

Übers. E. Buschor). »Apollon sorgt sich um uns Dichter« (*Anthologia palatina* 10,17). *Apollini mea carmina curae* (Vergil, *Bucolica* 3,61). Julian, *Gastmahl* 321c: Die Gottheit legte Wert darauf, Caesars Mörder zu bestrafen. Libanios war während seines ganzen Lebens der Protégé der Fortuna (*Rede* 1, *Autobiographie* 26 und passim).

58 Der in Griechenland zu beobachtende Übergang von der rituellen zur moralischen Reinheit vollzieht sich unter griechischem Einfluß auch in Rom; vgl. dazu J. H. W. G. Liebeschuetz, *Continuity and Change in Roman Religion*, Oxford 1979, S. 49; Cicero, *Gesetze* 2,8,19: *ad deos adeunto caste*.

59 Pausanias 7,14,6.

60 Tacitus, *Historien* 1,27,1, und 29,1: Galba »ermüdet die Götter«: Da die *exta* nie das gewünschte Ergebnis zeigen, betet er immer wieder und läßt das Opfer mehrfach wiederholen, ohne daß es zur *litatio* kommt (G. Wissowa [wie Anm. 13], S. 418). Dieselbe Methode wird auch in Griechenland angewendet: Man bringt so lange Opfer dar, bis man günstige Vorzeichen erhält (*kalliereín*).

61 So beginnt Lukrez' *De natura rerum*. Der provokante Charakter dieses Gebetes wurde oft übersehen. Vgl. S. Pulleyn, *Prayer in Greek Religion*, Oxford 1997, S. 200. Die Philologen bezeichnen dieses Schema als »Relativstil« [im Original dt.]: E. Norden, *Agnostos Theos: Untersuchungen zur Formengeschichte religiöser Rede*, Leipzig [u. a.] 1913 [1956], S. 172.

62 Euripides, *Kyklop* 606 f.: Hephaistos und Hypnos, laßt Odysseus nicht im Stich, »Sonst gilt der Zufall uns als echter Gott, / Und Göttermacht ist schwächer als das Ungefähr.« Übers. E. Buschor. V. 353–355: » Und du, bewohnend lichter Sterne Sitz, o Zeus / Der Fremden Hort, schau dieses! Siehst du solches nicht, / Wähnt nur der Tor dich einen Gott, bist du ein Nichts.« Übers. E. Buschor. Auch in den Psalmen wird versucht, Gott bei der Ehre zu packen: »Um der Ehre deines Namens willen / hilf uns, du Gott unsres Heils! / Um deines Namens willen reiß uns heraus und vergib uns die Sünden! Warum dürfen die Heiden sagen: / Wo ist nun ihr Gott?« (Psalm 79,9 f. [Einheitsübersetzung]; vgl. auch Ps 42,11 [Ende]; 115,2).

63 Euripides, *Kyklop* 355: *nomízei to mēdén ōn theós*.

64 Tibull 1,2,83–85. Diese abergläubischen Praktiken werden von ungebildeten Christen übernommen; vgl. P. Brown, »Augustine and a practice of the *imperiti*«, in: *Augustin prédicateur*, Paris 1998, S. 367. (Für diesen freundlichen Hinweis danke ich C. Lepelley.) Der heilige Paulinus von Nola zeigt auf einen Bauern, der sich, nachdem er eine Kirche betreten hat, zu Boden wirft und die Tür und die Pfosten küßt (S. 369). Nach Horaz, *Satiren* 2,3,289–295 tauchte eine Mutter ihren Sohn in den eiskalten Tiber, um Jupiter dazu zu bringen, ihn vom Wechselfieber zu heilen. Vgl. auch Juvenal 6,522 und Seneca, *De vita beata* 26,8. Nach seiner Er-

blindung gestand ein Mann, daß er diese Strafe aufgrund seiner Gottlosigkeit verdient habe (Ovid, *Briefe aus Pontus* 1,1,51–54). Menander kom-
mentierte ironisch das Verhalten der Syrer, die sich (wie Hiob?) auf einen
Misthaufen setzten, um ihren Gott zu besänftigen (Porphyrios, *De abstinentia* 4,15; S. 253, Nauck). – Jemand, der ins Unglück gestürzt ist, gibt
sich alle Mühe, die Götter aus ihrer Gleichgültigkeit aufzurütteln oder ihr
Mitleid zu erregen. Dabei handelt es sich *auch*, wie bei einem Hunger-
streik, um eine Form der Erpressung. Aber da jedes Unglück als eine
göttliche Strafe interpretiert wird, will man sich auch selbst für seinen
Fehler bestrafen, die Vergebung der Gottheit erlangen und seinem Leid
ein Ende setzen. Der Fehler, um den es hier geht, ist kein Verstoß gegen
die Moral, sondern ein den Göttern gegenüber begangenes Vergehen
(man hat z. B. einen kultischen Brauch nicht eingehalten, wofür sich der
Gott gerächt hat). Auf die »Beichtinschriften« werden wir später zu sprechen kommen.

65 Libanios, *Rede* 18,177.

66 Eine Gottlosigkeit, die Platon, *Gesetze* 10, 884a, kritisiert. Vgl. 10, 906e:
    Es ist lächerlich zu glauben, daß die Götter »sich vom Wein der Trank-
    opfer und vom Fett der Opfertiere bestechen lassen könnten.«

67 Horaz, *Oden* 3,23,5–7. Übers. H. Färber.

68 Arnobius, *Adversus gentes* 7,5 (J.-P. Migne, *Patrologia Latina*, Bd. 5,
    Sp. 1223): *Sequitur ut illam quoque inspiciamus partem quem jactari audi-
    mus vulgo et populari in persuasione versari, sacrificia superis ea fieri diis
    causa ut iras atque animos ponant, reddanturque mites et placidi, fervido-
    rum pectorum indignatione sedata.*

69 Plutarch, *Non posse suaviter vivi* 21 (*Moralia* 1101d): »In die Ehrfurcht
    und Verehrung, die die ungebildeten Massen der Gottheit gegenüber emp-
    finden, mischt sich zwar auch ein wenig Aufregung und Furcht, aber da-
    neben gibt es Dinge, die tausendmal besser sind: Hoffnung, viel Freude
    und Gebete, die bezeugen, daß alles Gute, um das man bittet und das man
    erhält, von den Göttern kommt.« Pseudo-Lukian, *Amores* 12 (Ende),
    schreibt über das Heiligtum der Aphrodite in Knidos: »Unter den schat-
    tenreichen Bäumen gibt es heitere Lagerstätten für diejenigen, die hier fei-
    ern und schlemmen wollen. Vornehme Leute finden den Weg nur selten,
    aber das Volk strömt in Massen.« Genauso war es in Rom im Heiligtum
    der Venus Erycina (oberhalb der heutigen Porta Pia).

70 Libanios, *Rede* 30 (*Oratio pro templis*) 9 f.: »Wenn [Trupps von Mönchen]
    einem Landgut das Heiligtum genommen haben, ist dieses Landgut von
    da an blind, es liegt am Boden, es ist tot. Denn mit ihrer Seele für die Fel-
    der, oh Kaiser, sind die Tempel, diese Eingänge zu einer menschlichen
    Ansiedlung auf dem Land, im Laufe so vieler Generationen bis auf die
    Menschen der heutigen Zeit gekommen. Tot sind auch, bei den auf diesen
    Ländereien arbeitenden Bauern, alle Hoffnungen hinsichtlich der Männer,

Frauen, Kinder, Rinder, der eingesäten und bepflanzten Felder; das Landgut, dem dieses Unglück widerfahren ist, hat den Eifer seiner Bauern mit ihren Hoffnungen verloren, da sie glauben, daß sie sich, beraubt der Götter, die ihre Mühen belohnten, vergeblich anstrengen werden.«

71 Plutarch, *Das Leben Alexanders* 74; *Non posse suaviter vivi* 21, *Moralia* 1101c und 1102a–b; *Das Leben des Perikles* 6,1. Ebenso Epikur, *Brief an Menoikeus* 134. Die Hoffnung richtet sich natürlich auf das irdische Leben; erst bei Aelius Aristides (*Eleusinische Rede* 22,10) oder Porphyrios (*Brief an Marcella* 24) bezieht sich das Wort auf das Jenseits.

72 Theognis oder Pseudo-Theognis 1143, zitiert von L. Bruit Zaidman, *Le Commerce des dieux: essai sur la piété en Grèce ancienne*, Paris 2001, S. 107.

73 In den Wundergeschichten (*Libri octo miraculorum*) des Gregor von Tours (6. Jahrhundert) beschützen die Heiligen (zu denen man betet oder denen man Geschenke macht) oder der Kontakt mit ihren Reliquien die Felder vor Hagel, heilen die Kranken und helfen, Verlorenes wiederzufinden usw.

74 Horaz, *Oden* 3,24; über die Sitte, heilige Bildnisse zu polieren: Theopomp bei Porphyrios, *De abstinentia* 2,16,4 (Ed. Bouffartigue/Patillon mit Anm., S. 204); dieselbe Sitte gibt es auch in Rom (Juvenal 10,55: »die Knie der Götter mit Wachs überziehen«).

75 Der plötzliche Erfolg einer Religion (und erst recht ihr Fortbestehen, wenn sie sich einmal fest etabliert hat) ist nicht darauf zurückzuführen, daß sie besser als andere den im Menschen angelegten inneren Bedürfnissen und Wünschen gerecht wird: Diese Bedürfnisse werden von ihr erst geschaffen, oder, wie man auch sagen könnte, sie macht sie dem Menschen erst bewußt – so wie die Werbung, wenn sie ein neues »Produkt« auf den Markt bringt. Der überwältigende Erfolg von Rousseaus *Nouvelle Héloïse* (deutsch: *Julie oder die neue Héloïse*) hat eine präromantische Sensibilität geschaffen, eine künstlerische und menschliche »Mode«, die, nachdem sie einmal aufgekommen war, ihre Forderungen stellte. Eine Religion weckt die Wünsche oder Unzufriedenheiten, die ihr dann ihren Erfolg sichern.

76 Die Originalität dieses Bestsellers, der weitgehend vom zeitgenössischen Judentum (dem sogar das Proselytentum nicht fremd war) inspiriert war, hatte bereits dem Judentum innerhalb der orientalischen Religionen im Römischen Reich zum Erfolg verholfen. Die Verwandtschaft zwischen diesen beiden Religionen geht weit über das oberflächliche und nicht näher definierte Problem des Monotheismus hinaus.

77 J. Scheid, *Romulus et ses frères*, Rom 1990, S. 752.

78 *Saturnalien* 3,5,9, zit. von J. Scheid.

79 Das ist der große Unterschied zwischen dem Heidentum und dem, was Averil Cameron als die Rhetorik oder den christlichen Diskurs bezeichnet (*Christianity and the Rhetoric of Empire: The Development of Christ-*

ian Discourse, Berkeley [u. a.] 1994). Das Christentum verfügte somit über mächtige Propagandamittel.

80 Ebenso verpflichten sich in Bündnisverträgen zwei Poleis, »dieselben Völker als Freunde oder Feinde zu betrachten [*nomízein*]«. Eine Gesamtdarstellung gibt W. Fahr, *Theous nomizein: Zum Problem der Anfänge des Atheismus bei den Griechen*, Hildesheim 1969; auf die Einzelheiten sind wir nicht näher eingegangen.

81 Julian, *Hymnos auf den König Helios* 39, 153a.

82 M. Foucault, *Dits et Écrits*, Paris 1976–1988, Bd. 2, S. 1623.

83 Der 1000 Jahre alte Gemeinplatz – »jemandem glauben« sei etwas anderes als »an jemanden glauben« – geht auf den heiligen Augustinus zurück; vgl. F. Dolbeau, »Augustin d'Hippone, vingt-six sermons au peuple d'Afrique«, in: *Études augustiennes* 147, 1996, S. 50.

84 Zu den verschiedenen Akten und Gesten der Frömmigkeit vgl. L. Bruit Zaidman, wie Anm. 72, S. 19–55. Zu den Exvotos und Opferszenen in Griechenland vgl. G. Neumann, *Probleme des griechischen Weihreliefs*, Tübingen 1979, und, vom selben Autor, *Gesten und Gebärden in der griechischen Kunst*, Berlin 1965. Für Rom sei verwiesen auf das ausführliche und reich illustrierte Werk von Inez Scott Ryberg, »Rites of the State Religion in Roman Art«, in: *Memoirs of the American Academy in Rome* 22, 1955.

85 J. Scheid, »Religion romaine et spiritualité«, in: *Archiv für Religionsgeschichte* 5, 2003, S. 197–209, bes. S. 204.

86 Livius 1,24.

87 Deshalb ist die Rolle des Zeus als Schutzherr der Eide wenig ausgeprägt und nur ein flüchtiges Merkmal seiner Persönlichkeit. Von Zeus Orkios (M. Nilsson, wie Anm. 39, Bd. 1, S. 421) ist nur selten die Rede; da die Verfluchungsformel schon *per se* magisch wirkte, war für den Gott kaum noch Platz.

88 Ebd., S. 141.

89 Herodot 6,86.

90 Vgl. Catull 76,2 und 26.

91 *Arbeiten und Tage* 284; der Vers wird vom Orakel wiederholt, Herodot 6,86.

92 Dieser Beobachtungsstern stammt aus der chaldäischen Astrologie, wie M. Nilsson, wie Anm. 39, Bd. 1, S. 276 im Anschluß an Diodorus 2,30 nachgewiesen hat. Diese Astrologie kannte Plautus aus seinen hellenistischen Vorlagen. Zur hellenistischen Religion bei Plautus vgl. M. Nilsson, ebd., S. 194 f.

93 G. Petzl, *Die Beichtinschriften Westkleinasiens*, Bonn 1994 (Epigraphica Anatolica 22), S. XIII.

94 Aischylos, *Eumeniden* 55 f. Übers. E. Staiger / W. Kraus.

95 G. Petzl, wie Anm. 93, S. 52, Nr. 43.

96 F. Sokolowski, *Les lois sacrées des cités grecques*, Supplément, Paris 1962, S. 159, Nr. 91.

97 Servius, *Aeneis* 4,518: »Man darf die Riten für Juno Lucina nur mit gelösten Knoten vollziehen.« Bei einer heiligen oder magischen Handlung müssen alle Bänder gelöst sein, *pedibus nudis passo capillo* (Horaz, *Satiren* 1,8,24); *exorat pacem divum vittasque resolvit* (Vergil, *Aeneis* 3,370). Die Sibylle von Cumae löst ihre Haare, um den Gott zu empfangen (ebd., 6,48: *non comptae mansere comae*). Vor ihrem Tod öffnet Dido die Bänder ihrer Schuhe und entknotet den Gürtel ihres Kleides (4,518). Das Heiligtum auf dem Berg Kynthos in Delos darf man nur ohne Gürtel betreten (F. Sokolowski, [wie Anm. 96], S. 114, Nr. 59, Z. 20).

98 Theophrast bei Porphyrios, *De abstinentia* 2,19,4; zur Bedeutung von *lamprós*, »weiß«, nicht »leuchtend«, vgl. L. Robert, *Comptes rendus de l'Académie des inscriptions*, 1982, S. 273, Nr. 214 (*Opera minora selecta*, Bd. 5, S. 836). Auch in Rom war die liturgische Farbe Weiß (z. B. Ovid, *Tristien* 2,14,14 und 5,5,8; Perseus, *Satiren* 2,40).

99 Wir besitzen einige lateinische Sakralgesetze (G. Wissowa, wie Anm. 13, S. 6, Anm. 3; H. Dessau, *Inscriptiones Latinae selectae*, Berlin 1892–1916, Nr. 4906–4916; A. Degrassi, *Inscriptiones Latinae liberae rei publicae*, Florenz 1957–1965, Nr. 504–510; Cassius Dio 55,10,2). Sie betreffen allerdings nicht die Besucher, sondern regeln das heilige Eigentum und die Pflichten der Priester.

100 R. Cagnat / A. Merlin / L. Chatelain, *Inscriptions latines d'Afrique*, Paris 1925, Nr. 225. Man muß die Schuhe ausziehen, wenn man das Innere eines Heiligtums betritt (Euripides, *Ion* 221). Zum Verbot, die Serapis-Tempel mit Schuhen zu betreten, vgl. Varro, *Menippeische Satiren* (F. Buecheler, Nr. 439), hrsg. von J.-P. Cèbe, Bd. 11, S. 1803. Tibull 2,1,13; vgl. auch unten Anm. 103. Vermutlich waren der Besuch des Barbiers und der Bäder untersagt, da sie als verweichlichte Vergnügungen angesehen wurden. Im übrigen macht man sich von der antiken Sauberkeit falsche Vorstellungen: Die Römer rochen schlecht, ebenso ihre Kleidung. Der Geruch von Schweiß galt als Beweis von Männlichkeit. Das Bad diente nicht der Hygiene, sondern war ein Vergnügen und folglich suspekt.

101 M. Nilsson, wie Anm. 39, Bd. 1, S. 90. Die Kultordnung von Kyrene unterscheidet zwischen dem Heiligen (*hierón*), Unreinen (*miarón*) und Profanen (*bébēlon*); vgl. F. Sokolowski (wie Anm. 96), S. 187, Nr. 115, Z. 9 f.

102 Ebd., Bd. 2, S. 290. Seit Platon, *Gesetze* 1, 636b, gilt Homosexualität als »naturwidrig«.

103 Wenn man das Heiligtum auf dem Berg Kynthos betreten will, muß man »einen reinen Geist und reine Hände« haben (F. Sokolowski, wie Anm. 96, Nr. 59). »Beim Betreten eines Heiligtums muß man rein sein.

Die Reinheit erwirbt man nicht durch ein Bad, sondern der Geist muß rein sein.« (Serapis- oder Asklepios-Heiligtum auf Rhodos, ebd., bes. S. 108 und Index, s. v. *loútron*). Zitiert in F. Dunand, *Le Culte d'Isis dans le bassin oriental de la Méditerranée*, Leiden 1973, Bd. 3, S. 197– 200. Ebenso muß man in Mytilene (Sokolowski, wie Anm. 96, Supplément, Nr. 82) »das Heiligtum im Zustand der Reinheit und mit frommen Gedanken betreten«. In der Kaiserzeit auf Kreta liebt die Große Mutter die frommen Menschen: Sie werden nicht ohne Nachkommen sterben; sie verabscheut die, die sich gegen die Götter versündigen: Man darf das Heiligtum nur frommen Herzens und mit frommen Worten betreten (*Inscriptiones Creticae*, Bd. 1, 23, Nr. 3; vgl. M. Nilsson, wie Anm. 39, Bd. 2, S. 290). Nach dem Sakralgesetz von Epidauros muß man, um das Heiligtum im Zustand der Reinheit zu betreten, nicht ein Bad genommen haben, sondern reinen Geistes sein (Porphyrios, *De abstinentia* 2,19; Clemens von Alexandria, *Stromates* 4,22, S. 71). In einer Isis-Litanei (*Papyrus Oxyrhynchus* 1380, Sp. 7, Z. 152) heißt es: »Dich sehen diejenigen, die dich anrufen [*katá to pistón*]«; Festugière übersetzt: »Diejenigen, die des Glaubens würdig [*fide digni*] sind, weil sie dich unter deinem wahren Namen anrufen.« F. Chapouthier, »De la bonne foi dans la dévotion antique«, in: *Revue des études grecques* 45, 1932, S. 391–396, versteht, im Anschluß an Apuleius, *Metamorphosen* 11,5,2, unter der *bona fides* die für das Gebet notwendige rechtschaffene Absicht.

104 Theophrast, *De pietate*, bei Porphyrios, *De abstinentia* 2,19,5; vgl. auch Anm. 7 in der Ausgabe Bouffartigue/Patillon, S. 206.

105 Porphyrios, *De abstinentia* 2,61,1.

106 Ovid, *Fasten* 6,251: *in prece totus eram*. Vgl. Plinius der Jüngere, *Panegyricus* 1,3,5: Die Götter lieben die Aufrichtigkeit; sie wollen, daß man sich ihren Altären mit reinen und keuschen Gedanken nähert; allzu gekünstelten Gebeten ziehen sie die Unschuld und heilige Gedanken vor.

107 Zu diesen Spöttern vgl. Platon, *Gesetze* 10, 908c. Vgl. ebenso die lange Inschrift, die über die von Asklepios in Epidauros bewirkten Wunder Auskunft gibt (*Inscriptiones Graecae* 4,1,121 ff.; W. Dittenberger, *Sylloge inscriptionum Graecarum*, 3. Aufl., 1168, III, IV, IX, X, XXXVI): Ein Pilger glaubt nicht an die Heilungsberichte und die Exvotos, auf denen diese bezeugt sind. Eine Frau bezweifelt die Heilungen. Mehrere Besucher machen sich über die Naivität eines Einäugigen lustig, der hoffte, sein Augenlicht wiederzugewinnen. Ein Passant bestreitet, daß Asklepios ein zerbrochenes Gefäß wieder instandsetzen kann. Der Gott bestraft einen hinkenden Spötter, indem er auch seinen anderen Fuß lahm werden läßt; schließlich aber läßt er sich durch dessen Gebete doch noch erweichen und schenkt ihm seine Gehfähigkeit zurück.

108 Hesiod, *Werke und Tage* 755 f., wenn dies der Sinn ist von *mē mōmeúein*

aídēla, nichts an einem unbekannten Opferritus auszusetzen haben (U. von Wilamowitz-Moellendorff, *Hesiodos Erga*, Berlin 1928, S. 126).

109 Dies könnte man aus Platon, *Gesetze* 10, 910d, erschließen, aber Platon könnte hier ebensogut die Formulierungen der Sakralgesetze zitiert und ihnen einen ganz eigenen Sinn gegeben haben.

110 F. Sokolowski, wie Anm. 96, Nr. 66, Z. 23–26 und Nr. 68, Z. 2–7; Supplément, Nr. 33.

111 Theophrastos, *Peri Eusebeias*, griech. Text, hrsg., übers. und eingel. von W. Pötscher, Leiden 1964, Fragment 7, S. 159–161. Dies ist die erste der drei delphischen Anekdoten, die Porphyrios, *De abstinentia* 2,15–17 zitiert (Ausgabe Bouffartigue/Patillon, coll. Budé, Bd. 2, S. 83–86 und Anm. S. 203–205). Theophrast und Porphyrios ziehen daraus den Schluß, daß die Götter bescheidenen Gaben und unblutigen Opfern den Vorzug geben, aber wie T. Plüss nachgewiesen hat, sollten diese erbaulichen Anekdoten in Wahrheit zeigen, daß man den Göttern gegenüber bescheiden auftreten müsse (»Phidyle«, in: *Neue Jahrbücher für klassisches Altertum* 3, 1899, S. 498); vgl. M. Nilsson, wie Anm. 39, Bd. 1, S. 648. So erklärt sich vermutlich auch ein mißverstandenes Sprichwort, das Horaz, *Oden* 3,16,21 f., humorvoll zitiert: »Gibt doch jedem, je mehr er sich versagt, der Gott / Um so mehr« (Übers. H. Färber). Menschen, die, wie die Götter es wollen, nur bescheidene Ansprüche stellen, werden entsprechend belohnt.

112 Euripides, *Fragment* 946, Nauck. Übers. G. A. Seeck.

113 Herondas, *Mimiambi* 4,12–19; W. van Andringa, »Autels de carrefour, organisation vicinale et rapports de voisinage à Pompéi«, in: *Rivista di studi Pompeiani* 11, 2000, S. 77. Zum Verhältnis zwischen dem Opfer und dem zugehörigen Exvoto vgl. *Anthologie* 6,147 (Kallimachos, *Epigramm* 54), zitiert in: *Revue archéologique* 2, 1983, S. 283: Sollte Asklepios erneut fordern, was sein Anhänger ihm gelobt hatte (*euxámenos*), könnte das Täfelchen bezeugen, daß der Gott seinen Lohn bereits erhalten hat! Ovid, *Metamorphosen* 9,792: *dant munera templis, addunt et titulum*. Weil man die Götter liebt, bezeugt man mit einem Exvoto sowohl seine Dankbarkeit wie auch die Einlösung des Gelübdes. Aber da man weder Sklave noch Kind der Götter ist, handelt es sich auch um eine Form der Bezahlung und einen entsprechenden Nachweis.

114 Vgl. Euripides, *Ion* 1317 und Horaz, *Oden* 3,23.

115 Der Ion des Euripides erklärt (1312–17): »Wie grausam ist die Satzung, die der Gott / Uns gab, und jeder Einsicht völlig bar! Die Frevler werden nicht verstoßen, man / Empfängt sie, wo die schuldbefleckte Hand / Doch nichts berühren darf.« Übers. E. Buschor. Später aber, im 2. Jahrhundert n. Chr. in Lindos, »durfte das Gewissen durch keine böse Tat belastet sein« (W. Dittenberger, wie Anm. 107, Nr. 983; F. Sokolowski, wie Anm. 96, S. 238, Nr. 139). Im 2. Jahrhundert v. Chr. er-

wähnte ein Gesetz von Eresos bereits die Verräter und Mörder (ebd., Nr. 124).

116 H. Seyrig, »Quatre cultes de Thasos«, in: *Bulletin de correspondance hellénique* 1927, S. 197. Zum Ablegen der Schuhe vgl. Euripides, *Ion* 221 (*leukópous*) und oben Anm. 100.

117 Pausanias 7,25,7: *asebḗs eseltheín thélōn theásasthai.*

118 Belege bei F. Sokolowski, wie Anm. 96, Supplément, S. 183.

119 So auch bei Platon, *Gesetze* 4, 716d–717a: Der Böse ist *akáthartos, miarós.*

120 F. Sokolowski, wie Anm. 96, Supplément, S. 181, Nr. 112.

121 *Ilias* 16,387 und 24,503. Übers. J. H. Voß.

122 *Ilias* 9,499–501. Die Götter haben auch Mitleid mit den Schiffbrüchigen (*Odyssee* 5,447 f.).

123 *Ilias* 24,44: *oudé hoi aidṓs.* Übers. J. H. Voß.

124 Vgl. *Ilias* 21,74. Odyssee 17,483–487: »Übel, Antinoos, tatest du, den armen Fremdling zu werfen! / Unglückseliger! Wenn er nun gar ein Himmlischer wäre! / Denn oft tragen die Götter entfernter Fremdlinge Bildung; / Unter jeder Gestalt durchwandern sie Länder und Städte, / Daß sie den Frevel der Menschen und ihre Frömmigkeit schauen.« Übers. J. H. Voß. Eumaios rühmt sich seiner *thémis*, die darin besteht, den Fremden und den Bettler nicht zurückzuweisen (14,56 f.). Es ist rücksichtslos, sie zurückzuweisen, und löblich, sie aufzunehmen, während auch zu töten und nicht zu stehlen nicht als Verdienst gilt.

125 *Ilias* 24,503.

126 Diese Idee ist in der ganzen Antike verbreitet. Horaz, *Oden* 3,6,5: *dis te minorem quod geris, imperas* (die Götter sind die »Mächtigsten«, die *kreíttones* der Griechen; die Frömmigkeit besteht darin, ihre Überlegenheit ehrfurchtsvoll anzuerkennen).

127 Die folgenden Ausführungen stützen sich auf J. H. W. G. Liebeschuetz, wie Anm. 58, S. 39–54 (»Morality and religion«).

128 Plinius der Ältere, *Naturalis historia* 2,7,18. Übers. M. Giebel. Zur Formulierung *deus est* vgl. Euripides, *Helena* 560: »Es ist ein Gott, diejenigen, die man liebt, wiederzusehen.« Vgl. H. Usener, *Götternamen. Versuch einer Lehre von der religiösen Begriffsbildung*, Frankfurt a. M. 1948, S. 290.

129 Properz 3,22,21: *quantum ferro, tantum pietate potentes stamus* (der gesamte Kontext macht den Sinn deutlich). Zur Frömmigkeit, Milde und Menschlichkeit der Römer vgl. P. A. Brunt, *Roman Imperial Themes*, Oxford 1990, S. 314–316 und 439; P. V., in: *L'Homme romain*, hrsg. von A. Giardina, Paris 1992, S. 433–439 (deutsch: *Der Mensch der römischen Antike*, Frankfurt a. M. [u. a.] 1991).

130 Vgl. vor allem Cornutus, *Theologiae Graecae compendium* XVI (S. 168, Gale; 24, Lang) und M. Nilsson, wie Anm. 39, Bd. 1, S. 503.

131 *Odyssee* 6,120 f. und 9,175 f. Übers. J. H. Voß. Man vergleiche mit der
Sprache Abrahams: »Ich sagte mir: Vielleicht gibt es keine Gottesfurcht
[keine Furcht vor den *Elohim*] an diesem Ort, und man wird mich wegen
meiner Frau umbringen« (Gen 20,11). »Die *Elohim* fürchten« ist hier
gleichbedeutend mit »moralisches Empfinden haben«. Die Religion ist
Zeichen der Zivilisation, der Zugehörigkeit zu den allgemeinen Gesetzen
der Menschheit. Man muß das Wort hier mit dem echten Plural übersetzen,
nicht mit dem Pluralis majestatis, da Abraham wenig später sagt:
»Die *Elohim* ließen mich ins Ungewisse ziehen«. Das Verb steht im Plural
und nicht im Singular, wie er nach einem Pluralis majestatis üblich ist.
Möglicherweise paßt Abraham hier seine Sprache der des polytheistischen
Abimelech an, oder aber hier zeigt sich eine Spur des alten jüdischen Polytheismus (oder besser gesagt der Nicht-Exklusivität des künftigen eifer-
süchtigen Gottes), für den es in dieser Textpassage noch andere Hinweise
gibt. Es ist nicht absurd, Odysseus und Abraham Seite an Seite zu stellen,
da diese Episode aus dem Leben Abrahams kein historischer oder theolo-
gischer Bericht ist, sondern eine alte Legende, erzählt *ad delectandum*,
»analog den Berichten arabischer Geschichtenerzähler«, sagte Renan, der
auch den Namen des Odysseus ausdrücklich nennt (E. Renan, *Légendes
patriarcales des Juifs et des Arabes*, unveröffentlichte Vorlesung, hrsg. von
L. Rétat, Paris 1989, S. 38–40).

132 Chariton von Aphrodisias, *Chaireas und Kallirhoë* 3,3 f.

133 L. Bruit Zaidman, wie Anm. 72, S. 104–109 und 113–118; sie spricht von
einer Integration des sozialen und des religiösen Modells.

134 Pausanias 4,8,2; M. Casevitz, »Sur la piété de Pausanias« in: *Impies et
Païens entre Antiquité et Moyen Âge*, hrsg. von L. Mary und M. Sot, Paris 2002, S. 61. Vgl. die genaue Analyse desselben Autors »Pausanias
croyait-il aux dieux?« in: G. Dorival / D. Pralon (Hrsg.), wie Anm. 23,
S. 81–92.

135 Xenophon, *Das Leben des Agesilaos* 3.

136 Vgl. dazu den Bericht des Polybios über die Zerstörung der Tempel im
makedonischen Dion und im ätolischen Thermos (4,62,3–4; 5,8–11; 9,36;
11,7,2). Nach Ansicht dieses Vollblutpolitikers, den die Massaker an der
Bevölkerung nicht weiter beeindrucken, muß man im Krieg die Heiligtümer verschonen und »gegen die Menschen, nicht gegen die Götter
Krieg führen«. Vgl. auch Livius 31,30 (im Anschluß an Polybios): Als
die Athener von Philipp von Makedonien belagert werden, räumen sie
ein, daß es gemäß Kriegsrecht erlaubt sei, das feindliche Territorium zu
verheeren und die Bevölkerung zu versklaven. Sie klagen Philipp jedoch
an, gegen »alle göttlichen und menschlichen Gesetze« verstoßen zu haben: Er habe die Tempel der überirdischen Götter eingerissen und gegen
die unterirdischen Götter Krieg geführt, indem er Grabstätten zerstörte.

137 Livius 3,57,1 (*legum expertem et civilis et humani foederis*) und 3, zit.

von Dolorès Pralon-Julia, in: G. Dorival / D. Pralon (Hrsg.), wie Anm. 23, S. 104.

138 A. D. Nock, *Essays on Religion and the Ancient World*, Oxford 1972 (korr. Nachdr. 1986), Bd. 1, S. 260. M. Nilsson, wie Anm. 39, Bd. 1, S. 739, 748, 760, 755; Bd. 2, S. 197.

139 Z. B. Aischylos, *Agamemnon* 160–178.

140 Die erhabene Vorstellung, die sich eine antike Philosophie von der Gottheit macht, eine manchmal erhabenere Idee als die von irgendeinem wirklichen oder angenommenen Monotheismus, hängt nicht davon ab, ob diese Philosophie monotheistisch ist. Meistens stellt sie sich diese Frage erst gar nicht, sondern man spricht unterschiedslos von Gott oder von den Göttern. Platon, die Stoiker und Plotin sind Polytheisten. Der Monotheismus hat seine Wurzeln nicht im Orient und in der Wüste, sondern ist das Ergebnis des Kampfes bestimmter exklusiver Religionen gegen andere Religionen, eines Kampfes, der mit der antiken Vorstellung bricht, daß jedes Volk seine eigene Religion hat oder daß alle Götter wahr und sogar identisch sind und nur unterschiedliche Namen tragen.

141 *Odyssee* 24,351 f. Übers. J. H. Voß.

142 *Ilias* 16,364 f.

143 Ebd. 384–392. Übers. J. H. Voß.

144 Hesiod, *Werke und Tage* 6. Übers. O. Schönberger.

145 Vgl. dazu ebd. 239–280. Übers. O. Schönberger.

146 Ebd. 219.

147 Ebd. 229.

148 Zeus hat das silberne Geschlecht vernichtet und wird auch das eiserne wegen seiner Verfehlungen dem Untergang weihen. Das bronzene Geschlecht wiederum hat sich durch seine eigenen Gewalttätigkeiten selbst umgebracht. Vgl. U. von Wilamowitz-Moellendorff, wie Anm. 108, S. 142.

149 *Ilias* 24,527–533. Die Unvorhersehbarkeit der Weltläufte wurde als Zeus bezeichnet, dessen Launenhaftigkeit immer sehr stark ausgeprägt war (17,176). Erfolgreiche Anschläge von Piraten waren angeblich von Zeus gewollt (*Odyssee* 14,86). Als der Paganismus moralischer wird, gilt die Unvorhersehbarkeit nicht mehr als das Werk des Zeus, des gerechten Gottes, sondern als das der Tyche, der Fortuna.

150 *Werke und Tage* 280.

151 Ebd. 325–334. Ebenso gibt Theognis Kyrnos den Rat, nicht zu den ungerechten Menschen zu gehören, die sich das Hab und Gut eines anderen aneignen, »ohne sich um die unsterblichen Götter im geringsten zu kümmern« (*Theognis* 1147–1150).

152 *Werke und Tage* 303 f. Übers. O. Schönberger.

153 Die genaue Bedeutung des Hapax legomenon *pȳgostólos* ist unbekannt, das Wort ist aber vom Dichter gewiß nicht lobend gemeint.

154 Zu *Átē*, dem »fatalen Irrtum«, vgl. S. Saïd, *La Faute tragique*, Paris 1978, S. 77–84.

155 *Ilias* 9,502–515.

156 Hesiod, *Werke und Tage* 248 f. Übers. O. Schönberger.

157 Ebd. 273. Übers. O. Schönberger.

158 Menander, *Epitrepontes* 1084–1091, Sandbach. Übers. A. Körte.

159 Aristophanes, *Die Ritter* 32. Übers. L. Seeger.

160 Man beachte die Nüchternheit der Argumente, die Lysias in einem Fall, bei dem es um staatliche Opfer geht, seinem Ankläger in den Mund legt: Es gibt weder einen Satz zu den Göttern noch zur Frömmigkeit, sondern alles konzentriert sich auf die öffentlichen Finanzen. (30, *Gegen Nikomachos* 17–21).

161 Isokrates 8, *Für den Frieden* 33; 15, *Antidosis* 282.

162 Ders., 1, *Für Demonikos* 13.

163 Euripides, *Iphigenie im Taurerlande* 275 f. (Übers. E. Buschor): »Ein Nichtsnutz aber, frech und ohne Scheu, / Verhöhnt ihn ...« (die Frechheit, *anomía*, ist offensichtlich das Gegenteil der Gerechtigkeit: *Ion* 442 f.).

164 Platon, *Gesetze* 3, 701b–c. Übers. F. Susemihl.

165 Aischylos, *Eumeniden* 910–912. Mein Dank gilt Didier Pralon, der mich an seinem Wissen freundlicherweise hat teilhaben lassen und mich über den Sinn dieser drei unklaren Verse (der Text wurde gelegentlich korrigiert) aufgeklärt hat. »Diese Gerechten hier« sind entweder die Zuschauer des Dramas oder, nach Sommerstein, die Areopagiten (vgl. V. 487). Die Konjektur von Heath »Lass es vor allem den frommen Menschen wohl ergehen« (statt »Die Gottlosen aber stoße aus«) ändert im übrigen nichts an der Gleichsetzung von Frömmigkeit und staatsbürgerlicher Tugend. Selbst Platon glaubt an diese Äquivalenz, oder aber er hält es für angebracht, den Volksglauben aufzugreifen (*Gesetze* 10, 910b).

166 R. MacMullen, *Paganism in the Roman Empire*, New Haven / London 1981, S. 93. Zu Aeskulap in Rom vgl. F. Matz / F. von Duhn, *Antike Bildwerke in Rom mit Ausschluß der größeren Sammlungen*, Leipzig 1881/82.

167 Athene verteidigt Athen in der Götterversammlung. So heißt es in dem Orakel, das den Athenern vor der Schlacht bei Salamis gegeben wurde: Pallas Athene setzt sich bei Zeus für ihre Stadt ein (Herodot 7,141). Neun Jahrhunderte später, bei der Invasion der Goten im Jahre 397 unserer Zeitrechnung, erscheint die Göttin auf der Stadtmauer von Athen und hindert Alarich daran, die Stadt zu plündern.

168 J. Scheid, »Sacrifice et banquet à Rome: quelques problèmes«, in: *Mélanges de l'École française de Rome* 97, 1985, S. 193–206.

169 Zu dem auf die Priester beschränkten Verzehr des Opferfleischs vgl. die *Akten der Arvalbrüder*. Zum Verkauf des Fleischs vgl. Valerius Maximus

2,2,8 und den Kommentar in Th. Mommsen, *Römisches Staatsrecht*, Leipzig ³1887 f., Bd. 2, 1, S. XII, Anm. 1.

170 M. Nilsson, wie Anm. 39, Bd. 2, S. 372. Bei dem Publikum, das am Anfang der *Historien* des Tacitus bei dem Opfer Galbas zugegen ist, handelt es sich nicht um Teilnehmer, sondern um Schaulustige. Bei einem Opfer vor dem Tempel des kapitolinischen Jupiter konnten nur ein paar Tausend Menschen zuschauen, da der Platz vor dem Kapitol nur 7000 m² groß war und zudem von einer Vielzahl kleinerer Tempel, Statuen und Weihdenkmäler verstellt war.

171 Dies sind nur zwei von unzähligen Beispielen, vgl. H. Dessau, wie Anm. 99, Nr. 7263, 1855 (*Genius portorii publici* an der unteren Donau), 2447 (*Genius tabularii principis*).

172 Manchmal versperrt ein überraschender Vorhang, der den gesamten Hintergrund der Szene bedeckt, seinen bescheidenen Akteuren den Blick auf den weiten bäuerlichen Hintergrund, so auf einem Exvoto im Museum von Athen (G. Neumann, wie Anm. 84, S. 63 und Tafel 40 B; vgl. auch F. T. van Straten, *Hiera Kala: Images of Animal Sacrifice in Greece*, Leiden 1995, Abb. 57); vgl. ebenso das oft abgebildete Exvoto der Münchner Glyptothek, z. B. in R. R. R. Smith, *Hellenistic Sculpture, a Handbook*, London 1991, S. 186 f. und Abb. 214.

173 P. V., »Les cadeaux des colons à leur propriétaire«, in: *Revue archéologique* 2, 1981, S. 245–252.

174 Vgl. P. V., *L'Empire gréco-romain*, Paris 2005, Kap. 5, Anm. 161.

175 P. V., »Les saluts aux dieux«, in: *Revue archéologique* 1, 1985, S. 51 und Abb.; vgl. außerdem »La Vénus de Trimalcion«, in: *Latomus* 23, 1964, S. 802–806. Zur Venus-Statuette als Mitgift vgl. F. Burkhalter, »Les statuettes en bronze d'Aphrodite en Égypte«, in: *Revue archéologique* 1, 1990, S. 51–60. In den Lararien fanden sich auch andere Gottheiten als die Laren oder Penaten, vgl. M. Nilsson, »Roman and Greek Domestic Cult«, in: M. N., *Opuscula selecta*, Lund 1960, Bd. 3, S. 277.

176 Sueton, *Domitian* 17,2.

177 H. Dessau, wie Anm. 99, Nr. 3594–3608. Auf den Inschriften werden diese Laren als *casanici, domestici* oder *familiares* bezeichnet.

178 Um das Jahr 303 bestimmt der Kanon 60 der Synode von Elvira, daß ein aus einem solchen Grund umgebrachter Herr nicht als Märtyrer zu betrachten sei (dies steht im Einklang mit der offiziellen Lehre: Man darf die Verfolger nicht provozieren). Dieser – einen so speziellen Fall regelnden – Entscheidung liegt vermutlich ein lokales Ereignis zugrunde, das großes Aufsehen erregt hatte.

179 Das kann sehr weit gehen. Die Herrin eines Landguts vor den Toren Roms, in Torre Nuova, entstammte einer illustren Familie aus der Stadt Mytilene, deren Schutzgott Dionysos war. Diese große Dame schloß sich mit ihren Verwandten und mehreren Domestiken einer Gemein-

schaft von Anhängern des Dionysos an und machte auf diese Weise aus diesem Schutzgott einer griechischen Stadt mitten in Italien das Äquivalent ihres häuslichen Laren. Wie John Scheid schreibt (»Le thiase du Metropolitan Museum«, in: *L'Association dionysiaque dans les sociétés anciennes*, Actes de la table ronde organisée par l'école française de Rome, Rom 1986 [Collection de l'école française de Rome 89], S. 275) und mir gegenüber noch einmal mündlich bestätigt hat, darf man in diesem berühmten Monument nicht nach dionysischer Mystik suchen; es bringe vielmehr Patriotismus für ihre griechische Heimat und eine beträchtliche Portion herrschaftlicher Arroganz zum Ausdruck.

180 Cyprian, *Briefe* 55,13,2; Eusebius, *Kirchengeschichte* 5,21. Weitere Belege bei A. von Harnack, *Die Mission und Ausbreitung des Christentums in den ersten drei Jahrhunderten*, Leipzig 1924, S. 193, Anm. 1 und 3.

181 G. Wissowa, wie Anm. 13, S. 399; J. Marquardt, *Römische Staatsverwaltung*, Leipzig ²1881–88, Bd. 3, S. 208–210.

182 O. Kern, *Die Inschriften von Magnesia am Meander*, Berlin 1900, Nr. 100 b. Man hat u. a. in Athen, Sparta, Pergamon und Mytilene eine Reihe völlig identischer kleiner Altäre gefunden, die offenkundig alle nach einem Dekret, das den feierlichen Einzug eines Königs (so auf dem Papyros von Gourob), eines *imperator* (Pompeius in Mytilene) oder eines Kaisers feierte, errichtet wurden; vgl. P. V., in: *Latomus* 21, 1962, S. 72–75; L. Robert, »Sur un décret d'Ilion et sur un papyrus concernant des cultes royaux« in: *American Studies in Papyrology*, I: *Essays in Honor of Bradford Welles*, 1966, S. 175–211. In Priene dürften sich kleine Altarschilder auf die Einrichtung eines öffentlichen Kultes für Athene Polias beziehen, der vielleicht unter Domitian eingeführt wurde (*Inschriften von Priene*, hrsg. von F. Hiller von Gärtringen, Berlin 1906, Nr. 164–167). Wahrscheinlich weil Toulouse einen städtischen Kult für die Minerva Domitians eingerichtet und dies dem Kaiser durch Gesandte hatte mitteilen lassen, wird die Stadt von Martial 9,99,3 (Lindsay) als *Palladia* bezeichnet.

183 Die Sanktion *ámeinon* oder *mē ámeinon* ist auf den griechischen Inschriften Dutzende von Malen zu lesen. Auf der Insel Kos (W. Dittenberger, wie Anm. 107, Nr. 398) bestimmt das Volk einen heiligen Tag, um die Niederlage der Gallier vor Delphi zu feiern. Alle Bewohner sollen sich an jenem Tag bekränzen »und denjenigen, die sich bekränzen, soll es wohl ergehen«. – Umgekehrt wurden frevelhafte *Attentate* bestraft: Unter der Herrschaft Alexanders des Großen oder etwa in dieser Zeit verurteilen die Behörden von Ephesos einige Einwohner von Sardes zum Tode, weil sie sakrosankte ephesische Gesandte überfallen hatten; vgl. *Die Inschriften von Ephesos*, Bonn 1979, Bd. 1, hrsg. von H. Wankel, Nr. 6; J. und L. Robert, *Bulletin épigraphique* 1965, Nr. 342.

184 Cassius Dio 47,18; Th. Mommsen, *Römisches Strafrecht*, Leipzig 1899, S. 568, Anm. 3.

185 Tacitus, *Annalen* 1,73; *Codex Justinianus* 4,1,2 (vgl. 9,8,2): *iuris iurandi contempta religio satis deum ultorem habet.* Vgl. auch das ausführliche Beispiel bei Cicero, *De legibus* 2,17,42–44. Die »neuen Sekten und unvernünftigen Riten« werden verfolgt, aber nur, weil sie die öffentliche Ordnung stören und eine Art Aufruhr darstellen (Th. Mommsen, wie Anm. 169, S. 579, Anm. 2). Dennoch kann man hier, ebenso wie bei den Christenverfolgungen, die Ungenauigkeit der Rechtsvorschriften und das Zögern der Behörden feststellen. Der hier gemeinte Aufruhr beruht nicht auf Aktionen, sondern auf der Besonderheit und Fremdheit der Überzeugungen und Riten. In ähnlicher Weise wird das Verbrechen, Christ zu *sein* (*nomen christianum*), strafrechtlich verfolgt, nicht aber irgendwelche Handlungen.

186 Tertullian, *Apologeticum* 40 und andere Texte, zitiert von E. R. Dodds, *Païens et Chrétiens dans un âge d'angoisse*, aus dem Engl. übers. von H. D. Saffrey, Paris: La Pensée sauvage, 1979, S. 131.

187 Tacitus, *Annalen* 16,28: *qui fora, theatra, templa pro solitudine haberet*; 16,22: *secta, secessio.*

188 Die Praxeologen, die die konkreten Situationen von Kooperationsspielen untersuchten, haben herausgefunden, daß es nur zu einer rationalen Lösung kommt, wenn die beiden Konkurrenten selbst rational sind und miteinander verhandeln. Sie verhandeln aber nur zu ihrem gegenseitigen Vorteil, wenn jeder glaubt, daß der andere ebenso rational ist wie er selbst.

189 So eine berühmte Stelle im *Brief an Diognetus* 5.

190 In: *Entretiens sur l'Antiquité classique* 19: *Le Culte des souverains*, Genf 1973, S. 164.

191 *Passio Scillitanorum* 14 (H. Musurillo, *The Acts of the Christian Martyrs*, Oxford 1972, S. 88).

192 *Mosaicarum et Romanarum legum collatio* 4,4; *Codex Justinianus* 5,4,17.

193 Wie Michel Foucault sagt, sind in einer derartigen Gruppe »Häresie und Orthodoxie [...] nicht fanatische Übertreibung der Doktrinmechanismen: sie gehören wesenhaft zu ihnen«; »die Zugehörigkeit zu einer Doktrin geht sowohl die Aussage wie das sprechende Subjekt an – und zwar beide in Wechselwirkung« (*L'Ordre du discours: leçon inaugurale au Collège de France*, Paris 1971, S. 44 f.; deutsch: *Die Ordnung des Diskurses*, Frankfurt a. M. / Berlin / Wien 1982, S. 29 f., Übers. W. Seitter).

194 H. Dessau, wie Anm. 99, Nr. 4561 und 4553: In Germanien hat dies ein *beneficiarius consularis* ausgiebig befolgt: Er verehrt den kapitolinischen Jupiter, außerdem Mars Caturix und, um ganz sicher zu gehen, auch den lokalen Genius. Vgl. L. Friedländer, *Darstellungen aus der Sittengeschichte Roms*, Bd. 3, 9., neu bearb. Aufl., Leipzig 1920, S. 143 und 176–178.

195 Vgl. Caesar, *Der Gallische Krieg* 6,17,1 f.

196 Sophokles, *Antigone* 447–455. Übers. W. Kuchenmüller.

197 Euripides kann durchaus sagen, daß die Götter den Menschen »Gesetze vorgeschrieben haben« (*Ion* 442 f.), aber das ist eine Formulierung, mit der das Verbot von Inzest und Ehebruch als ehernes Gesetz bezeichnet werden soll. Die Menschen haben dieses heilige Gesetz als gegeben vorgefunden, sie haben nicht gesehen, wie die Götter es ans Firmament schrieben.

198 *Antigone* 456 f. Übers. W. Kuchenmüller.

199 »Was die Menge als ungeschriebene Gesetze bezeichnet« (Platon, *Gesetze* 7, 793a 10). Dazu gehört beispielsweise die Sitte, alles, was mit Sexualität zu tun hat, schamhaft zu verbergen (8, 841b 4). Dabei handelt es sich um keine vom Gesetzgeber erlassenen Regeln, sondern um solche, »deren Übertretung die Verachtung aller nach sich zieht« (Thukydides 2,37,3. Übers. A. Horneffer). Oder aber es ist recht und billig, daß man den Gerechten, der das Unglück hatte, seine guten Absichten scheitern zu sehen, nicht als Schuldigen behandelt (Demosthenes, *Rede über den Kranz* 275). Es war den Behörden verboten, sich auf ungeschriebene Gesetze zu berufen (Andokides, *Über die Mysterien* 85–89). Zu den ungeschriebenen Gesetzen der Eumolpiden vgl. Andokides 116 und Lysias 6,10. Der Ausdruck »ungeschriebene Gesetze« wird in einem neuen – postsokratischen – Sinn in Xenophon, *Memorabilien* 4,4,19–23 verwendet: Diese Gesetze können, da sie den unterschiedlichsten Völkern gemeinsam waren, nur von den Göttern kommen; sie schreiben vor, die Götter zu ehren, seine Eltern zu achten, sich für Wohltaten erkenntlich zu zeigen und keinen Inzest zu begehen. Die Götter haben es so eingerichtet, daß die Übertretung dieser Gesetze automatisch ihre Sanktionen nach sich zieht: Die Kinder aus einer inzestuösen Verbindung kommen mißgestaltet auf die Welt, die Undankbaren werden von allen gemieden und verabscheut. Dies ist eine Konsequenz aus der von Sokrates initiierten moralischen und religiösen Revolution.

200 M. Nilsson, wie Anm. 39, Bd. 1, S. 756 f. Wenn Antigone V. 74 f. sagt: »Länger muß ich / den Untern als den Menschen hier gefallen« (Übers. W. Kuchenmüller), handelt es sich eher um eine Allegorie, die die Ewigkeit des Absoluten der Zeit und ihren Wirren gegenüberstellt, als um den Hinweis auf eine Wiederbegegnung mit den Verstorbenen im Reich der Schatten.

201 Sophokles, *Trachinierinnen* 1266.

202 Cicero, *De legibus* 1,15,42. Übers. E. Bader / L. Wittmann. Aristoteles, *Rhetorik* 1,12 stellt klar, daß es das Naturgesetz nicht aufgrund eines Zufalls oder aufgrund einer Übereinkunft bei allen Völkern gebe, sondern weil es im Einklang mit der Natur stehe (*phýsei*). In diesem Zusammenhang zitiert er die berühmten Verse *Antigone* 456 f. Der entscheidende Moment ist der, als in der Stoa das natürliche Gesetz mit der

Vernunft identifiziert wird (G. Watson, »The natural law and stoicism«
in: *Problems in Stoicism*, hrsg. von A. A. Long, London 1971, S. 216). So
erklärt sich Cicero, *De legibus* 1,15,42: Alle griechischen Denker mit
Ausnahme der Epikureer sind im Prinzip davon überzeugt, daß das Gerechte und das Ehrenhafte auf die Natur gegründet sind; diese hat uns
die Vernunft gegeben, denn wir haben von den Göttern, von Gott manche Geschenke erhalten (ebd. 1,9,27; 12,33 ff.); das Naturrecht beruht
auf einem angeborenen Gefühl (*innata vis*, *De inventione* 2,22,65 und
53,161). – Das römische Recht und die Juristen sprechen manchmal vom
natürlichen Recht, machen davon aber keinen dogmatischen oder syste-
matischen Gebrauch. Es gibt höchstens eine naturalistische (die »natürliche Verwandtschaft«, die Blutsbande: Inzest ist den Sklaven verboten,
obwohl ihre Verwandtschaftsbeziehungen rechtlich nicht anerkannt
sind) oder eine pragmatische Auslegung (manche Einrichtungen sind
wegen ihrer Nützlichkeit allen Völkern gemeinsam). Nur im Zusammenhang mit der Sklaverei stellt die *philanthropía* in der Sprache der Juristen das natürliche Recht, das keine Sklaverei kennt, den positiven Gesetzen gegenüber, deren Legitimität jedoch nicht angezweifelt wird. Die
philosophische Konzeption des Naturrechts hatte keine Auswirkungen
auf das positive Recht. Dies wird sich erst nach Konstantin ein wenig
ändern (M. Kaser, *Das römische Privatrecht*, München 1971, Bd. 2,
S. 60–63). Hingegen spielen die Texte Ciceros (*Der Staat* 3,22,33; *Über
die Gesetze* 1,6,18 f. und 7,33) in den modernen Diskussionen über das
Naturrecht eine wichtige Rolle. – Der Gegensatz zwischen dem göttlichen Gesetz, dem der Familie, zum einen und der wirklichen Universalität, dem Gesetz der Staatsmacht, zum anderen wird in Hegels *Phänomenologie des Geistes* thematisiert; der entsprechende Abschnitt trägt
die Überschrift »Die sittliche Welt, das menschliche und göttliche Gesetz, der Mann und das Weib«. Die Frau verkörpert nämlich das göttliche Gesetz der Familie, das bald unter die Planierwalze der Dialektik
geraten wird. Hegel denkt gewiß an Antigone, auch wenn er sie nicht
ausdrücklich nennt, aber wenn ich mich recht erinnere, erwähnt er sie in
der *Enzyklopädie*.

203 Euripides, *Hekabe* 799–801.

204 Ders., *Ion* 442–445; *Der Wahnsinn des Herakles* 1315–1319.

205 Wenn ein böser Mensch bis ins Alter glücklich war, versicherte man mit
Plutarch, daß die Mühlen der göttlichen Gerechtigkeit langsam mahlten,
daß aber das verspätete Eintreffen der Strafe durch ihre Schwere ausge-
glichen werde (Valerius Maximus 1,1, Ext. 3). Wenn dieser Mensch noch
im Tod glücklich war, beteuerte man im Anschluß an Hesiod, daß sein
Geschlecht aussterben werde. Und selbst wenn der Gottlose erst spät
oder gar nicht für seine Vergehen büßte, wurde er von der Gottheit sein
Leben lang gequält, indem sie ihn ständig mit Ängsten heimsuchte und

immer neuen Gefahren aussetzte (Lysias 6,20). Die Meineidigen aber
trösteten sich mit der Hoffnung, daß nicht sie, sondern ihre Kinder bestraft würden (Isokrates 11, *Busiris* 25). Zum Schicksal dieser Kinder vgl.
auch die abschließenden Bemerkungen in Anm. 199.

206 *Hippolytos* 1102–1110. Übers. E. Buschor. Manche – durchaus namhafte
– Wissenschaftler verstehen die Stelle anders: Der Gedanke der Vorsehung sei tröstlich, und man erahne die Existenz einer Intelligenz, auf die
man seine Hoffnung setze. Damit interpretiert man etwas in den Text
hinein, was nicht in ihm steht. Wir halten uns an die genauere Übersetzung von W. S. Barrett, *Euripides: »Hippolytos«*, ed. with introduction
and commentary, Oxford 1964, S. 371. Der Chor in der *Helena*,
V. 1137–1150, scheint dasselbe zu sagen, aber hier ist der Text unsicher.

207 *Elektra* 583 f. Übers. E. Buschor. Kann man die Götter wirklich als gerecht bezeichnen? (*Die bittflehenden Mütter* 610.)

208 *Iphigenie in Aulis* 1034.

209 *Helena* 851. Übers. E. Buschor.

210 Manchmal sind sie *ásophoi* (*Elektra* 1302).

211 *Der Wahnsinn des Herakles* 655–672; *Die bittflehenden Mütter* 610–612.

212 *Iphigenie im Taurerland* 477.

213 *Troerinnen* 469. Vgl. *Iphigenie in Aulis* 1034 f.: »Sind Götter, wird ge-
rechtes Tun belohnt, / Sind keine, wozu braucht es einer Müh?« Übers.
E. Buschor.

214 *Iphigenie im Taurerlande* 560.

215 Vgl. *Hippolytos* 1349.

216 *Fragment* 286, Nauck. Vgl. *Hekabe* 488–491: »O Zeus, ich frage, siehst
du deine Welt? / Ist deine Allmacht nur ein leerer Wahn / [ein falscher
Glaube an die Existenz von Göttern] / Und blindes Schicksal führt das
Regiment?« (Der Einschub in Klammern, von Buschor nicht übersetzt,
wird oft als Interpolation angesehen.)

217 In *Gesetze* 10, 885b unterscheidet Platon drei unzulässige Vorstellungen
von den Göttern. Erstens: Sie lassen sich von Opfern und Gebeten be-
stechen, das ist die volkstümliche Vorstellung. Zweitens: Sie existieren
nicht, so die Meinung von verabscheuungswürdigen Physikern. Drit-
tens: Sie existieren, kümmern sich jedoch nicht um das Schicksal der
Menschen. Platon wendet sich energisch gegen diese letzte Vorstellung,
die sich darauf gründet, daß manche Verbrecher bis zu ihrem Tod ein
glückliches Leben führen und es ihren Nachkommen an nichts mangelt
(10, 899d–900b).

218 Xenophon, *Memorabilien* 1,4,11.

219 Die Ungläubigen sagen: »Entweder können die Götter etwas ausrichten
oder sie können es nicht. Wenn sie nichts tun können, warum betest du
dann?« (Mark Aurel 9,40). In den sog. *Pseudoclementinen*, einem Clemens von Rom zugeschriebenen Roman, sind nach den Worten eines ins

Unglück geratenen Atheisten Gebete und Frömmigkeit ohne Nutzen: Alles hänge vom Horoskop ab (14,3; französ. Übersetzung A. Siouville, 1933, S. 292). Dieser Ungläubige hat also, indem er die Vorsehung leugnet, das große religiöse Problem der Gebildeten in der Epoche des Hellenismus und der Kaiserzeit angeschnitten: Wird die Welt von der Vorsehung, der unberechenbaren Fortuna oder einem unabwendbaren Schicksal regiert? Wenn alles gut verläuft, beruft man sich auf die Providentia, im Unglück gibt man der Fortuna die Schuld (Chariton 3,3 und 2,8). »Man mag einwenden: Was nützt mir alle Philosophie, wenn es ein Fatum gibt? Was nützt sie, wenn ein Gott die Welt regiert? Was nützt sie, wenn der Zufall herrscht?« (Seneca, *Briefe an Lucilius* 16,4; Übers. E. Glaser-Gerhard). Ein Überblick über die drei Mächte findet sich bei Plinius dem Älteren, *Naturgeschichte* 2,7,5,15–26. Schon in dem Gebet der *Troerinnen* des Euripides (V. 884–888) wird die Frage gestellt, ob die Welt letztlich durch das Gesetz des Stoffes oder die Vernunft, die auch im Menschen vorhanden ist, gelenkt wird. Zur Rolle der Fortuna vgl. *Hekabe* 491; *Elektra* 890; *Der Kyklop* 354. Konstantins »Karfreitagsrede« 5–7 bildet das Buch 5 des von Eusebios verfaßten *Das Leben Konstantins*, hrsg. von I. A. Heikel. Dasselbe Phänomen ist auch im Alten Testament bezeugt: Die Leugner Jahwes »bestreiten nicht seine Existenz: Sie glauben weder an sein Eingreifen noch an seine Macht; sie beschließen, auf ihn zu verzichten« schreibt Marguerite Harl in G. Dorival / D. Pralon (Hrsg.), wie Anm. 23, S. 126.

220 Kritias bei Sextus Empiricus, *Gegen die Physiker* 1,54 in H. Diels / W. Kranz, *Die Fragmente der Vorsokratiker*, Zürich [17]1974 (unveränd. Nachdr. der 6. Aufl.), B 25.

221 Isokrates 11, *Busiris* 24. Die Vertreter dieser Lehre sind vermutlich die Verfasser des orphischen Mythos oder der dionysischen Initiationen.

222 Polybios 6,56,11 f. Übers. K. F. Eisen. Zur Vereinnahmung der Religion für die Politik in Rom vgl. Lily Ross-Taylor, *Party Politics in the Age of Cesar* (französisch: *La Politique et les Partis au temps de César*, Paris 1977. Übers. M. / J.-C. Morin), Kap. 4. Cicero, der sich in *De divinatione* über die Weissagekunst lustig macht, verteidigt sie aus offensichtlichen Gründen, nämlich wegen ihrer politischen Opportunität, im Buch 2 *Über die Gesetze*. Wie Max Weber feststellt (*Gesammelte Aufsätze zur Religionssoziologie*, Tübingen 1920/21, Bd. 2, S. 39), haben alle ritualistischen Religionen, die jüdische und römische Religion eingeschlossen, sich die Fähigkeit zunutze gemacht, in äußersten Notfällen rituelle Hintertüren zu öffnen.

223 Natürlich ist die *rustica* Phidyle, deren Name »die Sparsame« bedeutet, eine *vilica*, eine Sklavin, die mit der Verwaltung des Landgutes betraut ist. Sie darf ihren Herrn nicht mit teuren Opfern schädigen (wie es sich die auf dem Land arbeitenden Sklaven, die an diesem Tag Fleisch essen

könnten, wünschen würden): Dies war für alle Zeitgenossen des Horaz eine Selbstverständlichkeit. Es war der *vilica* verboten, ohne Einverständnis ihres Herrn Opfer darzubringen; vgl. Cato, *De agricultura* 143; Columella 1,8,6 und 11,1,22. Sie darf weder dem Aberglauben, noch dem Essen oder dem Wein zugeneigt sein (12,1,3). Wir sind in der ländlichen Poesie des Sklaventums, in der Welt des *Old South*, der alten Südstaaten, in der Welt von *Vom Winde verweht*, in der Welt der algerischen Siedler, die »ihre Eingeborenen lieben«, so wie Horaz seine Phidyle liebt.

224 Der Sinn von *immunis* ist umstritten. Das Wort bedeutet entweder »ohne etwas zu bezahlen«, »ohne etwas zu schulden«, »ohne etwas bezahlen zu müssen« oder »ohne eine Schuld abtragen zu müssen«; vgl. das Wortspiel in Plautus, *Trinummus* 350 und 353. Ein Liebesverhältnis, bei dem die Geliebte, im Gegensatz zu den in den besseren Kreisen herrschenden Gepflogenheiten, nicht bezahlt wird, wird bei Horaz als *immunis* bezeichnet. *Immunis* wird oft mit »unschuldig« übersetzt, *immunis (sceleris)*. Meines Erachtens bedeutet *immunis* hier eher »ohne bestimmten Grund, aus reiner Frömmigkeit«; es geht nicht darum, ein versprochenes Exvoto einzulösen oder den Göttern für eine Wohltat zu danken. Laut Theophrast opfert man vor allem aus drei Gründen: um die Götter zu ehren, um ihnen für eine Gunst zu danken oder um sie um einen Gefallen zu bitten, indem man ein Gelübde ablegt. Bei Horaz berührt die Hand den Altar noch aus einem vierten Grund: aus Frömmigkeit und Liebe. Sie vollführt hier eine symbolische Geste und spendet den Göttern eine Gabe, die nicht weniger symbolisch ist: nur etwas Mehl und Salz (und beispielsweise kein Tier). Und die Penaten lassen sich von dieser symbolischen Geste der reinen Frömmigkeit anrühren; sie besänftigt sie mehr, als es ein kostspieliges Opfer vermocht hätte. Der folgende Vers, *non sumptuosa blandior hostia*, erklärt das Wort *immunis* durch den Hinweis, daß diese Hand keine Opfergabe bereithält.

225 Zu *tetigit aram* vgl. *aras contegerunt* (sic) in den Akten der Arvalbrüder, hrsg. von J. Scheid (*Commentarii fratrum Arvalium*, Rom 1998, Nr. 101, Z. 5, S. 303). Scheid legt in *Romulus et ses frères* (vgl. Anm. 77), S. 522 und 629 dar, daß das Verb *contingere* nur aus dem Kontext seinen genauen Sinn bezieht. Es kann sich um eine Geste der Designation, der Aneignung oder der Konsekration handeln. Hier ist es eine Weihegeste.

226 In dem Ausdruck *blandior victima* ist der Ablativ *victima* keine adverbiale Bestimmung des Grundes, sondern bezeichnet ein Maß oder einen Unterschied (*uno pede altior* bedeutet »(um) einen Fuß höher«, *taller by one foot, plus haut d'un pied.*)

227 Die Laren oder Penaten erhielten täglich ihren (symbolischen) Anteil an den Mahlzeiten (*adolere Penates*): Ein Sklave legte etwas Essen auf den Herd oder vor das Lararium des Hauses (G. Wissowa, wie Anm. 13,

S. 410 und Anm. 8; S. 162 und Anm. 1–4; Varro, *Satires Ménippées*, hrsg. von J.-P. Cèbe, Rom 1985, Bd. 7, S. 1181). Wenn das Essen auf dem Herd stand, rief ein Sklave: *Deos propitios!* Diese Götter waren also nicht mehr die *aversos Penates* der Ode. Oder eine fromme Frau spendete jeden Morgen Weihrauch und ein Trankopfer aus Wein (Plautus, *Aulularia* 23; G. Wissowa, wie Anm. 13, S. 12, Anm. 3). In den guten Häusern, wo die Mahlzeiten in einem gesonderten Raum eingenommen wurden, stellte man beim zweiten Gang die Statuetten der Penaten auf einen der Tische im Eßzimmer (*adhibere Penates*), brachte ihnen ein Trankopfer dar (*Aeneis* 5,6; Horaz, *Oden* 4,5,3; G. Wissowa, wie Anm. 13, S. 162, Anm. 1 und S. 173, Anm. 5; Horaz, *Oden* 4,5,31; Cassius Dio 51,19,7), und der Sklave verkündete, daß die Götter gnädig seien (Petron 60,8). Ovid beschreibt, wie an dem Abend, an dem der Dichter aus Rom ins Exil geht, seine Frau vor den *Lares aversi* zusammenbricht (*Tristien* 1,3,45).

228 Übers. J. H. Voß.

229 *Intimes Tagebuch*, 17. Februar 1804.

230 Eine Ausnahme bildet der pythagoreische Monarchismus, worauf mich Lucien Jerphagnon freundlicherweise aufmerksam gemacht hat.

231 Die Komödienschreiber machen sich darüber lustig; Belege bei Jean Martin (Hrsg.), *Ménandre. L'Atrabilaire (Dyskolos)*, Paris 1961, S. 97.

232 »Im ästhetischen Empfinden«, schreibt J.-C. Passeron, »gehört eine heterogene und unbestimmte Vielfalt extrinsischer Interessen zum künstlerischen Vergnügen. Dies läuft den Versuchen entgegen, eine spezifische reine Pikturalität oder Literarizität isolieren zu wollen.« Wie er an anderer Stelle sagt: »Das Mixtum von Gefühlen und Ideen war der wirkungsvollste Motor für wissenschaftliche oder politische [oder religiöse] Revolutionen ebenso wie die treibende Kraft für die dauerhaftesten Kontinuitäten. Mischungen dieser Art bleiben der kombinatorischen Analyse verschlossen und unempfindlich gegenüber Einwänden, die zu weit von der Evidenz der gelebten Erfahrung entfernt sind. Sie sperren sich gegen die Überführung in allzu formalisierte Modelle einer rationalen Strategie« (J.-C. P., »Mort d'un ami, disparition d'un penseur«, in: *Revue européenne des sciences sociales* 41, 2003, S. 91).

233 Aristophanes, *Wespen* 82; M. Nilsson, wie Anm. 39, Bd. 1, S. 145; Bd. 2, S. 194 und 383. Außerdem war das Verb *thýein*, »opfern«, schließlich gleichbedeutend mit »ein Tier schlachten«: Johannesevangelium 10,10; Heliodor, *Aethiopica* 2,19; vgl. insbesondere den völlig eindeutigen Text des Libanios 30, *Oratio pro templis* 17–19, der mit der doppelten Bedeutung des Verbs spielt. Seit der Odyssee hat sich der Sinn von *hiereúein* entsprechend abgeschwächt.

234 Man rühmte einen heiligen Mann, der sich seine Keuschheit bewahren konnte, »selbst als er die Feste der Märtyrer besuchte« (Théodoret de Cyr, zitiert von P. Brown, *La Vie de saint Augustin*, Paris 2001, S. 600).

235 M. Nilsson, wie Anm. 39, Bd. 2, S. 191 und Anm. 1 sowie S. 282 f.;
G. Wissowa, wie Anm. 13, S. 68. Varro ist vor allem aus dem *Gottesstaat*
bekannt; vgl. die Darstellung von Patrice Cambronne in L. Jerphagnon
(Hrsg.), *Saint Augustin. Œuvres*, Paris: Gallimard, 1998 (coll. »Bibliothèque de la Pléiade«, Bd. 1), S. 1498–1501; P. Boyancé, »Sur la théologie
de Varron« in seinen *Études sur la religion romaine*, Rom 1972, S. 253.
Doch trotz Boyancé ist es nicht sicher, daß zwischen der Dreiteilung
Varros und der durch Aetius bekannten Dreiteilung der Stoiker ein großer Unterschied besteht. Varro behauptete nicht und konnte auch nicht
behaupten, daß es drei Arten von *Göttern* gebe. Gesetzgeber, Dichter
und Philosophen hatten dieselben Götter, wie Jupiter, Neptun usw., aber
sie boten von ihnen drei unterschiedliche und mehr oder weniger genaue
Vorstellungen. In ähnlicher Weise sind laut Plutarch (*Amatorius* 18,10,
S. 763 c) Dichter, Philosophen und Gesetzgeber die drei Urheber unserer Ansichten (*dóxai*) über die Götter. Seitdem besteht der Unterschied
zwischen Varro und den Stoikern in einem einzigen Wort und nicht einmal das: Nach dem Zeugnis des Aetius gibt es drei Arten (*eídē*) der Götterverehrung (*sebasmós*), die Philosophie oder Physik (an dem letztge-
nannten Begriff erkennt man die Stoa), die mythische und die legale.
Nach Varro gibt es drei Arten (*genera*), von den Göttern zu sprechen
(*theologia*). Verehrung oder Theologie? Doch diese Theologie schließt
die Verehrung und den Kult mit ein, da Varro sagt, er selbst hätte eine
philosophische Konzeption der Götter und einen Kult ohne Bilder und
Statuen vorgezogen, so wie es der stoischen Auffassung entsprach. Im
übrigen räumt er ein, daß es von Nutzen sei, wenn das Volk einige falsche Meinungen für wahr halte (*Gottesstaat* 4,31,1). – Zur sehr anderen
Einstellung des Q. Mucius Scaevola vgl. Claudia Moatti, *La Raison de
Rome: naissance de l'esprit critique à la fin de la République*, Paris 1997,
S. 179. – Der Fall des Dion von Prusa (12,39–42 und 44) ist ganz anders
gelagert; er fragt sich nach dem Ursprung der Götterverehrung und sieht
ihn vor allem in einer Art angeborenem kindlichen Gefühl, das durch
die gesetzlichen Vorschriften und die »Ermutigungen« der Dichter be-
stärkt wird.

236 Euripides, Fragment 292, Nauck (*Bellerophontes*). Übers. G. A. Seeck.
Den Vers zitiert Chrysipp in H. von Arnim, *Stoicorum veterum fragmenta* (SVF), Bd. 3, 1125.

237 Zitiert von Sextus Empiricus, *Gegen die Physiker* 1,91.

238 Diese Überzeugung findet sich bei Pindar oder Kleanthes (vgl. Anm.
276) ebenso wie bei Plotin: Der Mensch ist keine Kreatur, er gleicht den
Göttern an Würde, wenn nicht gar an Macht. Bei Plotin ist die Seele der
Welt »Schwester« der unseren (4,3,6), und diese Verwandtschaft steht im
Gegensatz zum Pessimismus der Gnostiker, d. h. der Christen, die »es
nicht für unter ihrer Würde halten, die nichtswürdigsten Menschen als

ihre Brüder zu bezeichnen«, diesen Begriff jedoch den Sternen (die Götter sind) und der Weltseele vorenthalten (2,9,18). Bei diesen Nichtswürdigen handelt es sich um »die verächtliche Masse der Handwerker, deren
Aufgabe es ist, die für das Leben der tugendhaften Menschen notwendi-
gen Dinge herzustellen« (2,9,9); denn »die gut regierten Poleis sind nicht
die, die sich aus Gleichen zusammensetzen« (3,2,11).

239 Er ist der Vater der Menschen, die wie er den *Logos* besitzen, die Vernunft und wohlklingende Sprache, heißt es im *Zeus-Hymnus* des Kleanthes, der hinzufügt, daß diese Verwandtschaft nur das Privileg der Menschen, nicht aber der Tiere sei.

240 H. W. Pleket, »The ›believer‹ as servant of the deity in the Greek
world«, in: H. S. Versnel (Hrsg.), wie Anm. 17, S. 152–192.

241 F. Heiler, *La Prière*, Paris 1931, S. 137 (Übers. Krüger-Marty; deutsch:
F. H., *Das Gebet: Eine religionsgeschichtliche und religionspsychologische
Untersuchung*, München ⁵1923); vgl. S. 86, 104, 114, 144, 152 usw. Diese
metaphorischen Vorstellungen stehen im Gegensatz zur Auffassung der
naiven Soziologie, nach der die Religion auf mysteriöse Weise das politische System der Gesellschaft widerspiegelt; danach ergibt sich der Monotheismus aus der kaiserzeitlichen römischen Monarchie. In Wirklichkeit ist das Modell des heiligen Paulus an der Familie orientiert (Vater,
Bruder, Sohn, manchmal auch Mutter …).

242 Vgl. Horaz, *Oden* 1,34,1: *parcus deorum cultor et infrequens*. Aischylos,
Die Perser 496, bezogen auf eine Notsituation: »Wer früher nie / An
Götter glaubte, damals rief er im Gebet / Sie an.« (Übers. E. Staiger /
W. Kraus.)

243 Horaz, *Satiren* 2,3,288–295, verwendet den Begriff *timor deorum*, eine
Übersetzung von *deisidaimonía*, und nennt dafür ein Beispiel, das ver-
deutlicht, daß die Furcht vor den Göttern nicht dem biblischen *tremen-
dum* entspricht. Lukrez charakterisiert die Frömmigkeit, die nur Aberglauben oder Furcht vor den Göttern ist, als den Exzeß, der den Menschen dazu veranlaßt, »mit Opferblute der Tiere / Ihren [= der Götter]
Altar zu besprengen; Gelübd' an Gelübde zu reihen.« (5,1201 f.; Übers.
K. L. von Knebel). In Ciceros *De legibus* 2,19 und 24 und in den *Disticha Catonis* 4,38, vgl. auch 4,14, werden allzu aufwendige Opfer kluger-
weise abgelehnt.

244 Insbesondere Xenophon, *Memorabilien* 1,3,3 und Menander, *Dyskolos*
447–453; Euripides, Fragment 946; »Zaleukos« bei Stobaios 4,2,19
(Wachsmuth-Hense, S. 124): Der Gott verlangt ein reines Herz und keine hohen Ausgaben. Cicero, *De natura deorum* 2,28,71; Ovid, *Tristien*
2,75 f.; *Briefe aus Pontus* 4,8,37–42; vgl. *Fasten* 2,535; Seneca, *Über die
Wohltaten* 1,6,3; Fragment 123, Haase (Laktanz, *Göttliche Unterweisungen* 6,23,5); Perseus, *Satiren* 2,55–75; Statius, *Thebais* 2,245–248; Dion
von Prusa 13,35; 31,15; vgl. 4,75 und 33,28. Auf den Gedanken stießen

J. und L. Robert in einer Inschrift des Didymeion, publiziert von A. Rehm und R. Harder (*Bulletin épigraphique* 1958, Nr. 430, und *Opera minora selecta*, Bd. 3, S. 1627 und 1630). Die Gabe ist umso effektiver, je bescheidener sie ist (Valerius Maximus 2,5,5). Die Gabe des Armen wird wohlgefällig aufgenommen (Philostrat, *Apollonios* 5,15, Geschichte Aesops; Plinius der Ältere, *Naturgeschichte*, *Praefatio* 11: Man opfert einen gesalzenen Brei, wenn man keinen Weihrauch zur Verfügung hat). In vergleichbarer Weise hat das Gebet eines gerechten Menschen mehr Gewicht als das eines jeden anderen (Terenz, *Die Brüder* 703). Vgl. die zahlreichen Belege bei J.-P. Cèbe, wie Anm. 227, Bd. 3, S. 430, Anm. 9–11.

245 *Danaë*, Fragment 329, Nauck.

246 Xenophon, *Memorabilien* 1,3,3.

247 Platon, *Gesetze* 10, 885b.

248 Cicero, *De legibus* 2,9,22 (Übers. E. Bader / L. Wittmann), zitiert von J.-P. Cèbe.

249 Horaz, *Briefe* 1,16,57–62 und Perseus, *Satiren* 1 Anfang, zitiert von J.-P. Cèbe, wie Anm. 39, S. 206 und 278; vgl. Seneca, *Über die Wohltaten* 2,1,4: »Gelübde leisteten die Menschen sparsamer, wenn sie sie öffentlich leisten müßten.« (Übers. M. Rosenbach) Vgl. W. Kiesel, *Aulus Persius Flaccus. Satiren*, Heidelberg 1990, S. 297.

250 R. MacMullen, wie Anm. 166, S. 63: In einer Taverne in Pompeji gibt es eine obszöne Darstellung der Isis, nicht weit davon entfernt ein humoristisches Götterbankett. Das ist ebenso albern und harmlos wie das Gemälde in den Thermen der sieben Weisen in Ostia, das diesen Weisen skatologische Aphorismen in den Mund legt. Vgl. Anm. 39.

251 Plutarch, *Non posse suaviter vivi* 21, 1101c: auf die Götter vertrauen; Porphyrios, *Brief an Marcella* 24: Die vier Komponenten, die die Beziehung zur Gottheit ausmachen, sind: Wahrheit, Liebe (*erōs*), Hoffnung (*elpís*) und Vertrauen (*pístis*). Letzteres besteht in der Überzeugung, daß das alleinige Heil in der Rückbesinnung auf den Gott besteht.

252 *Aeneis* 1,10 (Übers. E. / G. Binder).

253 Dies ist auch die Meinung des naiven Euthyphron (Platon, *Euthyphron* 14a).

254 Theophrast, Fragment 10 (Pötscher, S. 164 f.) bei Stobaios 3,3,42.

255 Fragment 9 (Pötscher, S. 162 f.) nach Porphyrios 2,20,1. Vgl. Philostrat, *Leben des Apollonios von Tyana* 6,11,6: »Die Götter haben es lieber, wenn man ihnen Kleinigkeiten opfert, anstatt für sie das Blut von Stieren zu vergießen.«

256 Fragment 9, Zeile 13 (Pötscher, S. 164).

257 Fragment 7 (Pötscher, S. 158 f.).

258 Plutarch, Fragment 47, Sandbach (Bd. 15, S. 136, Plutarch-Ausgabe der Sammlung Loeb), empfiehlt die Kontinuität (*synécheia*) der frommen

Praktiken, die möglich ist, wenn man den Göttern nur Opfer darbringt, die sich leicht beschaffen lassen (*eupóristoi*). Dieser Abschnitt sollte als Testimonium in Theophrasts *De pietate* aufgenommen werden; das Wort *eupóristos* ist beiden Texten gemeinsam.

259 *Prosomileín aëí tois theoís* (Platon, *Gesetze* 4, 716d). Nikias opferte täglich »den Göttern« (Plutarch, *Nikias* 4,2), und Theokrit schrieb ein Epigramm für einen Arzt (*Anthologie* 6,337), der Asklepios jeden Tag ein Opfer brachte. Vgl. M. Nilsson, wie Anm. 39, Bd. 2, S. 188, 194, 381–383. Auf Sizilien opferte der Grieche Heius, ein Opfer des Verres, »fast täglich« (*prope quotidie*) seinen häuslichen Göttern (Cicero, *De signis*). Vgl. auch Pausanias 7,243,11. – Ein spätes Beispiel für ein tägliches Gebet stammt aus der Feder Mark Aurels bei Fronto, *Epistulae ad Marcum Caesarem* 5,25: »Jeden Morgen bitte ich die Götter um Faustinas Gesundheit«.

260 Theophrast, Fragment 7, Zeilen 33 und 52, Pötscher (Porphyrios 2,13,4; 14,3; 15,3).

261 *Éthos*, Charakter, Gewohnheit, taucht in Fragment 9 wieder auf (Porphyrios 2,19,4); *héxis*, innerer Habitus, der bestimmte (tugendhafte, freundschaftliche usw.) Handlungsweisen ermöglicht, wird in Fragment 12, Zeile 48 (S. 168, Pötscher; Porphyrios 2,24,1) im Zusammenhang mit den Göttern verwendet.

262 Diese Auffassung von der Reform Theophrasts stammt von Pötscher, S. 20. Er zitiert die peripatetische Definition der Frömmigkeit: »*Hexis* berücksichtigt Götter und Dämonen und ist zwischen Atheismus und Aberglauben (*deisidaimonia*) angesiedelt« (bei Stobaios 2; S. 147, Wachsmuth-Hense).

263 Beispielsweise Hektor (*Ilias* 24,33 f.) oder Odysseus (*Odyssee* 1,66 f.).

264 Man kann nicht als tugendhaft gelten, wenn man einmal ganz nebenbei und vielleicht nur zufällig eine tugendhafte Tat vollbracht hat. Aber hinter diesem Gedanken steckt noch mehr: Die Tugend erwirbt man, sagt Aristoteles, durch die beständige Durchführung tugendhafter Handlungen, bis dies zur Gewohnheit wird und sich auf diese Weise die Persönlichkeit des Menschen verändert. Man erkennt hier die sokratische Idee des »Bemühens um sich« im Sinne Foucaults, d. h. das Bestreben, seine Persönlichkeit durch die harte Arbeit an sich selbst zu verbessern, sich zum Objekt der Veränderung zu machen, selbst wenn dies ein schwieriger Prozeß ist, der eine Verdoppelung des Bewußtseins voraussetzt.

265 Platon, *Verteidigung des Sokrates* 29e und 36c.

266 Xenophon, *Agesilaos* 10, passim, und 11,4. Michel Foucault hat sich mit mir über dieses *Leben des Agesilaos* unterhalten, dem er eine große historische Bedeutung beimaß.

267 In diesem Sinne weisen die christlichen Apologeten der ersten Jahrhun-

derte mit Recht immer wieder darauf hin, daß das Christentum die neue Philosophie darstelle; sie beziehen sich weniger auf den Inhalt der Lehre als auf ihre Funktion: Sie besetzt denselben Platz wie die philosophischen Schulen, d. h. das innere spirituelle Erleben und die Arbeit am eigenen Ich. Ihrer Meinung nach war das Christentum allerdings eine Philosophie für alle, nicht nur für eine gebildete Elite. Der Wahrheit über den Menschen, die Welt und Gott sind alle Christen teilhaftig.

268 Libanios, *Rede* 16, *An Antiochos über den Zorn des Kaisers* 18.

269 Porphyrios, *Brief an Marcella* 16.

270 Seneca, *Briefe an Lucilius* 25,4 und 41,4; Epikur, *Brief an Menoikeus* 135; Lukrez 3,123; Plutarch, *Non posse suaviter vivi* 7 (*Moralia* 1091b–c).

271 Xenophon, *Memorabilien* 1,4. Dieses Thema wird für Galen eine große Rolle spielen; auch der heilige Augustinus wird sich im »sermo Dolbeau« 29, über die Vorsehung, weiter damit befassen; der Text wurde 1995 in der *Revue des études augustiniennes* veröffentlicht.

272 Platon, *Gesetze* 4, 716c. Übers. F. Susemihl.

273 Ebd. 716e– 717a. Übers. F. Susemihl.

274 Ebd. 716c–d. Übers. F. Susemihl.

275 Ebd. 10, 908c. Übers. F. Susemihl.

276 Dies ist das uralte Thema der Verwandtschaft zwischen Menschen und Göttern. »Ein und dieselbe ist der Menschen und der Götter Abkunft«, sagt Pindar, »von einer einzigen / Mutter her atmen wir beide, doch trennt sie gänzlich verschiedenes / Vermögen.« (*Nemeische Ode* 6,1–3; Übers. E. Dönt). Platon, *Gesetze* 4, 716d: »und wer von uns mäßig und besonnen ist, der ist eben hienach Gott wohlgefällig, denn er gleicht ihm; wer aber das Gegenteil, der ist ihm unähnlich und lebt im Widerstreit mit ihm und ist ihm verfeindet.« (Übers. F. Susemihl) Dion von Prusa 3,52: Der gute König, der von bösen Menschen niemals Gaben annehmen würde, weiß, daß die Götter sich über Weihegaben und Opfer der bösen Menschen nicht freuen, sondern nur die Gaben der Guten akzeptieren. Theophrast, Fragment 9, Pötscher (Porphyrios, *De abstinentia* 2,19,4): Die rituelle Reinheit reicht nicht aus, man muß mit einer Seele opfern, der alles Böse fremd ist. Der Gott freut sich über den göttlichen Teil in uns, denn er und wir sind Verwandte (*syngenḗs*). Vgl. Anm. 238 und 239.

277 Philostrat, *Das Leben des Apollonios von Tyana* 1,12,1: Apollonios weigerte sich, dem Asklepios einen einfältigen Menschen vorzustellen (*synístasthai*, ein Wort aus der Sprache der Diplomaten), der ihn um diesen Gefallen gebeten hat, weil jener Weise bereits der Gastfreund (*xénos*) des Gottes war. Das sei zwecklos, antwortete der Weise, er müsse ein rechtschaffener Mann sein, und das reiche aus.

278 *Anthologie* 14,71.

279 Varro, *Antiquitates rerum divinarum*, bei Arnobius 7,1, zitiert von J.-P. Cèbe, wie Anm. 227, Bd. 3, S. 430, Anm. 12.

280 Auch die Philosophen haben die Riten weder modifiziert noch abgeschafft (eine der seltenen Ausnahmen ist Theophrast, der Tieropfer ausdrücklich ablehnt). Sokrates war der Meinung, daß nur ein Dummkopf den Wunsch haben könne, ohne Not irgendetwas an den Riten »des Staates« zu verändern (Xenophon, *Memorabilien* 1,3,1; vgl. 4,6,2–4); d. h. nicht nur an den Riten des staatlichen Kultes, sondern auch an den bei seinen Mitbürgern üblichen Riten, die privaten Kulte eingeschlossen. Dies wird auch von Epiktet (*Handbuch der Moral* 31,5) vertreten. Epikur sagt, daß er den Göttern opfere, um diesen überirdischen Wesen zu huldigen; »außerdem hältst du dich damit in gewisser Weise an die religiösen Traditionen« (*Papyrus Oxyrhynchus* I, 215; A. A. Long / D. N. Sedley, *The Hellenistic Philosophers*, Cambridge 1987, Bd. 2, S. 152; A.-J. Festugière, *Épicure et ses dieux*, Paris 1968, S. 99). Porphyrios ist nicht weit davon entfernt, einen sich nur im Geist vollziehenden Kult anzuerkennen, wenn er schreibt, »die Altäre der Götter bringen, wenn man an ihnen opfert, keinen Schaden, es bringt auch keinen Vorteil, wenn man sie vernachlässigt«, und abschließend feststellt, daß die Frömmigkeit darin bestehe, »die Gottheit gemäß den Sitten seiner Heimat zu verehren«; man müsse sich aber eine richtige Vorstellung von Gott machen und sich über den geringen Wert der »Werke« (*érga*) klar sein; vgl. *Brief an Marcella* 16–19 und 23.

281 *Syntáxeōn dóseis*: Porphyrios, *De abstinentia* 2,61,1 f. (Der Abschnitt muß nicht auf Theophrast zurückgehen: Die Argumente von Bouffartigue und Patillon, wie Anm. 74, S. 27 sind durchaus einleuchtend.)

282 Riten und Symbole haben unterschiedliche Funktionen (sie sind auch anderen Ursprungs und haben andere Inhalte). Man kann mit den Riten nicht so trickreich umgehen wie mit den Symbolen und kann den Ritus nicht mit einem inneren Vorbehalt (dieser besonderen Form der Metasprache) vollziehen. Täte man es doch, würde der Ritus dennoch *ex opere operato* wirksam, wie die Theologen sagen, und die persönliche Nichtswürdigkeit des Zelebranten oder das, was er insgeheim darüber denken mag, würde nichts ändern. Wäre der Ritus in einer fremden oder imaginären Sprache formuliert, die weder vom Zelebranten noch von den sonst Anwesenden verstanden würde, ließe er sich trotzdem vollziehen. Natürlich können die Riten in die Form von Symbolen gekleidet sein und durch das Symbol sogar Überzeugungen und Glaubenssätze vermitteln (so bei den christlichen Riten). Allerdings ist ihre Funktion nicht nur repräsentativer und didaktischer Natur, sondern ist vor allem performativ: So wie ein Versprechen darin besteht, daß man die Worte »ich verspreche« ausspricht (danach ist ein Versprechen wirksam, und kein mentaler Vorbehalt kann verhindern, daß man an dieses Verspre-

chen gebunden ist), so besteht die Ehrung der Götter darin, daß man die
Riten, die sie ehren, vollzieht.

283 G. Bateson, *La Cérémonie du Naven*, Übers. Latouche-Safouan, Paris
1986, S. 170 (englisch: G. B., *Naven – A Survey of the Problems suggest-
ed by a Composite Picture of the Culture of a New Guinea Tribe drawn
from Three Points of View*, Stanford 1958): »Einmal feierte man anläßlich der Verlegung eines neuen Fußbodens eine Zeremonie, die eigentlich Anlässen vorbehalten ist, bei denen es um Fruchtbarkeit und gutes
Gedeihen geht; die Mehrzahl der Informanten sagten mir, daß die Feier
wegen des neuen Fußbodens stattfinde. Nur wenige Leute waren sich
der rituellen Bedeutung der Zeremonie bewußt oder interessierten sich
dafür.« Vgl. auch die Legende des Bretts, ebd., S. 326.

284 Plutarch, *De superstitione* 9 (*Moralia* 169d) kritisiert diese Emotionali-
tät; er sieht sie als eine Schwäche, die eines freien Mannes unwürdig ist,
und führt sie auf eine falsche Vorstellung, die man sich von den Göttern
macht, zurück: Da diese gut seien, brauche man sie nicht zu fürchten
(*deisidaimonía*).

285 Euripides, *Mänaden* 201: »Traditionen so alt wie die Zeit selbst.«

286 Horaz, *Oden* 3,30,8 f. (Übers. H. Färber). Mit der Jungfrau ist eine Priesterin der Vesta gemeint.

287 *Anthologia palatina* 6,79 f.; 9,34–36. Vgl. auch Valerius Flaccus, *Ar-
gonautica* 2,285 und das schöne Gedicht Catulls, *carmen* 4 (*Phasellus
ille …*).

288 Z. B. Arnobius 1,9; Prudentius, *Gegen Symmachus* 2,1006–1011.

289 Philostrat, *Heroikos* 1,7 nutzt den Kontrast zwischen den beiden Kulturen zu einer Anekdote.

290 Apuleius, *Über den Gott des Sokrates* 3; Lukian, *Zeus tragodos* 53
(Ende).

291 Varro bei Augustinus, *Gottesstaat* 3,4; 4,31 und 6,2.

292 Plinius der Jüngere, *Briefe* 8,8; 4,1 und 9,39. Vgl. R. MacMullen, wie
Anm. 22, S. 197 und Anm. 63. Auch Pollius Felix läßt in der Nähe von
Sorrent, an einem Ort, der noch heute Marina di Puolo heißt, einen
Herkulestempel, an dem das Volk seinen Lustbarkeiten nachging, wieder
instand setzen: Er hatte sich dort als Organisator ungefährlicher Box-
kämpfe hervorgetan (man boxte mit bloßen Händen, ohne sich die Fäu-
ste mit Bleiriemen zu umwickeln); und vor seinem Haus erhob sich ein
Heiligtum Neptuns (Statius, *Silvae* 3,1 und 2,2,23). Oftmals erwähnt
werden Latifundienbesitzer, die sich um ein auf ihren Ländereien errichtetes Heiligtum kümmern (dabei handelt es sich oft um eine Pilgerstätte
oder einen Markt, *nundinae*); später lassen sie dort ländliche Kirchen er-
bauen (W. H. C. Frend, *The Donatist Church: A Movement of Protest in
Roman North Africa*, Oxford 1952, S. 176). Vgl. Digesten 1,8,6,3. An der
Via Cassia gab es an der römischen Stadtgrenze ein *sacrarium Liberi Pa-*

tris in praediis Constantiorum omnibus annis celebratur (*Notizie degli Scavi* 1925, S. 397; *Année épigraphique* 1927, Nr. 103); vermutlich war dies eine populäre Pilgerstätte. Vgl. auch die schöne Inschrift in: *Corpus Inscriptionum Latinarum*, Bd. 5, 5005 (H. Dessau, wie Anm. 99, Nr. 3761). In Trier »kennen wir wenigstens drei […] Heiligtümer für die Allgemeinheit, die sich jedoch […] auf dem Gelände einer Villa befanden« (J. Scheid, in: *Les Sanctuaires celtiques et leurs rapports avec le monde méditerranéen: actes du colloque de Saint-Riquier*, Errance 1990, S. 46). Zu denken ist auch an die drei Tempel der herrlichen Villa auf der istrischen Insel Brioni. Zu weiteren Villa-Heiligtümern vgl. G. Fouet, »La villa gallo-romaine de Montmaurin«, in: *Gallia*, Supplément 10, 1969, S. 164; J. Holmgren / A. Leday, »Typologie des villas du Berry«, in: *Gallia* 39, 1981, S. 111 und 119. In der Gegend von Trier: H. Cüppers / A. Neyses, »Der Gutshof mit Grabbezirk und Tempel bei Newel«, zuerst erschienen in der *Trierer Zeitschrift* 1971, wieder abgedruckt in F. Treutti (Hrsg.), *Die römische Villa*, Darmstadt 1990 (Wege der Forschung, 182), S. 219–269. Auf einem Papyrus wird ein – aufgrund eines Orakels errichtetes – privates Heiligtum der Dioskuren erwähnt (*Pap. Gissen* 20 bei L. Mitteis / U. Wilcken, wie Anm. 28, Historischer Teil, Chrest., S. 123, Nr. 94). Chariton, *Chaireas und Kallirhoë* 5,10,1: »Herrscherin Aphrodite, du hast mich irregeführt, obwohl ich auf meinen Ländereien für dich ein Heiligtum errichtet habe, in dem ich oft opfere.«

293 A. Momigliano, »The theological efforts of the Roman upper class in the first century B. C.«, in: *Classical Philology* 1984, S. 199; J. H. W. G. Liebeschuetz, wie Anm. 58, S. 29–39.

294 *De haruspicum responso* 9,18.

295 Galen, *De usu partium* 3,10 (3, S. 236, Kühn) und 17,1 (4, S. 358). Vgl. Xenophon, *Memorabilien* 1,4,2–6; Cicero, *De natura deorum* 2,56,141.

296 P. Boyancé, wie Anm. 235, S. 262 f.

297 Plinius der Jüngere, *Briefe* 1,18; Ammianus Marcellinus 25,4.

298 Mark Aurel 9,27, 3; 1,17, 1, 11 und 20 f. Das Wort »Orakel« (*chrēsmós*) bezeichnete zu seiner Zeit die unterschiedlichsten Vorwarnungen (*chrēmatismós*) (*Latomus* 45, 1986, S. 271). Die Menschen der damaligen Epoche wollten ihren Glaubenseifer bezeugen und verwendeten deshalb die religiösen Begriffe mit einer unangemessenen Emphase.

299 Plinius der Jüngere, *Briefe* 7,27. L. Robert, *Hellenica XI–XII*, Paris 1960, S. 544. Cassius Dio 80,18.

300 Seneca, *Über die Ausgeglichenheit der Seele* 11,2. Übersetzung H. Gunermann. Das Zivilrecht bot wenig Handhabe gegen unredliche Fideikommissare, die das Geld für sich behielten.

301 Ptolemaios, *Tetrabiblos*, S. 344, Robbins (Loeb). Es handelt sich um eine satirische Porträtskizze im Stile der *Charaktere* des Theophrast. Weitere

markante Züge (S. 330–352) sind die Bekenntnisse (*exagoríai*, vgl. dort
Anm. 92), die Neigung zur Esoterik, die Deutung von Träumen und
Vorzeichen, die abergläubische Furcht (*deisidaimonía*), der häufige Besuch der Heiligtümer, die Teilnahme an den Riten und der Umgang mit
den Göttern.

302 Die verschiedenen asketischen Richtungen begegnen sich vor allem in
der Ablehnung der Sexualität. Da mit ihr zu viele Dinge verbunden
sind, ist sie zugleich das zerbrechlichste und das wichtigste Glied in der
Kette: Sie ist impulsiv, körperlich, fordernd, intensiv und wenig kon-
trollierbar (sie kann wild, aber auch romantisch sein), was allzu oft zu
kompromittierenden oder schwierigen Verwicklungen mit den Mitmenschen oder der Gesellschaft führt. Darüber hinaus steht sie bei manchen
Menschen beiderlei Geschlechts im Widerspruch zu ihrem sonstigen
Charakter oder ihrem idealen Selbstbild, so daß diese Menschen unter
ihrem eigenen Verlangen leiden. Da das Verlangen aber trotzdem fort-
besteht, fühlen sie sich in ihrem Körper nicht wohl und geraten in Konflikt mit sich selbst. Außerdem haben die Menschen, egal, ob Mann
oder Frau, ein unterschiedlich starkes Interesse an der Sexualität, was
wiederum einen latenten sozialen Konflikt bedeutet. Die menschliche
Sexualität gehört nicht zu den Vorzeigeleistungen der Natur oder, genauer gesagt, der Kultur (obwohl es sich bei ihr, wie Nietzsche scherzt,
um eine der seltenen menschlichen Aktivitäten handelt, »bei der man
sich tatsächlich selbst etwas Gutes tun kann, indem man dem anderen
Gutes tut: Die Natur ist selten so gütig«). All dies hat gravierende historische Folgen: Oft wird eine ganze Gesellschaft zur Askese verpflichtet
und nimmt entsprechend repressive Züge an. Das ist der Sieg einer dieser »virtuellen Parteien«, von denen andernorts die Rede ist (vgl.
S. 125 ff.), der Partei derer, denen die Sexualität Unbehagen bereitet und
die ihr Gesetz der anderen »virtuellen Partei« vorschreiben.

303 Franz von Sales, _Anleitung zum frommen Leben_ 4,14,5. Cicero schreibt
im _Hortensius_ (zitiert vom heiligen Augustinus), daß die körperliche
Lust das Denken und die Aufmerksamkeit ausschalte. Damit verwech-
selt er in seinem Bestreben, die Askese zu rechtfertigen, einen vorüber-
gehenden Zustand und den Normalzustand. Wenn ein Asket intellektu-
ell oder religiös erhabene Phasen durchlebt und »betet«, sind Begierde,
Zorn oder Verlangen sehr weit von ihm entfernt. Aber er betet nicht die
ganze Zeit, und im normalen Leben unterliegt er wieder diesen Versuchungen. Doch die globale Konzeption der Persönlichkeit läßt diese üb-
rige Zeit außer acht und kann so zwei Totalitäten in einen künstlichen
Gegensatz bringen: den Menschen der hehren Gedanken und den Menschen der niederen Freuden.

304 Hier muß weiter differenziert werden. Die gehobenen Berufe erforderten
den ganzen Menschen, der sich deshalb den trivialen Pflichten eines Fa-

milienvaters entziehen und ein echter, abstinenter Junggeselle sein mußte. Diese Askese, die sich über eine alltägliche Existenz erheben mußte, ist natürlich nicht dieselbe wie die christliche, die bei einem Johannes Cassianus gegen den Dämon des Fleisches ankämpft. Sie unterscheidet sich ebenfalls von der Beherrschung der Sinnenlust (ihrer »Steuerung«, wie es heißt), die in der Antike von einem guten Bürger erwartet wurde; ein Bürger, der diesen Namen verdiente, mußte sich selbst beherrschen können. Es ist zudem eine psychologische Realität, daß Menschen, die sich der Spiritualität verschreiben, an der Sexualität oft nicht sonderlich interessiert sind. Vgl. das Standardwerk von P. Brown, *Society and the Holy in Late Antiquity*, Berkeley / Los Angeles 1982; deutsche Ausgabe: *Die Gesellschaft und das Übernatürliche*, aus dem Engl. von M. Pfeiffer, Berlin 1993.

305 Augustinus, *Selbstgespräche* 1,17: Der junge Augustinus möchte zur Kenntnis Gottes und seiner Seele gelangen, doch »nichts vertreibt einen männlichen Geist mehr aus seiner Festung als die Reize einer Frau und der körperliche Kontakt mit ihr«.

306 J. Scheid, »Ronald Syme et la religion des Romains«, in: *Entretiens sur l'Antiquité classique* 46: *La Révolution romaine après Ronald Syme*, Genf 2000, S. 54.

307 Valerius Maximus 6,9,3, zitiert von J. Scheid.

308 Vgl. den Verweis auf Plutarch, *Consolatio ad uxorem*, in Anm. 362.

309 Ein auf seinen Vorteil bedachter Phantast ist ein gewisser Zoilos, der auf Geheiß des Gottes ein Serapis-Heiligtum gründen will und mit einem Minister des Ptolemaios Philadelphos über die Finanzierung seiner Unternehmung spricht; vgl. C. C. Edgar, *Zenon Papyri*, Bd. 1, S. 55, Nr. 59034, kommentiert von A. D. Nock, *Conversion: The Old and the New in Religion from Alexander to Constantine*, Oxford 1933 (1963), S. 49. Zum Handel mit Fleisch (betrieben von den *idolothýtes*) vgl. den Brief über die Christen, den Plinius an Trajan schreibt: Um seinem Fürsten zu beweisen, daß das Christentum in seiner Provinz jetzt an Bedeutung verloren hat, teilt er Trajan mit, daß das Fleisch wieder von den Tempeln verkauft werde (*Briefe* 10,96,10: *denuo venire victimarum carnem*). Das Wort *carnem* ersetzt das von Bickermanon vorgeschlagene *vectigal*, das mir weniger plausibel erscheint: Es gab zwar eine Reichssteuer auf die Opfer, wie wir vor allem aus dem *Gnomon des Idios Logos* wissen, aber *vectigal* paßt nicht recht zu dem Verb *venire*.

310 Tacitus, *Historien* 3,74; Sueton, *Domitian* 1; Minucius Felix 25,11. Ein weiterer Zufluchtsort für Verliebte war das Haus eines Freundes (Belege bei Th. Mommsen, wie Anm. 184, S. 700, Anm. 2).

311 Es handelt sich um das im Museum von Nikosia befindliche Porträt einer Priesterin der Aphrodite aus dem Aphrodite-Heiligtum in Arsos (3. Jahrhundert v. Chr.); vgl. R. R. R. Smith, wie Anm. 172, Abb. 258.

Vgl. auch das hervorragende Foto in K. Papaioannou u. a., *L'art grec, l'art et la civilisation de la Grèce ancienne.* Les sites archéologiques de la Grèce et de la Grande-Grèce, Paris 1972 (deutsch: *Die griechische Kunst,* Darmstadt 1999). Wenn die um ihren Kopf geschlungene *taenia* (»Band«) ein Diadem darstellt, könnte das Porträt auch eine Königin der Lagiden zeigen, die wie auf den Münzbildern verschleiert ist; vgl. die Belege in: *Revue archéologique* 1, 1995, S. 48, Anm. 30.

312 Nationalmuseum, Inventarnummer 351; vgl. S. Karouzou, *National Archaeological Museum,* Athen 1986, S. 186. Das allgemein auf das 1. Jahrhundert datierte Porträt ist, wie K. Fittschen in K. F. (Hrsg.), *Griechische Porträts,* Darmstadt 1988, S. 26 und Tafel 133, nachgewiesen hat, wegen des Kopfschmucks erst später entstanden. Auffällig ist die große Ähnlichkeit mit dem Porträt 658 der Ny Carlsberg Glyptothek (R. R. R. Smith, wie Anm. 172, Abb. 333) ebenso wie mit einem Porträt des Museums in Boston, das angeblich aus Tralles stammt und etwa auf das Jahr 150 datiert wird; vgl. dazu J. Inan / E. Alföldi-Rosenbaum, *Römische und frühbyzantinische Porträtplastik aus der Türkei: neue Funde,* Mainz 1979, Nr. 215, und R. R. R. Smith, »Cultural Choice and Political Identity in Honorific Portrait Statues in the Greek East in the Second Century A. D.«, in: *Journal of Roman Studies* 88, 1998, S. 85 sowie Anm. 153 und 156. Sollte es sich vielleicht um eine zur damaligen Zeit berühmte Persönlichkeit handeln?

313 So auf einem Grabrelief im Museum von Ostia, auf dem ein Priester Weihrauch auf eine Räucherpfanne legt; Raissa Calza, in: *Scavi di Ostia,* Rom, V, 1965, 1, *Ritratti,* S. 50, Nr. 71 und Tafel 41, datiert dieses Relief in flavische Zeit; die Nasalfalten, der ernste Blick und die zusammengepreßten Lippen verleihen dem Offizianten ein recht finsteres Aussehen. Verwiesen sei auch auf das Relief Mattei im Louvre, auf dem zwei *ministri* einen Ochsen zum Opfer führen: Ihr Gesicht spiegelt dieselbe Konzentration (I. Scott Ryberg, wie Anm. 84, S. 130 und Anm. 32, außerdem Tafel 46; gute Fotos der Gesichter in G. Traversari, *Aspetti formali della scultura neoclassica a Roma,* Rom 1961, Abb. 51 und 52 sowie S. 71).

314 A. Giuliano, *La cultura artistica delle provincie delle Grecia in età romana,* Rom 1965, S. 79 und Tafel 30, Abb. 2: »sacerdote [...] dal viso emaciato, il volto intensamente raccolto« (»Priester [...] mit ausgemergeltem Gesicht und tief in sich versunkenem Blick«).

315 E. Buschor, *Das Porträt. Bildniswege in fünf Jahrhunderten,* München 1960, S. 140 und Abb. 95; vgl. auch H. P. L'Orange, »The ›Jambichus‹ type«, in: *Acta ad archaeologiam,* Institutum Romanum Norvegiae 6, 1975, S. 60 und Tafel 3. Beide Wissenschaftler datieren das Porträt ins 3. Jahrhundert.

316 Vgl. dazu J. Inan / E. Alföldi-Rosenbaum, *Roman and Early Byzantine Portrait Sculpture in Asia Minor,* London 1966, z. B. S. 199, Nr. 274 und

Tafel 151, oder das Porträt Damians mit seinem riesigen Kranz, Nr. 151, Tafel 87; er zieht die Stirn in Falten und runzelt die Augenbrauen. Vgl. ferner *L'Enciclopedia dell'arte antica*, Bd. 1, Artikel »Arte alessandrina«, S. 227, Abb. 333. In Venedig kann man in der Ruga Giuffa zwischen der Santa Maria Formosa und der Santa Zaccharia einen dieser Köpfe sehen; er findet sich am Ende der Sackgasse Ramo Grimani oberhalb einer Seitentür eines an antiken Kunstwerken reichen Palastes.

317 Wie K. A. Massner, »*Corona civica*, Priesterkranz oder Magistratsinsigne?«, in: *Athenische Mitteilungen* 103, 1988, S. 239–250, gezeigt hat. In Aphrodisias hat man einen Kopf gefunden, den ein mit einem Medaillon versehener Kranz ziert und der sicherlich einen Priester des dortigen Aphrodite-Tempels darstellt (er hat die erwartete Physiognomie und darüber hinaus tiefe Falten auf der Stirn). Weitere Beispiele sind die zahlreichen aus Palmyra stammenden Priesterporträts. Nicht gelesen habe ich J. Rumscheid, *Kranz und Krone: besondere Arten des Kopfschmuckes in der römischen Kaiserzeit und ihre Bedeutung*, Tübingen 2000 (Istanbuler Forschungen, 43).

318 R. Bianchi Bandinelli, *Rome, la fin de l'art antique*, Paris 1970, S. 221, Abb. 204.

319 Das hat schon 1946 F. Chamoux, »Une tête égyptienne en basalte vert« in der *Revue archéologique*, nachgewiesen. Die Bibliographie zu den ägyptischen Einflüssen auf die hellenistische Porträtkunst ist sehr umfangreich; ich habe mich auf drei Werke beschränkt: C. Küthmann, »Der grüne Kopf des Berliner Ägyptischen Museums«, in: *Zeitschrift für Ägyptische Sprache und Altertumskunde* 88, 1963, S. 37–42; B. V. Bothmer, »Roman republican and late Egyptian portraiture«, in: *American Journal of Archaeology* 58, 1954, S. 1453 sowie A. Adriani, »Ritratti dell'Egitto greco-romano«, in: *Römische Mitteilungen* 77, 1970, S. 72.

320 Zu Beispielen für diese ägyptischen Porträts: S. Donadoni, *L'Art égyptien*, übers. von B. Arnal, Paris 1993, S. 552; R. R. R. Smith, wie Anm. 172, Abb. 254 und 255; D. W. Ildung (Hrsg.), *Kleopatra, Ägypten um die Zeitenwende*, Mainz 1989, S. 134–165, passim.

321 E. Harrison in: *The Athenian Agora* 1: *Portrait Sculptures*, Princeton 1953, S. 12, Nr. 3, Tafel 3; G. Haffner, *Späthellenistische Bildnisplastik*, Berlin 1954, S. 60, Nr. A 2 und Tafel 25. Diese Porträts stammen aus dem Anfang des 1. Jahrhunderts. Der Priester trägt einen runden Kranz, ist kahlköpfig und glattrasiert; seine Augen, Lippen und Nasalfalten entsprechen dem üblichen Schema. Die Falten auf seiner Stirn sind eingraviert, nicht plastisch gestaltet.

322 Vgl. dazu z. B. das reich illustrierte Werk von Marianne Bergmann, *Studien zum römischen Porträt des 3. Jahrhunderts*, Bonn 1977, oder Susan Wood, *Roman Portrait Sculpture, 217–260 A. D.*, Leiden 1986.

323 Apuleius, *Apologie* 56,4f. Ein anderer aufschlußreicher Text ist Martial

10,92. Vgl. auch *Corpus Inscriptionum Latinarum*, Bd. 3, 6423: Ein gewisser Valius Festus hat einen Weinstock gepflanzt; im Anschluß an ein Gelübde hat er einen dort befindlichen Altar des Jupiter geschmückt und ihn mit einem Stieropfer geweiht (*aram* [...] *tauro immolando dedicavit*). – Auch ganz einfache Bauern verehrten bestimmte Bäume, gewisse mit Bändern geschmückte Steine und Objekte, in denen Öl gespendet wurde, vgl. O. Weinreich, »Zu Tibull I 1,11–24«, in: *Hermes* 56, 1921, S. 337–345 (wiederaufgenommen in O. W., *Ausgewählte Schriften*, Amsterdam 1969, Bd. 1, S. 559–567).

324 Xenophon, *Anabasis* 4,8,25 und 5,3,4–9.

325 Sueton, *Augustus* 91,2.

326 Seneca, Fragment 120, Haase (Laktanz, *Göttliche Unterweisungen* 2,2,14); vgl. P. V., »S'asseoir auprès des dieux, fréquenter les temples«, in: *Revue de philologie* 63, 1989, S. 175–194 (wiederaufgenommen in P. V., wie Anm. 23), wo ich dieses Fragment aber nicht zitiert habe. Zum Werfen von Münzen in Furten und Quellen vgl. W. van Andringa, *La Religion en Gaule romaine*, Paris 2002, S. 121 f.; A. Grenier, *Archéologie gallo-romaine*, Bd. 2: *L'Archéologie du sol*, 1: *Les Routes*, Paris 1934, S. 185. Während ich dies schreibe, erreicht mich die Nachricht, daß man in Fontaine de Vaucluse Münzen aus den ersten vier Jahrhunderten gefunden hat. – Zu den *thēsauroí* (davon ist das lateinische *thesauri* abgeleitet, das sich bei Seneca und in der Inschrift Dessau, wie Anm. 99, Nr. 9260 findet), den Opferstöcken in den Tempeln, vgl. neben den epigraphischen Belegen in den griechischen Sakralgesetzen die Beschreibung von F. Hiller von Gärtringen (Hrsg.), *Die Insel Thera in Altertum und Gegenwart mit Ausschluß der Nekropolen*, Berlin 1899, Bd. 1, S. 260–264.

327 Auf griechisch *eis hierá phoitán* bei Julian, *Misopogon* 15, 346c und das Hapax legomenon *hierophoitán* bei Ptolemaios, *Tetrabiblos* 2,13, S. 340, Robbins (Loeb).

328 Apuleius, *Florida* 1,1.

329 Seneca, Fragment 36, Haase, bei Augustinus, *Gottesstaat* 6,10. – Ein anderer Fall sind die Vorführungen (*epideíxeis*) von Künstlern, die sich in Griechenland ihrem Publikum unentgeltlich präsentierten. Diese kostenlosen Auftritte galten als Geschenk »an die Götter«, als den Göttern gespendete Erstlingsopfer (*aparché*) ihres Talentes (L. Robert, *Études épigraphiques et philologiques*, Paris 1938, S. 21, 37 f., 41, 42).

330 Properz 2,28b, 45 f. Übers. B. Mojsisch / H.-H. Schwarz / I. J. Tautz.

331 Apuleius, *Metamorphosen* 11,25,1. Übers. R. Helm.

332 Dies ist die Einstellung von Leuten wie Plinius dem Jüngeren angesichts der Graffiti oder »Proskynema« von naiven Frommen im Heiligtum der Clitumnus-Quelle (*Briefe* 8,8,7). Zu diesen Graffiti in der griechischen Welt vgl. A. Bernand, Artikel »Graffito II« in: *Reallexikon für Antike*

und *Christentum*, Bd. 12, bes. Sp. 669 ff. Zu den lateinischen Inschriften vgl. *Année épigraphique* 1977, Nr. 219.

333 Aelius Aristides, *Discours sacrés: rêve, religion, médecine au second siècle après J.-C.*, eingel. und übers. von A.-J. Festugière, Vorw. von J. Le Goff, Paris 1986; Elio Aristides, *Discorsi sacri*, hrsg. von S. Nicosia, Mailand 1984, vgl. auch Kap. 6 in A.-J. Festugière, *Personal Religion among the Greeks*, Berkeley [u. a.] 1960, S. 85–104.

334 Vgl. seine kluge Darstellung des Aristides in: *Atti Accademia Pontaniana*, Neapel, 51, 2002, S. 369–383.

335 Zur persönlichen Beziehung Julians zu den Göttern und zu seinen Gesprächen mit ihnen vgl. das erstaunliche Zeugnis des Libanios, *Rede* 15,30 f.; vgl. auch 18,392.

336 Man könnte die *Heiligen Berichte* des Aristides als eine gigantische Aretalogie bezeichnen. Eine Aretalogie war eine kurze Rede, in der man die Verdienste, die Größe (*aretế*) und die Fähigkeiten oder *dynámeis* eines Gottes lobte. Die *Ciceroni* trugen diese Aretalogien den Besuchern in den Heiligtümern vor. Vgl. R. Reizenstein, *Hellenistische Wundererzählungen*, Leipzig 1906 (Nachdr. Stuttgart 1963), Tl. 1.

337 S. o. Anm. 301 und 327 (Ptolemaios), 259 (Platon) und 258 (Plutarch). Für diesen ständigen Umgang (*synechés homilía*) mit den Göttern ist Julian ein beredtes Beispiel: Auf seinen Reisen besuchte er sämtliche Tempel, er hatte in seinem Palast in Antiochia ein Heiligtum errichten lassen und sein Schlafzimmer gleich neben den Tempel verlegt, was er, ohne sich eines Frevels schuldig zu machen, auch tun konnte, da er seine Nächte völlig keusch verbrachte (Libanios, Rede 18, *Grabrede auf Julian* 127–129). Außerdem opferte er täglich im Garten seines Palastes (Rede 1, *Autobiographie* 121). Darüber hinaus erhöhte er die Zahl der staatlichen Opfer (Julian, *Misopogon* 15,346b–d).

338 »Mystisch« verwende ich hier in einem engen Sinn, um diesen psychischen Zustand *sui generis* der Ekstase wie bei Plotin oder der heiligen Teresa von Ávila zu bezeichnen, diese – vom Trancezustand so verschiedenen – Augenblicke liebender Glückseligkeit, in denen man am Absoluten teilzuhaben glaubt: Das Absolute ist Gott, ein Gott, der All-Eine Plotins, die Gott-Natur Spinozas, die Liebe, der *élan vital* (schöpferische Lebenskraft), die Schönheit, die Natur. Das Absolute wird so unmittelbar »erfahrbar« (Plotin), daß man mit diesem Anderen verschmilzt. Dieser gänzlich hellsichtige Zustand kann durch jedes starke religiöse oder nicht-religiöse Gefühl hervorgerufen werden: durch den Gott, eine Landschaft, die Poesie, eine große Idee, ein Vorhaben, die leidenschaftliche Liebe usw. – Man muß bei dem griechischen Wort *ekstasis* vorsichtig sein: Es bezeichnet etwas vage jede Begeisterung oder jede Erregung, nicht aber das sehr spezifische ekstatische Gefühl bei Plotin oder den christlichen Mystikern (E. R. Dodds, wie Anm. 186, S. 86–88).

339 In Aelius Aristides' zweitem *Heiligen Bericht* 23 (S. 399, Keil; Übersetzung Festugière, S. 52) findet man die Beschreibung einer Ekstase: Aristides ist erstaunt über diesen Zustand, den er nicht kennt.

340 Vgl. beispielsweise die faszinierende detaillierte Beschreibung eines Rei-
nigungsrituals bei Claudian, *Panegyricus de sexto consulatu Honorii Au-
gusti* 324–330.

341 Libanios, *Autobiographie* 32 (vgl. 92, Ende).

342 G. Le Bras, *Études de sociologie religieuse*, Paris 1955–56, Bd. 2, S. 564
und Anm. 4: »Das ist die eigentliche Frage, die viele unserer Vorfahren
in Empörung versetzt hätte: Ist Frankreich überhaupt jemals christiani-
siert worden? [...] Wie viele im Volk zu beobachtende Merkmale der
Gottlosigkeit [...] im Mittelalter!« Dieselbe pathetische Frage stellt sich
auch der Theologe Friedrich Heiler, als er dem »christlichen Paganismus« der bäuerlichen Bevölkerung begegnet: »War unser Volk jemals
christlich?« Die Diversität oder ungleiche Intensität des individuellen
Glaubens in ein und derselben Zeit ist zu einem Gemeinplatz, einer
Banalität geworden (von »Epochen des Glaubens« ist nicht mehr die
Rede). Vgl. Le Bras, ebd., S. 627: »Wie die rechtliche Tradition, so beruht
auch die religiöse auf Einmütigkeit oder Quasi-Einmütigkeit. Doch im
Unterschied zu den rechtlichen Sitten und Gebräuchen sind die religiösen nicht unabwendbar und für alle verpflichtend: Sie stellen für jeden
ein Angebot dar. Die Gruppe übt auf den einzelnen Druck aus, kann
ihm seine natürliche Freiheit aber nicht nehmen.« S. 636: »tiefer Glaube,
[...] einfache Konformisten;« S. 562: »Man muß mit der Psychologie des
Individuums beginnen [...]. Wahrscheinlicher Grad der Freiheit, Sponta-
neität, Inbrunst ...«

343 Zur aktuellen Situation, wobei es nicht um den Niedergang der Religiosität im allgemeinen geht, sondern um die tiefgreifenden Neuerungen
und Veränderungen in den hochentwickelten Industrieländern, vgl.
Nr. 109 der *Archives de sciences sociales des religions* 45, 2000. Ein altes,
aber klassisches Beispiel stammt von G. Le Bras (wie Anm. 342), Bd. 2,
S. 475: Um das Jahr 1950 besuchten in den großen französischen Städten
durchschnittlich zwischen 10 und 20% der Gläubigen die sonntägliche
Messe, 30% in der Pariser Pfarrgemeinde Saint-Honoré-d'Eylau und
5% in Belleville und Ménilmontant. Für das katholische Frankreich in
der Mitte des vergangenen Jahrhunderts unterschied Le Bras drei Gruppen: die Gläubigen, die ihren Rosenkranz beteten und regelmäßig die
sonntägliche Messe besuchten, sodann die »zeitweiligen Konformisten«,
die Ostern feierten, und schließlich diejenigen, die sich dem Christentum entfremdet hatten und niemals zur Kirche gingen. Im Jahr 2000 bezeichnet sich ein gutes Viertel der Franzosen als katholisch, aber mehr
als die Hälfte von ihnen praktizieren niemals ihren Glauben (*Archives de
sciences sociales des religions* 45, 2000, S. 15).

344 Madame de Sévigné betrachtete es als ihre Pflicht, täglich einige Zeit der religiösen Meditation zu widmen: »Um fünf Uhr ein Andachtsbuch und dazu ein historisches Werk, ein wenig über Gott und seine Vorsehung nachsinnen, innere Einkehr halten, an die Zukunft denken; gegen acht Uhr schließlich der Klang einer Glocke, Zeit für das Abendessen« (29. Juni 1689). Eine tägliche, eher leichte Pflicht. Der heilige Franz von Sales stellt an seinen Philotheus sehr viel höhere Ansprüche.

345 So ist trotz beträchtlicher historischer Varianten die Heterosexualität immer häufiger als die Homosexualität (was natürlich nichts beweist), und das Interesse an Musik, egal ob guter oder schlechter, scheint weiter verbreitet als die Empfänglichkeit für die Malerei. Vgl. M. Merleau-Ponty, *Phénoménologie de la perception*, Paris 1945, S. 505 oder 513 (deutsch: *Die Phänomenologie der Wahrnehmung*, übers. von H. Maturana / K. Ludewig, Berlin 1966). Nach der statistischen Wahrscheinlichkeit sind die Reichen mit ihrem Schicksal zufriedener als die Armen. Wenn es nur eine Sozialisation im Sinne Durkheims gäbe, würde es keine bürgerliche Minderheit geben, die links wählt. Wenn es umgekehrt nur individuelle Varianten gäbe, sähe die Sache ganz anders aus. Käme das Gesetz der großen Zahlen voll zum Tragen, würde genau die Hälfte der Bürger links wählen, und jeder zweite Jude wäre Antisemit. Wie Quételet gezeigt hat, stoßen der Individualismus und der Nominalismus bei den Typen, dem Reichen, dem Armen usw., an ihre Grenzen.

346 Zu einem weiteren Beispiel für »virtuelle Parteien« vgl. oben Anm. 302 (Ende).

347 J. Scheid, wie Anm. 77, S. 741: »Ich kenne keine Religion, in der die theologischen Grundlagen und Weiterentwicklungen der Gottesdienste ständig und von allen Anwesenden nachempfunden werden. In der römischen Religion begnügte sich so wie in allen anderen Religionen die Mehrzahl der ›Gläubigen‹, die an den rituellen Handlungen teilnahmen, damit, daß die Tradition weiterhin respektiert wurde, daß sie sich wie die anderen verhalten hatten und daß die Gemeinschaft, der sie angehörten, mit den Göttern im Reinen war.«

348 Hinsichtlich der Truppen, die sich 1914 in Massen umbringen ließen, ist Apollinaire im Irrtum, wenn er schreibt, daß »im Herzen des Soldaten Frankreich schlägt«: In den Herzen der Soldaten schlug gar nichts, selbst wenn sie »eingefleischte« Patrioten waren (was im übrigen nicht bewiesen ist).

349 *Gespräche* 2,4.

350 Plotin, dieser Virtuose der Spiritualität, der Ekstase und der Liebe, spricht, soweit ich sehe, niemals von Frömmigkeit und verwendet das Wort »heilig« (*hágios*) nur in einer kurzen allegorischen und mythischen Passage (4,3,32, Ende). Er liebt inbrünstig den All-Einen und die Seele der Welt, aber der Eine liebt nur sich selbst und diejenigen, mit denen er

sich vereinigt und die mit ihm identisch werden (6,8,15). Es ist unmöglich, mit dem Einen in einen Dialog zu treten. Das Gebet ist nicht die persönliche Verbindung zwischen zwei Wesen, sondern ein physischer oder, wie Plotin schreibt, magischer Akt (4,4,26). Denn nichts und niemand kann das unpersönliche und unveränderliche Funktionieren einer Welt verändern, die auf ihre Weise genauso »rational« ist wie die Welt Spinozas. Auch die Heiligtümer und Bilder der Götter üben eine rein physische Anziehung auf die Weltseele (4,3,11) aus. Andererseits ist Plotin für das Heilige (*hierós*) empfänglich; für ihn ist »der gesamte [kosmische] Raum heilig« (1,8,14,37), dies gilt auch für die religiösen Zeremonien (5,5,11,16).

351 William James, *L'Expérience religieuse: essai de psychologie descriptive*, übers. von F. Abauzit, Paris 1908, S. 45 (Originalausg.: W. J., *The varieties of religious experience. A Study in Human Nature*, New York 1902).

352 G. Simmel, wie Anm. 44, S. 66; deutsche Ausg.: S. 88. Vgl. beispielsweise Mark Aurel 12,23.

353 Die Lyrik in 4,23 (»Was mit dir zusammenstimmt, o Welt, ist auch für mich angemessen! [...] Du liebe Stadt des höchsten Gottes!« Übers. F. C. Schneider) steht im Gegensatz zu 5,8 und 10, wo er sich voller Resignation und Trauer mit den Gegebenheiten abfindet. Das Bild der Stadt ist für einen antiken Menschen so selbstverständlich, daß es sich auch bei Plotin 4,4,40 wiederfindet: »Die Vernunft des Universums könnte man vergleichen mit einer Vernunft, die in einer Stadt Ordnung und Gesetz einführt.«

354 G. Simmel, wie Anm. 44, S. 86; deutsche Ausg.: S. 105.

355 H. von Arnim (wie Anm. 236), Bd. 1, 537. Vgl. die Übersetzung von L. Bréhier in: *Les Stoïciens*, Paris: Gallimard, 1972 (coll. »Bibliothèque de la Pléiade«). Der Zeus des Kleanthes ist der Herr des Blitzes, der allegorisch das schöpferische Feuer bezeichnet. Vgl. auch Kleanthes' Lobpreis auf das Gute (in Prosa), H. von Arnim, wie Anm. 236, Bd. 1, 557, mit seiner Vielzahl von Epitheta im Stil der »orphischen« Hymnen. Kurzum: Das Gute, so heißt es, ist fromm und dem Gott gehorsam (der Kosmos und das Gute sind ja das Werk des schöpferischen Feuers). Alle anderen Attribute bringen eine begeisterte Identifikation mit einem abstrakten Prinzip zum Ausdruck, einem Prinzip der Klarheit, Autonomie, der persönlichen Kraft sowie der Sicherheit, die aus der Apathie, der Überwindung der Affekte resultiert.

356 Aber hüten wir uns hier vor einem Mißverständnis: Der stoische Sinn des Kosmos läßt sich mit dem marxistischen Sinn der Geschichte nicht vergleichen. Für Marx war der Kommunismus eine Folge der geschichtlichen Entwicklung und würde früher oder später notwendiger- und wünschenswerterweise Wirklichkeit werden, weil es die ökonomischen Verhältnisse schon von sich aus so erfordern. Eines Tages müssen die

Produktionskräfte die kapitalistischen Produktionsbeziehungen hinweg-
fegen; Notwendigkeit und Optimismus fallen nämlich zusammen (das
ist die stillschweigende Voraussetzung). Bedarf es des Hinweises, daß
mit dieser Zukunftsvision zugleich auch ein ethischer Imperativ verbunden ist, nach dem es löblich ist, sich dem Kommunismus anzuschließen?
Ja, es ist löblich, wird man mit einiger Herablassung zu den gutwilligen
Intellektuellen sagen, ihnen aber zugleich zu verstehen geben, daß sie
sich nur aufspielen wollen. Entscheidend ist, daß der Kommunismus im
ökonomischen Unterbau der Geschichte verankert ist. Dem entspricht
eine andere Tatsache im Überbau: Die Arbeiterklasse wird sich dem
Kommunismus anschließen und so zu seinem Erfolg beitragen: Die ob-
jektiven Produktivkräfte und die menschlichen Produktionsbeziehungen
gehen, da die Welt gut eingerichtet ist, Hand in Hand. Materielle Notwendigkeit und menschliche Rationalität sind metaphysisch konvergent.
Das ist in der Stoa anders: Sie hat niemals angenommen, daß sich die
Masse ihr anschließen würde, und sie hat sich auch nie darum bemüht;
sie hatte niemals den Ehrgeiz oder die Hoffnung, die Welt erobern zu
können, da sie (wie jede aristokratische heidnische Schule) davon überzeugt war, daß die Menschen ganz überwiegend »Idioten« seien, die von
nichts eine Ahnung haben. Nach stoischer Auffassung liegt es z. B. im
Sinn des Kosmos, daß jeder Mensch stirbt. Ob man den Tod als Teil des
göttlichen Plans akzeptiert oder ob man sich in völlig unsinniger Weise
gegen ihn auflehnt, ist gleichgültig: Man wird trotzdem sterben. Das
Schicksal reißt diejenigen mit sich, die gegen es revoltieren, anstatt es anzunehmen. Aktiv am Sinn der Geschichte teilzunehmen ist nicht dasselbe wie passiv den Sinn des Kosmos zu akzeptieren. Man findet sich mit
der Welt, so wie sie ist, ab, weil es anders nicht geht und weil sie, da der
Gott gut ist, gar nicht besser sein kann.

357 Seneca, *Thyestes* 882 f.; *Quaestiones naturales* 6,2,9: »Da wir auf jeden
Fall eines Tages sterben müssen, sollten wir glücklich sein, Opfer einer
solchen gewaltigen Katastrophe zu sein«; *Trostschrift an Marcia* 26,7:
Wir »werden uns, da alles in Bewegung gerät, auch selber ein kleiner Teil
des ungeheuren Zusammenbruches, in die alten Urbestandteile verwan-
deln«. Übers. M. Rosenbach. Dies ist die lyrische Umschreibung für einen Vulkanausbruch oder eine Selbstaufopferung. Vgl. Anm. 385.

358 Diesen Hinweis verdanke ich Michel Foucault.

359 S. o. Anm. 223–228.

360 Vgl. die Sondernummer der *Revue de l'histoire des religions* 219, Fasc. 4,
2002, »L'orphisme et ses écritures«. Leider geben uns die zahlreichen orphischen und dionysischen Goldtäfelchen, die Eintrittskarten ins Jenseits, die man in den Gräbern gefunden hat, keine Auskunft über das
Schicksal der Nicht-Initiierten.

361 Für Aelius Aristides ist eine Initiation das *nec plus ultra* der religiösen

Gefühlserfahrung (*Heilige Berichte* 2,28; 3,48; 4,7). Vgl. auch den berühmten Text des Plutarch, Fragment 178, Sandbach (Loeb), bei Stobaios 4,52,49 (Bd. 5, S. 1089, Hense).

362 Zur Unsterblichkeit in den dionysischen Mysterien vgl. Plutarch, *Consolatio ad uxorem* 10 (*Moralia* 611e).

363 Vgl. den oben zitierten Text des Polybios, Anm. 222. M. Nilsson, wie Anm. 39, Bd. 1, S. 815–818, glaubt nicht, daß die sophistische Aufklärung diese Ängste beseitigt hat, von denen im übrigen auch die *Frösche* des Aristophanes und die Gemälde des Polygnotos in der Lesche (Halle) der Knidier in Delphi Zeugnis ablegen.

364 Valerius Maximus 7,8,8.

365 Dank Paul Zanker weiß man inzwischen, daß die mythologischen Reliefs, die die griechisch-römischen Sarkophage schmücken, keine religiösen Jenseitshoffnungen, sondern die ganz unterschiedlichen Gefühle zum Ausdruck bringen, die der Tod oder die Erinnerung an den Verstorbenen, seine Qualitäten oder das gute »bacchantische« Leben, das er geführt hatte, hervorrufen konnten. Die Reliefs zeigen auch Gastmahle, die anläßlich von Bestattungen gefeiert wurden (dies gilt auch für die Bankettszenen in den Katakomben). Vgl. das Standardwerk von P. Zanker / B. C. Ewald, *Mit Mythen leben. Die Bilderwelt der römischen Sarkophage*, München 2004.

366 *Satiren* 2,149–252: »Auch die Kinder glauben nicht daran.« Die Feststellung, daß es sich bei einer Geißel oder einer menschlichen Schwäche um etwas Neues, ein modernes Laster, handelt, gehört zum Wesen der antiken Satire und zu jener modernen Form der Satire, die eine gewisse populäre »Soziologie« darstellt.

367 *Non posse suaviter vivi* 25 (*Moralia* 1104b) und 27 (1105a).

368 Eine Ausnahme, die die Regel bestätigt, sind die letzten Zeilen des *Heroikos* des Philostrat, der als gebildeter Mann, der für das Volk Verständnis hat, populäre Überzeugungen aufführt.

369 In seiner *Trostschrift für Marcia* 19,4–6 sagt Seneca, daß die Berichte über das Jenseits und das Weiterleben der Seele lediglich Fabeln seien und daß sich Marcia folglich über den Tod ihres Sohnes hinwegtrösten müsse.

370 Sallust, *Die Verschwörung des Catilina* 51,20.

371 Dies findet sich auch in anderen Kulturen. Ich erinnere mich an eine Upanischad, nach deren Lehre der Glaube an ein Weiterleben nur Aberglaube sei. Aber die Upanischaden waren Texte für die Gebildeten.

372 Vgl. Passeron, wie Anm. 232, S. 94.

373 Der Vater Huc fragt in seinen berühmten *Souvenirs d'un voyage dans la Tartarie, le Thibet et la Chine*, Paris 1853, einmal einen Mandarin, der gerade vor dem Sarg eines Verstorbenen eine üppige Mahlzeit niedergestellt hat, ob er glaube, daß die Toten der Nahrung bedürften. Der Man-

darin fragt zurück, ob er ihn für verrückt halte, und fügt hinzu, daß er dies nur tue, »um die Erinnerung an seine Freunde zu ehren, um ihnen zu zeigen, daß sie noch immer leben und daß man sie noch immer gerne bedient, so als ob sie noch existierten. Im Volk erzählt man sich viele Geschichten, aber wer weiß denn nicht, daß die gemeinen unwissenden Leute immer leichtgläubig sind?« Dieselbe Anekdote erzählt A. R. Radcliffe-Brown, *Structure et Fonction dans la société primitive*, Paris 1968, S. 232; einem Australier, der ihm dieselbe Frage wie der Vater Huc stellt, antwortet ein Chinese: »Soll ich aufgrund deiner Frage annehmen, daß ihr in Australien Blumen auf das Grab eines Verstorbenen legt, weil ihr glaubt, daß er gerne ihren Duft riecht?« Im Jahre 1898 schreibt überdies der Vizekönig von Hukuang: »Die Europäer ehren ihre Toten ebenso wie wir, denn wenn sie Blumen auf die Gräber legen, glauben sie, den Verstorbenen ihren Respekt zu bekunden« (Tchang Tche-T'ong, *Exhortation à l'étude*, traduit du chinois par J. Tobar, Schanghai 1898, S. 5).

374 Der Philosoph Wittgenstein betont, daß die »Steinkrankheit«, von der ein australischer *medicine man* den Körper eines Kranken befreit, mit dem echten Stein am Wege nur den Namen gemeinsam hat. Der Baum in einem griechischen Mythos, in dem Apollon Daphne in einen Lorbeerbaum verwandelt, ist nicht der Lorbeer eines Botanikers oder der, von dem die Gärtner sprechen und den sie anpflanzen. Ebenso, sagt Wittgenstein an anderer Stelle, ist das Hören von übernatürlichen Stimmen nicht dasselbe wie das Hören realer Stimmen. Im ersten Fall hört selbstverständlich nur der sie, für den sie bestimmt sind, während die anderen Anwesenden sie nicht hören (*Zettel* Nr. 717). Somit gibt es einen Bereich der Wahrheit, der für die Theologie spezifisch ist (*Philosophische Untersuchungen* § 116 und 373); wenn jemand sagt, er glaube an das Jüngste Gericht und ein Gesprächspartner ihm antwortet: »Ich glaube nicht daran, weil es keinen Grund gibt, daran zu glauben«, ist diese Erwiderung unangemessen, da derjenige, der an das Jüngste Gericht glaubt, sich auf einer von Vernunftgründen gänzlich verschiedenen Ebene bewegt (*Vorlesungen über den religiösen Glauben*) (und das hat auch nichts mit seinen Wünschen zu tun: Das Paradies ist kein Ort, in den man *hic et nunc* eintreten möchte, indem man möglichst bald stirbt).

375 Die vorsprachliche Undifferenziertheit hat zur Folge, daß Agens und Patiens, Aktiv und Passiv, nicht voneinander unterschieden sind: Der Tod ist ein Skelett (ein Toter) und hat eine Sichel (er tötet also). Das Entsetzen vor einem blutigen Mord oder einer Vergewaltigung gilt dem Opfer ebenso wie dem Täter: Das Entsetzen gilt der Sache als solcher. – Die Götter sind sehr oft mit einer Opferschale dargestellt. Das bedeutet nicht, daß sie, wie man angenommen hat, sich selbst kultisch verehren oder daß sie ein kultisches Beispiel abgeben, sondern daß der Gott und der Gläubige sich noch nicht voneinander unterscheiden: All das gehört in den globalen

Bereich des Heiligen. Wenn wir von einem schlechten Geschmack sagen, daß er »zum Himmel schreit«, ist es auch nicht der Geschmack, der schreit, sondern er bringt andere zum Schreien. Vgl. P. V., »Images de divinités tenant une phiale ou patère«, in: *Metis* 5,1, 1990, S. 17–28.

376 L. Wittgenstein, *Remarques sur »Le Rameau d'or« de Frazer*, übers. von J. Lacoste, Lausanne 1982; wiederaufgenommen in der Zeitschrift *Agone* 6 mit einem Kommentar von J. Bouveresse. Deutsch: L. W., »Bemerkungen über Frazers ›Golden Bough‹«; in: L. W., *Vorträge über Ethik und andere kleine Schriften*, hrsg. und übers. von Joachim Schulte, Frankfurt a. M. 1989, S. 29–46.

377 Ein solcher Wandel läßt sich dann auf diese Weise erklären, wenn eine spirituelle Autorität, die die dogmatischen Rationalisierungen wörtlich nimmt, z. B. die Erdbestattung anordnet und die Einäscherung verbietet. Auch materielle Gründe können auf die Bestattungspraktiken Einfluß nehmen. So entschieden sich in der Antike die Reichen, weil kostspielige Sarkophage in Mode waren, für die Erdbestattung. Doch normalerweise hält man an einem Begräbnisritus einfach nur deswegen fest, weil es so Sitte ist, weil »man das bei uns so macht«, selbst wenn die Gefühle dagegen sprechen (wie etwa bei der Feuerbestattung: da sie üblich ist, denkt man nicht weiter über sie nach). Die Veränderungen sind oft auf tiefe und »irrationale« Gefühle zurückzuführen, die sich irgendwann über die soziologisch bedingten Gewohnheiten hinwegsetzen. Wenn man unsere Zeitgenossen fragt, ob sie lieber beerdigt oder verbrannt werden wollen, bekunden sie manchmal ihren Abscheu vor dem Verwesen oder aber ihr Entsetzen vor dem Verbrennen. Dies erklärt wahrscheinlich die (schlecht dokumentierte) panische Abneigung der ersten Christen vor der Kremierung. Eine Abneigung, die die einfachen Gläubigen mit der Furcht begründeten, daß ein verbrannter Körper nicht auferstehen könne. Tertullian macht sich über diese Naivität lustig (*ridebo vulgus*), versteht aber dennoch die hinter dieser Rationalisierung liegenden Gefühle. Die christliche Frömmigkeit, schreibt er, verschont nicht nur die Seele (die den Körper verlassen hat), sondern auch den Körper selbst, »den man nicht grausam behandeln darf, da es ein menschliches Wesen nicht verdient, daß sein Körper eine Strafe erleidet, die auch Mördern auferlegt wird«. Er hält das Verhalten der Heiden für absurd, die »die Verstorbenen grausam verbrennen und dann üppig ernähren« (*De anima* 51 und *De resurrectione carnis* 1, zitiert von A. von Harnack, wie Anm. 180, S. 191, Anm. 3).

378 Das folgende Beispiel echten Glaubens verdanke ich einem Augenzeugen: Wenn sich jemand von einem Dämon verfolgt glaubt (er glaubt an Dämonen, weil andere von ihrer Existenz überzeugt sind und in der Gesellschaft, in der er lebt, alle von ihnen sprechen), wird er genau dann, wenn ein Auto kommt, über die Straße rennen und das Risiko eingehen,

selbst erfaßt zu werden, weil er hofft, daß der Dämon, der ihm wie ein Schatten folgt, von dem Auto überfahren wird. Dieses – etwa für das französische Indochina bezeugte – Verhalten ist auf einen echten Glauben zurückzuführen. Auch wir glauben aufgrund der Äußerungen von anderen an Mikroben und Viren und lassen uns daraufhin mit Seren und Impfstoffen behandeln. Wittgenstein unterscheidet die Verhaltensweisen ohne Glaubensüberzeugungen, unreflektierte Reaktionen, von falschen Vorstellungen (oder auch wahren: Viren, Dämonen), aufgrund derer man bestimmte Verhaltensweisen praktiziert.

379 Wittgenstein gibt folgendes Beispiel: »Wenn ich über etwas wütend bin, so schlage ich manchmal mit meinem Stock auf die Erde oder an einen Baum etc. Aber ich glaube doch nicht, daß die Erde schuld ist oder das Schlagen zu etwas helfen kann. […] Wichtig ist die Ähnlichkeit des Aktes mit einem Akt der Züchtigung, aber mehr als diese Ähnlichkeit ist nicht zu konstatieren.« L. W., »Bemerkungen über Frazers ›The Golden Bough‹«, wie Anm. 376, S. 48. Man muß mich keines merkwürdigen Aberglaubens verdächtigen, der meine Geste erklären würde. Er schreibt außerdem: »In effigie verbrennen. Das Bild des [!] Geliebten küssen. Das basiert *natürlich nicht* auf einem Glauben an eine bestimmte Wirkung auf den Gegenstand, den das Bild darstellt. Es bezweckt eine Befriedigung und erreicht sie auch. Oder vielmehr, es *bezweckt* gar nichts; wir handeln so und fühlen uns dann befriedigt« (ebd., S. 41).

380 Noch im 18. Jahrhundert zerlegte man, ohne Rücksicht auf jede religiöse Überzeugung, den Leichnam bedeutender Männer, um ihn auf mehrere Orte zu verteilen. Wenn ich mich recht erinnere, befindet sich das Herz Voltaires in einer Urne in der Académie française.

381 Seneca, Chor der *Troerinnen* 371–408, ein wirklich poetischer Text.

382 Fragment 297, Diels, zitiert von M. Nilsson, wie Anm. 39, Bd. 1, S. 816, der, anders als Diels, *kakoprāgmosýnē* mit »Missetat« übersetzt ebenso wie J.-P. Dumont in seiner Übersetzung der Vorsokratiker (Paris: Gallimard, 1988, coll. »Bibliothèque de la Pléiade«).

383 Seneca, *Trostschrift für Marcia* 19,4; *Briefe an Lucilius* 24,18 und 82,16.

384 Cicero, *De natura deorum* 1,31,86: »So viele Tausende begehen, die Todesstrafe vor Augen, Raubüberfälle.«

385 Die christlichen Märtyrer dürften ebenso wie die heutigen muslimischen Selbstmordattentäter darauf vertraut haben, sich im Paradies wiederzufinden. Trotzdem beziehen sie die Energie für einen solch extremen Tod nicht aus der Vorstellung, von der Millionen ihrer Glaubensbrüder überzeugt sind (soweit man dies im Hinblick auf das Jenseits anders als in Form von *moods* sein kann); ihre Energie speist sich aus dem »auf Christus bezogenen Impuls« beziehungsweise aus einer für sie spezifischen Wahnidee, dem Rausch, sich zu opfern, in einer »sublimen« Extremsituation oder Katastrophe aufzugehen (vgl. Anm. 357) und in den

Schrecken der Arena oder eines Attentats ihr Leben zu lassen. Dennoch sind diese Leute keine Psychotiker: Trotz dieses außergewöhnlichen Triebes, der aber gar nicht so selten ist, kann man »normal« sein. Georges Bataille steht mir sehr fern, aber er hat für dieses Gefühl, das auch den Mediävisten bekannt ist, aufschlußreiche Beweise geliefert. Lukian fällt ein tendenziöses Pauschalurteil, wenn er von den christlichen Märtyrern behauptet, daß »sich die meisten von ihnen dem Tod freiwillig ausliefern« (*Das Lebensende des Peregrinus* 13). Daß es Märtyrer gab, die bewußt und freiwillig den Tod suchten, steht allerdings, wie zahlreiche Texte beweisen, außer Frage. In ihrem für die anderen Kirchen bestimmten Bericht über das Martyrium des Polykarp legt die Gemeinde von Smyrna Wert auf die Feststellung, daß sie »diejenigen, die von sich das Martyrium suchen«, nicht lobt, da dies nicht »mit der Lehre des Evangeliums in Einklang stehe« (*Zeugnis des Polykarp* 4). 150 Jahre später präzisiert der Kanon 60 des Konzils von Elvira, daß jemand, der Götzenbilder zerstört, um bestraft zu werden, nicht als Märtyrer anerkannt werden dürfe (A. von Harnack, wie Anm. 180, S. 304). Zu diesem weit verbreiteten Verhalten vgl. A. D. Nock, wie Anm. 309, S. 197–202; E. R. Dodds, wie Anm. 186, S. 152, Anm. 2; G. W. Bowersock, *Martyrdom and Rome*, Cambridge 1995 (*Rome et le Martyre*, übers. von P.-E. Dauzat, Paris 2002, Kap. 4, S. 91–112: »Martyre et suicide«); A. R. Birley, »Die ›freiwilligen‹ Märtyrer: zum Problem der Selbst-Auslieferer«, in: R. von Haehling (Hrsg.), *Rom und das himmlische Jerusalem. Die frühen Christen zwischen Anpassung und Anlehnung*, Darmstadt 2000, S. 97–123.

386 Platon, *Der Staat* 1, 330d. Übers. K. Vretska.

387 Ebd. 1, 331b. Übers. K. Vretska.

388 Platon, *Phaidon* 118a. Übers. F. Schleiermacher. Sokrates zeigt sich Asklepios gegenüber als frommer und rechtschaffener Mann und will, als Vorläufer der Neuplatoniker, keineswegs zum Ausdruck bringen, daß das Leben eine körperliche Krankheit sei, von der er sich durch den Schierlingsbecher befreien könne. Der Sokrates der letzten Seiten der *Apologie*, der der historischen Wahrheit eher entspricht als der des *Phaidon*, sagt, daß er weder wisse, ob der Tod das Ende von allem sei, noch ob es ein Jenseits gebe.

389 Nikolaus von Damaskus, Fragment seiner Autobiographie in C. Müller, *Fragmenta historicorum Graecorum* (Didot), Bd. 3, S. 348, Fr. 1; und bei F. Jacoby, *Die Fragmente der griechischen Historiker*, Bd. 2, A, Nr. 90, S. 420, Fr. 131. Zitiert von U. von Wilamowitz-Moellendorff, *Platon. Sein Leben und seine Werke*, Berlin ⁵1959, Bd. 2, S. 58; vgl. Bd. 1, S. 178, Anm. 1.

390 Ulpian, *Digesten*, 50,12,2,2: *si decimam quis bonorum vovit [...]. Voti enim obligationem ad heredem transire constat.* Wenn Nikolaus von Da-

maskus römischer Bürger gewesen wäre und seinen Vater beerbt hätte, wäre er laut Ulpian verpflichtet gewesen, Jupiter das Rauchopfer darzubringen. Trotzdem ist keine Sanktion vorgesehen, und ich vermute, daß diese Klausel nur den Sinn hat, einem gewissenhaften Erben das Recht einzuräumen, aus der Erbmasse, die er zwischen den möglichen weiteren Vermächtnisempfängern und Miterben verteilen muß, die Kosten für die Einlösung des Gelübdes herauszunehmen. Darüber hinaus hütet sich, wie mir scheint, das Gesetz davor, denjenigen, der ein Gelübde abgelegt hat, zu dessen Einlösung zu verpflichten: Ulpian legt Wert auf die Feststellung, daß es nicht ausreicht, daß jemand einem Gott die Stiftung eines seiner Güter verspricht, damit ihm dieses Gut qua Gesetz nicht mehr gehört, eine heilige Sache wird (50,12,2, pr. und 2) und folglich nicht mehr in die künftige Erbmasse eingerechnet wird. Dieses Gut wird nur heilig, wenn der Erbe selbst entscheidet, es den Göttern zu weihen. Das Recht will sich hier nicht einmischen: Der Erbe erhält das Erbe, selbst wenn er es nicht stiftet. Anders liegt der Fall, wenn ein Erblasser ein Erbe oder ein Legat vermacht und es schriftlich mit einer (religiösen oder profanen) Bedingung verknüpft, etwa »falls mein Erbe zum Kapitol hinaufsteigt« oder »falls ein Schiff aus Rhodos eintrifft« (*Digesten* 31,1 und 3; 35,1,2 und 29; 28,5, 60 [59],5 und 68 [67] sowie 69 [68]): Hier muß der Erbe eine Bedingung erfüllen, um seine Erbschaft antreten zu können. Zu diesen von den Erben eingelösten Gelübden vgl. Sueton, *Augustus* 59: »Einige Familienoberhäupter sorgten testamentarisch dafür, daß von ihren Erben Opfertiere auf das Kapitol geführt wurden, denen man eine Tafel vorantrug; und dies in Erfüllung eines Gelübdes, das sie abgelegt hatten, falls Augustus sie überlebe.« Übers. A. Lambert. Auf einem Bestattungsaltar im Vatikan sieht man eine Witwe, vor der ein Mann mit einer Tafel einhergeht; auf diese Weise löst sie ein Gelübde ihres verstorbenen Gatten ein (P. V., »Titulus praelatus«, in: *Revue archéologique* 2, 1983, S. 281–300).

391 Vgl. das Verzeichnis der Inschriften bei Susan Guettel Cole, »Voices from beyond the grave: Dionysus and the Dead« in: H. T. Carpenter / C. Faraone (Hrsg.), *Masks of Dionysos*, New York 1993, S. 280.

392 *Corpus Inscriptionum Latinarum*, Bd. 6, 142; F. Cumont, *Les Religions orientales dans le paganisme romain*, Paris [4]1929, S. 306, Anm. 25; R. Turcan in seinen mittlerweile klassischen *Cultes orientaux dans le monde romain*, Paris 1989, S. 320. Wir zitieren seine Übersetzung.

393 Vgl. die Grabinschriften, die wir in P. V., *L'empire gréco-romain*, Paris 2005, Kap. 3, Anm. 59, übersetzt haben.

394 Laktanz, *Göttliche Unterweisungen* 4,3: *Deorum cultus […] non habet sapientiam […], quia nihil ibi discitur, quod proficiat ad mores excolendos vitamque formandam.*

Zum Autor

PAUL VEYNE, geboren 1930 in Aix-en-Provence, wurde an der École Normale Supérieure und an der École Française de Rome ausgebildet, lehrte an der Universität in Aix-en-Provence und wurde 1975 zum Professor für Römische Geschichte am Collège de France ernannt. In Deutschland sind u. a. von ihm erschienen: *Comment on écrit l'histoire*, 1971 (*Geschichtsschreibung – und was sie nicht ist*, Frankfurt a. M. 1990), *Le pain et le cirque* (*Brot und Spiele*, Frankfurt a. M. / New York / Paris 1988), *Les Grecs ont-ils cru à leurs mythes?* (*Glaubten die Griechen an ihre Mythen?*, Frankfurt a. M. 1987), der erste Band in der von Philippe Ariès herausgegebenen *Geschichte des privaten Lebens*, Frankfurt a. M. 1989, und mit Christian Meier zusammen *Kannten die Griechen die Demokratie?*, Berlin 1988.